SV

Peter Bichsel
Auch der Esel hat eine Seele

Frühe Texte und Kolumnen 1963-1971

Mit einem Vorwort des Autors
Herausgegeben von Beat Mazenauer

Suhrkamp

2. Auflage 2020

Erste Auflage 2020
suhrkamp taschenbuch 5004
Originalausgabe
© Suhrkamp Verlag Berlin 2020
Alle Rechte vorbehalten, insbesondere das der Übersetzung,
des öffentlichen Vortrags sowie der Übertragung
durch Rundfunk und Fernsehen, auch einzelner Teile.
Kein Teil des Werkes darf in irgendeiner Form
(durch Fotografie, Mikrofilm oder andere Verfahren)
ohne schriftliche Genehmigung des Verlages reproduziert
oder unter Verwendung elektronischer Systeme verarbeitet,
vervielfältigt oder verbreitet werden.
Umschlaggestaltung: hißmann, heilmann, hamburg
Druck und Bindung: CPI – Ebner & Spiegel, Ulm
Printed in Germany
ISBN 978-3-518-47004-6

Auch der Esel hat eine Seele

Vorwort – das letzte

Eine meiner ersten Lesungen nach dem Erscheinen der Milchmanngeschichten war im Realgymnasium in Basel. Walter Widmer, der Vater des Schriftstellers Urs Widmer, veranstaltete sie, und er hatte mit seinen leidenschaftlichen Einführungen ein großes und großartiges Publikum herangezogen, das sich im Literaturbetrieb einen Namen gemacht hatte; Autoren rissen sich darum, dort lesen zu dürfen. Selbstverständlich war ich stolz darauf. An seine Einführung erinnere ich mich nicht mehr, ich war zu aufgeregt. Aber er lobte mich – unter anderem auch damit, daß er sagte: »Er hat noch nie ein Vorwort oder Nachwort geschrieben«, und er schimpfte über die gängige Unkultur der Vor- und Nachwörter. Ich nahm mir damals vor, nie eines zu schreiben.

Inzwischen sind es unzählige geworden. Alle unwillig geschrieben, alle so etwas wie ein Verrat an meinem väterlichen Freund Walter Widmer. An ein solches Vor- oder Nachwort erinnere ich mich mit Schrecken und Scham. Ein Verleger fragte mich an, ob ich bereit wäre ein Nachwort für einen seiner Autoren zu schreiben – es eilte und ich kannte diesen Autor, hatte alles von ihm gelesen und war davon begeistert. Sein neues Buch brauchte ich vorerst nicht zu lesen, und ich schrieb ein begeistertes Nachwort, glücklicherweise ohne ein Werk von ihm zu erwähnen, vielmehr von seiner Art zu leben und seiner Art zu schreiben. Erst als mir der Verleger das Buch mit einem Brief und einem Brief des Autors zusandte, schreckte ich zusammen. Ich hatte, weiß der Teufel weshalb, über einen ganz anderen Autor geschrieben, aber ich wurde nun gelobt dafür, daß ich diesen einen und falschen – auch ihn kannte ich, und sein Name im Text war der richtige – so exakt getroffen und sein Schreiben so einfühlsam beschrieben hätte. Ich hatte mit seinem Namen einen wirklich ganz anderen beschrieben. Der Schrecken sitzt mir heute noch in den Knochen, aber auch die tröstliche Einsicht, daß Vor- und Nachwörter austauschbar sind.

Das gilt auch für dieses Vorwort. Schreibe ich über mich oder über einen anderen?

Sollte ich über mich schreiben, dann über einen alten ehemaligen Schriftsteller, der das Schreiben mehr oder weniger hinter sich gelassen hat; schreibe ich aber über den anderen, dann über einen, der sich nach und nach herantastet an das Schreiben, auch wenn er das schon als kleines Kind getan hat. Die Entdeckung der Buchstaben war das größte Abenteuer seines Lebens, und sein Schreiben hatte mit nichts anderem zu tun als mit der Begeisterung für diese Buchstaben, damit zum Beispiel, daß man mit den Buchstaben a, h, s und u ein richtiges Haus, oder gar mehr, nämlich das Haus aller Häuser bauen kann. Und selbstverständlich wurde er auch zum Leser. Erst mal zum Leser der wenigen Bücher, die er zu Hause fand: Die Bibel. Kochs Großes Malerhandbuch, siebzehn Bände von Meyers Konversationslexikon, schön von vorn bis hinten gelesen; erster Band von A bis Aslang, zweiter Band von Asmanit bis Biostatik, so stand es auf den Rücken der Bände, bis zum letzten Band von Turkos bis Zz. Und er entdeckte erst viel später, daß dies nur mit dem Alphabet zu tun hat. Er hielt diese Wörter lange Zeit für so etwas wie die geheimen geografischen Eckpfeiler des Wissens, die Magie der Buchstaben. Hätten seine Eltern viele Bücher gehabt und »richtige« Bücher, er wäre wohl nie zum Leser geworden.

Dann sammelte ich im ganzen Quartier alte Zeitungen und Heftchen ein, und las alles unter dem Strich, also das, was man damals Feuilleton nannte, entdeckte die Stadtbibliothek, las nur noch Gesamtwerke, und zwar so wie meine Kollegen ihren Karl May – Band 1, Band 2, Band 3... Und dann, etwas später, entdeckte ich durch Zufall die Dadaisten, die Konkreten, Heißenbüttel, und mein Schreiben – Gedichte – bekam eine Grammatik und Struktur – »Eigentlich möchte Frau Blum den Milchmann kennenlernen«: für mich konkrete Dichtung, für meine Leser und Kritiker etwas ganz anderes – aber ich war jetzt ein Schriftsteller geworden, wie auch immer, aber eigentlich durch ein Mißverständnis. Es klärte sich drei Jahre später glücklicherweise auf bei meinem zweiten Buch »Die Jahreszeiten«, das nur noch wenigen, mir zum Beispiel, gefallen wollte und den Kritikern schon gar nicht.

Die Texte in diesem Buch habe ich recht flüchtig durchgelesen, weil ich mich irgendwie vor ihnen fürchte. Ich fürchte mich vor Biographie, vor der Biographie eines alten Mannes. Trotzdem bin ich Beat Mazenauer sehr dankbar für sein liebevolles Suchen und Sammeln, ohne ihn wären sie verloren. Als gedrucktes Buch, das Sie, liebe Leserin, jetzt in den Händen halten, werde ich die Texte sicher auch gründlich lesen.

1963/64 war ich im Literarischen Colloquium in Berlin als kleiner Provinzler in der großen Stadt, über alles staunend, auch über diese Dichterschule, über unsere Lehrer, Höllerer, Peter Weiss, Rühmkorf, Hans Werner Richter, Günter Grass. Ich habe dort das Dazugehören gelernt und auch, daß Schreiben durchaus etwas Gemeinsames sein kann. In Sigtuna/Schweden las ich vor der Gruppe 47, und kurz darauf erschien mein kleines Buch »Eigentlich möchte Frau Blum den Milchmann kennenlernen«. Ein Jahr darauf las ich bei der Tagung der Gruppe 47 in Berlin. Ich gehörte jetzt zu meiner eigenen Überraschung dazu. Ich kriegte den Preis, und das kam so:

Am Samstagabend wurde recht viel getrunken, und ich hielt da tapfer mit. Da kam Hans Werner Richter zu mir und sagte: »Das ist gescheit von dir, daß du nicht liest, es hatte noch nie einer zweimal hintereinander Erfolg.« Und die beiden Wörter »gescheit« und »Erfolg« weckten meinen Trotz, damit wollte ich nichts zu tun haben und ich sagte: »Doch, ich lese morgen.« Nun versuchten mich alle davon abzuhalten, als erster Reich-Ranicki. Ihm sagte ich: »Doch – wunderbare Texte. Ich habe nur die Noten zu Hause vergessen.« »Was für Noten?« »Ich werde singen.« Ranicki ging zu meinem Verleger Otto F. Walter. Und nun versuchten mich alle abzuhalten und machten mich zu Recht auf meine Betrunkenheit aufmerksam. Und ich wußte, ich werde mit meinen Texten aus den »Jahreszeiten« durchfallen, und ich freute mich diebisch darauf. Ich fiel nicht durch, und gesungen habe ich selbstverständlich auch nicht.

Aber gleich nach meiner Lesung mußte ich gehen, ich war Lehrer und mußte am Montag in der Schule sein. Jetzt wollten mich alle zurückhalten und sagten: »Du kriegst den Preis, du mußt bleiben.« Ich ging. Und als ich nach einer umständlichen Reise in Solothurn ankam, stand am Bahnhof meine Frau Therese mit einem Telegramm: »Gratuliere zum Preis der Gruppe 47 – Hans Werner Richter.«

Und das gehört nun wirklich nicht in ein Vorwort und der Schluß der Geschichte auch nicht: Wir gingen nach Hause und ich telefonierte nach Berlin. Der Portier in der Loge am Wannsee nahm ab, und ich fragte nach Hans Werner Richter. »Ich kann ihn nicht ans Telefon holen, der Herr Regierende Bürgermeister ist im Saal.« »Hält er eine Rede?« »Nein, die Herren unterhalten sich.« Ich erklärte ihm von meinem Preis, und er gratulierte mir herzlich, ließ sich aber nicht bewegen in den Saal mit Regierendem Bürgermeister – Willy Brandt – zu gehen. »Sagen sie mal, ich kenne mich nicht aus in deutschen Gebräuchen, aber müssen die Deutschen auch aufs Klo, wenn der Regierende Bürgermeister usw. Das Klo ist doch gleich neben ihrer Loge. Sollte also einer trotz Bürgermeister« – ach Quatsch, was soll das. Aber es ist nun mal erzählt. Und damit habe ich den Faden verloren.

Wo sind wir stehengeblieben?

Ich fürchte mich vor Biographie, vor der Buchhaltung des Lebens. Ich erinnere mich nicht gern an mich. Ja, ich werde diese Texte lesen – sozusagen gleichzeitig mit meinen Leserinnen und Lesern –, und sie werden mich erinnern – nicht eigentlich an mich, vielmehr an die vielen, die mein Schreiben begleitet haben. Jörg Steiner, der erste richtige Schriftsteller, den ich persönlich getroffen habe und der mir, als ich mich von ihm verabschiedete, um in dieses Colloquium nach Berlin zu gehen, noch nachrief: »Vergiß nicht, schreiben kannst du, laß dich zu nichts überreden.« An Hugo Leber und Bruno Schärer, die mich 1968 für ein Jahr an die »Weltwoche« holten. Vielleicht wäre ich ohne sie nie zum Kolumnenschreiber geworden. Ich war ihr Lehrling. Ja, Texte eines Lehrlings, Einübungen und dazugehören. Und die Texte Woche für Woche in der Druckerei kontrollieren, in Blei lesen: Buchstaben, Buchstaben, da waren sie wieder.

Aber dazugekommen war so etwas wie Ernst, eine gewisse Direktheit, Engagement. Auch das hat mir gefallen und erinnert mich an jene Zeit – 68 –, die mich entscheidend geprägt hat, nicht einfach so und direkt, ich war schon etwas älter als die 68er, und ich hatte zu lernen, mühsam zu lernen. Auch daran erinnern mich meine Texte aus jener Zeit – einer Zeit, die jung war.

Inzwischen – so scheint mir – bin nicht nur ich alt geworden, sondern auch die Zeit. Geblieben ist mir das Lesen, fast nur noch Bücher, die ich bereits gelesen habe, die ich noch einmal und noch einmal lesen möchte. Diese Bücher erinnern mich mehr an mich als meine eigenen Texte. Ich erinnere mich beim Lesen von Joseph Conrad sozusagen Zeile für Zeile an jenen Jüngling, der es damals zum ersten Mal gelesen hat.

Auf Wiedersehen, auf Wiederhören, auf Wiederlesen.

Bellach/Solothurn, September 2019
Peter Bichsel

1

Eine Kolumne aus »Die Tat« 1963

In seinem Gedächtnis

Einer war in der Stadt, und es liegt mir fern, ihn hier ausführlich zu beschreiben, der kannte die Geburtsdaten der Leute. Er hatte ein riesengroßes Gedächtnis, in ihm stapelte er Geburtsdaten auf. Er fragte die Leute nicht nach ihrem Namen, er fragte sie nach dem Geburtsdatum. Er rempelte sie später, vielleicht Jahre später auf der Straße an und preßte mit seiner schweren Zunge hervor: »Du hast gestern Geburtstag gehabt« oder er sah jemanden in der Wirtschaft und sagte: »12. April.« Er täuschte sich nie. Er konnte Zwillinge auseinanderhalten, wußte, welcher der Erstgeborene war und verstand die kompliziertesten Familienverhältnisse in seinem Kopfe zu ordnen. Dabei, das muß hier gesagt sein, gab er sich nicht mit Astrologie ab, nur mit Geburtsdaten und er suchte nichts in ihren Zufälligkeiten und Unzufälligkeiten.

Es hat einen Grund, daß ich das aufschreibe.

Er war ein Trottel. Man weiß, daß Idioten oft ein überraschendes Gedächtnis haben. Ich kannte einen anderen und verehrte ihn damals, der lernte den Fahrplan und zwar den großen, internationalen – auswendig.

Dieser nun also merkte sich Geburtsdaten, doch er gratulierte niemandem zum Geburtstag. Seine Fähigkeit machte ihm Freude. Seine Fähigkeit ließ sich auch kontrollieren und die Leute sagten etwa ›großartig‹, wenn seine Behauptung zutraf und das tat sie immer. Er wußte auch auf den Tag genau, wie das Wetter in den vergangenen Jahren war, das konnte man nicht kontrollieren und man glaubte es auch nicht, trotzdem es einen gefreut hätte, wenn es zugetroffen hätte. Er war ein glücklicher Mensch, ich hörte oft sagen: »Er ist doch ein glücklicher Mensch.« Er war weder böse noch gefährlich, alle mochten ihn gut. Wenige kannten seinen Namen und vielleicht niemand sein Geburtsdatum. Vielleicht hatte er selbst keines. Ja, bestimmt, hatte er keines. Ich glaube, er hatte keinen Spitznamen, jetzt fällt mir das plötzlich auf. Es gab bestimmt Leute, die ihm hie und da etwas schenkten. Er verrichtete auch kleine Arbeiten und war zuverlässig. Er sah immer gleich alt aus.

Es hat einen Grund, daß ich das aufschreibe.

Sicher hatte er Gewohnheiten und er fürchtete sich nicht vor ihnen und er hatte einen Sprachfehler und er hatte einen Tick. Er hatte tiefe braune Augen, die direkt ins Gedächtnis führten. In sein großes Gedächtnis, in dem die Leute in 365, oder sogar in 366 Gruppen geordnet waren. Soviel ich weiß, kannte er die Jahrgänge der Leute nicht, um eine Ordnung aufzustellen genügt das Geburtsdatum. Mehr wußte er nicht, mehr sagte er selten, mehr schien ihm nicht Freude zu machen.

Ihm war eine Ordnung gelungen und niemand hatte etwas dagegen.

Ich versuchte oft, mit ihm ins Gespräch zu kommen. Mein Geburtsdatum kannte er nicht. Er fragte mich nie danach und ich hätte nicht gewagt, es ihm aufzudrängen.

Mein Geburtsdatum ist verzeichnet in den Kartotheken des Staates, in Verzeichnissen von Vereinen, in den Bestandeslisten der Armee und wohl noch vielerorts. Oft bedrückt mich das. Aber in seinem Gedächtnis wäre ich gern gewesen.

Ich wäre gern in seinem Gedächtnis gewesen.

2

Texte und Kolumnen in der »Weltwoche« 1965-1968

Vom Fahnenstangenfallenlassen

Bevor man über etwas schreibt, orientiert man sich. Das ist ein guter Brauch. Wenn man sich orientiert, wird die Sache komplex; das ist die Regel. Eine ungebrochene Meinung zum Schwarzenproblem – habe ich mir sagen lassen – ist nur Leuten möglich, die die Verhältnisse nicht kennen. Die Einheit der Kirche ist für Leute, die keiner Kirche angehören, kein Problem.

Beispiel: ich werde – weil ich mich am Biertisch leidenschaftlich für den selbständigen Jura eingesetzt habe – aufgefordert, etwas darüber zu schreiben. Am Biertisch ist man schnell Fachmann. Man sagt etwas vom alten Bistum Basel, nennt eine Jahrzahl, beispielsweise 1431, läßt sich korrigieren, sagt »ach ja«, greift sich an die Stirn und lächelt. Am Biertisch spielt es im weitern keine Rolle, ob man Begelin oder Béguelin schreibt oder ob er überhaupt so heißt. Zudem kann ich nur spärlich Französisch, ich bin also nicht nur der Geburt nach Deutschschweizer, sondern auch sehr gezwungenermaßen. Ich bin darauf angewiesen, daß die Welschen die Deutschschweizer so sehr lieben, daß es ihnen ein Bedürfnis wird, Deutsch zu lernen, es im Kopf zu behalten und anzuwenden. Ich weiß nicht, ob beispielsweise Herr B. das gern tun würde. Ich könnte also aus diesem Grund gegen ihn sein. Ich bin es nicht.

Ich bin gegen die Anwendung von Gewalt. Wiederum ohne Dokumentation, das fällt mir auf, wenn ich mit Unteroffizieren spreche. Ich habe mich aber nun einmal entschieden, dagegen zu sein und mich durch nichts aus dem Konzept bringen zu lassen. Ich bin gegen die Gewalt, und solche wurde im

Jura angewendet. Ich müßte also aus diesem Grund gegen die Sache sein. Ich bin es nicht.

Ich bin nicht fähig, über das Juraproblem zu schreiben. Ich tue es deshalb nicht und werde mir, wenn nötig, mündlich Luft machen.

Zu untersuchen ist also nur der Grund meiner fast zufälligen Sympathie.

Ich bin stolz auf die Schweiz. Ich lebe in einem Land, in dem es möglich ist, daß Fahnenstangen auf Köpfe von Bundesräten fallen. Es wird nichts Vorsorgliches dagegen unternommen. Das spricht nicht für den Fahnenstangenfallenlasser oder -schläger, im Gegenteil; denn es ist so, daß keine Vorsorge nötig ist, weil es nie geschieht. Die Leute tun es nicht, und die Bundesräte tun deshalb nichts dagegen, und deshalb könnte man es tun, aber man tut es nicht – da capo.

Wiederum kein Argument für den Jura.

Aber die Jurassier haben die Probe aufs Exempel geliefert, das ist ihr Verdienst.

Sind Leute, die Fahnenstangen fallen lassen, fähig, sich selbst zu regieren?

Das Argument, die Jurassier seien unfähig, ist leider äußerst glaubhaft, weil es Berner sind, die es aussprechen.

Die Belgier hatten behauptet, der Kongo werde sich nicht selbst regieren können, und sie hatten recht, denn sie mußten es ja wissen. Die Briten sagten, die Inder könnten es, denn sie wußten es und behielten auch recht. Die Berner müssen wissen, wieviel Gelegenheit die Jurassier hatten, sich politisch zu schulen und zu betätigen. Ich bin überzeugt, daß die Jurassier so viel Gelegenheit hatten wie alle Schweizer. Aber die Jurassier behaupten das Gegenteil und die Berner indirekt auch.

Wenn zwei Feinde die gleiche Meinung haben, scheint mir diese glaubwürdig.

Ein Reformierter sagte mir: »Die Katholiken wollen einen neuen Kanton.« Ein Antikommunist sagte: »Die Kommunisten wollen einen Kanton.« Der Unteroffizier sagte: »Die Pazifisten wollen einen Kanton.« »Die Intellektuellen, die Halbstarken ...« Für jeden sind es einfach seine Gehaßten, die den Kanton wollen. Das heißt, daß man einfach dagegen ist, einfach so. Besonders daß Halbstarke, gegen jede Regel, politisches Interesse zeigen, freut mich. Sollte es zudem noch so sein, daß diese Halbstarken (wie so oft) sich als nichts anderes als junge Leute entpuppen, wäre die Freude noch größer.

Gefährlich scheint mir, die Bewegung zum vornherein als unschweizerisch zu bezeichnen. Man könnte den Leuten die Bezeichnung derart aufzwängen, daß sie plötzlich keine andere Wahl mehr hätten.

Daß ein Problem, das die Presse seit Jahren beschäftigt, offiziell noch keines ist, bewies die Expo. Das Problem dort darzustellen, wäre allerdings ein Problem gewesen. Es gibt noch keine schweizerische Problembegutachtungsstelle. Warum eigentlich nicht? Sie könnte die Aufgabe haben, für eine künftige Darstellung der Schweiz abzuklären, welche Probleme das PBG-Zeichen (Zeichen der Problembegutachtungsstelle) tragen dürfen.

Man kann auch Probleme als unanständig bezeichnen. Mit der Jurafrage hat man das weitgehend getan.

Es ist ruhiger geworden. Man hört im Augenblick wenig von der Sache.

Es ist so, daß Bomben platzen und Fahnenstangen fallen

müssen, damit man davon spricht. Es ist so, daß die ruhige Zeit dazwischen eben eine ruhige Zeit ist und daß man die Ruhe genießt.

Aber ich bin gegen Bomben und finde es nötig, daß man auch in ruhigen Zeiten davon spricht, sei es auch nur, um Bomben unnötig zu machen. Erst wenn Bomben fallen, sprechen die Unkompetenten und Unorientierten; in ruhigen Zeiten nur Fachleute. Ich plädiere dafür, daß auch in ruhigen Zeiten die Unorientierten sprechen.

Ich bin überzeugt, daß der Einfluß der »Unkompetenten« zum Wesen unseres Staates gehört. Ich habe mich schon oft darüber geärgert, ich glaube trotzdem, daß es so sein muß.

Wohl in keinem andern Land besteht die Möglichkeit, daß schlechte Rechner in der Finanzkommission einer Gemeinde sitzen und ein sehr brauchbares Budget aufstellen. Ich habe keine namentlichen Beispiele, aber ich bin voll und ganz überzeugt, daß es das gibt und daß es nicht schlecht ist.

Auch deshalb kann man doch nicht einfach behaupten, die Jurassier könnten sich nicht regieren. Oder hat man den Verdacht, sie wären zu intelligent dazu? Das wäre für mich – und ich sage das ohne Zynismus – eher ein Grund, dagegen zu sein.

Für viele ist die Schweiz etwas völlig Unveränderbares. Oft sieht es sogar so aus, wie wenn man den Flüssen und Seen böse wäre, weil sie trotz allen Regeln keine blauen Schweizer Seen mehr sind. Nur mühsam gewöhnt man sich daran. Später ist man bereit, etwas zu tun – immerhin aber noch mit Kopfschütteln daran denkend, daß sie vorher sauber waren, ohne daß man etwas getan hat.

Übersetzt auf das Juraproblem heißt das: wäre es den Jurassiern nicht eingefallen, selbständig sein zu wollen, hätte man die ganze komplizierte Sache nicht.

Sie sind offensichtlich die Schuldigen.

Nicht alle Jurassier sind für einen Kanton Jura. Viele sind entschieden dagegen. Das heißt dann für die Gegner, die Jurassier wollen gar nicht. Die gleiche Situation heißt für die Befürworter, die Jurassier wollen.

Das ist so oder so ein völlig illegales Argument. Das müssen die Jurassier selbst entscheiden. Eine Minderheit wird unterliegen, und der Mehrheit wird die Geschichte so oder so recht geben. Die Geschichte erbringt immer den Beweis, daß es kommen mußte, wie es kam.

Der Jura gehört zum Kanton Bern; ein großer Kanton, in dem Leute aus den Alpen, dem Mittelland und dem Jura einträchtig zusammenleben. Leute aus zwei Sprachgebieten, eine Schweiz im kleinen, ein schönes Beispiel.

Es hätte ohne weiteres so bleiben dürfen.

Der Beweis, daß es so richtig ist, war erbracht.

Jetzt versuchen einige, den Beweis zu erbringen, daß es so nicht richtig ist. Und die andern sagen: ihr seid zu spät, der Beweis ist bereits erbracht. Die neuen Beweise verstoßen gegen eine bewiesene Regel.

Gegen eine Regel sogar, die uns lieb ist.

Ich habe in der Schule gelernt, wie sich das Wasser selbst reinigt. Unser Lehrer hat mit Begeisterung aufgezählt, was alles in die Aare fließt, und hat erklärt, wie die Aare das tagtäglich verdaut.

Wir haben in der Aare gebadet. Die Mutter sagte: »Schluck nicht zu viel Wasser« – sie sagte nicht einmal: Schluck kein Wasser. Daß Gewässer sich selbst reinigen, ist erwiesen.

Aber eben, Gewässer und Verhältnisse ändern.

Wie wäre es, wenn die Waadtländer auf den Gedanken kommen sollten, nicht mehr zum Kanton Bern gehören zu wollen?

Sie gehören zwar nicht dazu, aber wie wäre es, wenn sie dazugehörten und nicht mehr wollten?

Einfacher – die Waadtländer haben ihr Gutschweizersein bewiesen. Ihr Nichtdazugehören ist Geschichte geworden.

Unsere jüngsten Kantone sind mindestens hundert Jahre alt. Fürchtet man sich etwa davor, daß später einmal ein Kanton seine Zweijahrfeier (statt zwei Jahrhundert) hat, daß es also in unserem Land etwas geben sollte, was nicht bereits Geschichte ist?

Das Juraproblem ist nichts Weltbewegendes. Die Existenz der Jurassier ist nicht bedroht.

Die Reaktionen der Gegner lassen aber auf Bedrohung schließen. Besteht etwa die Furcht, die Schweiz könnte bedroht sein, bedroht durch eine kleine Änderung? Sollte das so sein, wäre ich gegen einen Kanton Jura und nicht mehr stolz auf die Schweiz.

Dabei haben die Deutschschweizer einen ganz tüchtigen Französischtick. Sie behaupten ohne Skrupel, daß Französisch die bessere, exaktere und vor allem schönere Sprache als Deutsch sei. Sie verehren Paris und sind überzeugt, daß Geist, Kunst und Freiheit etwas Französisches sind. Vielleicht sind nun die Bedenken gegenüber einem französischen Jura die Reaktion auf die stille Liebe.

Das Vordringen der Sprachgrenze nach Osten macht mir Sorgen. Ich liebe meine Sprache so sehr wie die Welschen die ihrige, ich werde nie besser Französisch können als Deutsch. Ich weiß nicht, weshalb ich eine andere Sprache mehr lieben sollte als meine eigene.

Enthusiastische Verehrung ist auch keine gute Grundlage zum Zusammenleben; wie schnell nimmt man dem Verehrten die Verehrung übel. Man sucht dann eigene Qualitäten, die der andere nicht zu haben scheint. Für den Deutschschweizer heißt dann diese Qualität »Guter Schweizer sein«. Die alte Eidgenossenschaft (wieder die Geschichte) war eine alemannische Angelegenheit, das sitzt uns doch ganz tief in den Knochen. Wir haben die Garantie, daß die Jurassier mit den Bernern zusammen gute Schweizer sind. Wir sind nicht ganz überzeugt, ob sie's allein noch wären.

Das macht mich traurig.

Hat man denn nur zur Geschichte der Schweiz Vertrauen und zu ihrer Idee überhaupt nicht?

Ich bin nicht orientiert über die Separatistenfrage. Ich habe in Wirtschaften davon gehört, in Zeitungen Kommentare gelesen. Die Kommentare sprachen gegen die Sache. Das reizte mich zur Opposition.

Veränderung der Veränderung zuliebe?

Auch ich bin der Meinung, daß es nicht immer schlecht ist, die Sachen beim alten zu lassen.

Aber Veränderung der Veränderung zuliebe ist immerhin ein Beweis, daß Veränderungen noch möglich sind. Das ist sehr viel und nimmt mich für das Juraproblem ein.

Es gibt noch Schweizer, die an Veränderung glauben, denen die Idee »Schweiz« mehr wert ist als ihre pompöse Geschichte. Die Leute lassen mich an die Schweiz glauben.

Ich habe keine ausreichenden Gründe, um für die Separatisten sein zu können.

Aber ich stehe überzeugt für die Anerkennung des Problems ein.

Ich plädiere für seine Salonfähigkeit.

Kino

Wenn du durch eine Stadt gehst, dann immer auf der Schattenseite und immer die Sonne im Rücken, und warum? Du lebst länger. Das ist Western. Ich habe den Satz dort gelernt, er ist ein Teil meines Wissen geworden. Doch ist anzunehmen, daß ich ihn nie brauchen kann, unnötiger Ballast also. Wenn ich nach dem Western aus dem Kino komme, verspüre ich Lust zu rauchen, und ich fühle mich einsam und kneife die Augen ein wenig zu, fühle mich auch stark, trage die Arme leicht angewinkelt, Hände auf Hüfthöhe, bemerke es nach einigen Minuten und schäme mich. Ich war für kurze Zeit ein Cowboy geworden, ein einsamer Kämpfer für Recht und Gerechtigkeit.

Und dieser Cowboy wird in irgendeiner Form ganz tief in mir stecken bleiben. Er kommt hoch, wenn ich Whisky bestelle, wenn ich traurig bin oder eine Wut habe, wenn ich bluffe, eine Zigarette anzünde, den Mantel anziehe, durch den Wald gehe und so weiter.

Mit 15 schlich ich mich zum erstenmal ins Kino, glaubte sehr erwachsen auszusehen und sah dann den besten Film meines Lebens, den »Dorfmonarch« mit Joe Stöckel. Als ich dann 16 war und ins Kino durfte, hatte ich das Glück, daß der Film in einer Reprise nochmal gezeigt wurde. Meine Begeisterung war unvermindert. Ich kenne noch die beiden Lieder daraus: »Der Enzian blüht auf sonniger Höh' und grad so blüht mein Herz in mir« und das zweite »Die Dampfnudeln dampfen«, daran erkenne ich, nachträglich, zu was für einer üblen Sorte der Film gehört.

Es gab schon damals Stimmen, die mir ausreden wollten, daß das ein guter Film sei. Aber daß am Ende des Films die Elfriede von der Alp, die inzwischen das Konservatorium besucht hatte, in Innsbruck Griegs Klavierkonzert spielte, überzeugte mich restlos davon, daß da auch Kunst mit im Spiele gewesen sein muß.

Ähnliches wäre von andern Filmen, die mich damals faszinierten, zu sagen. Dann scheint sich mein Geschmack gebessert zu haben – das gehört aber schon nicht mehr zu meinem Thema, ich möchte nicht vom Film sprechen, sondern vom Kino, und es war nicht Film, sondern Kino, der Raum, die Sitze, die Tatsache, daß sich auf der Leinwand etwas bewegt, was mich damals faszinierte.

Vielleicht hat das sehr wenig mit dieser Tagung zu tun, und sehr wahrscheinlich sind das alles Binsenwahrheiten – vielleicht ist meine Befürchtung, daß es Leute gibt, die aus dem Film nun endgültig eine hochkulturelle, esoterische Angelegenheit machen wollen, völlig unbegründet.

Ich bin überzeugt davon, daß jede Kunst ihre triviale Form nötig hat, als Anregung vielleicht, viel mehr noch als Bestätigung. Die gewissen Sprüche, die an Pissoirwänden zu finden sind, scheinen mir doch eine Bestätigung dafür zu sein, daß die Lyrik, die gehobene Form davon, noch nicht unzeitgemäß geworden ist.

Die Theaterkrise scheint ihre Gründe auch darin zu haben, daß das Theater restlos dem Trivialen entzogen wurde; daß man sich zum Beispiel nicht mehr über den auf der Bühne langwegs hinfallenden Malvolio freut, sondern über die Qualität seiner Darstellung, daß der hinterste Theaterbesucher weiß, daß er nicht vom Irrsinn der Ophelia erschüttert zu sein hat, sondern von der packenden Darstellung der Frau so und so in der geschickten Inszenierung von ...

Es gab zu allen Zeiten, auch im Publikum Shakespeares, Leute, die einen echten Genuß in der kritischen Betrachtungsweise hatten – neu ist nur, daß diese Betrachtungsart inzwischen für alle verbindlich erklärt wurde, daß es im Theater keinen Pöbel mehr gibt.

Im Kino gibt es ihn noch.

Was mich erschreckt, ist, daß auch hier für viele eine Tempelreinigung wünschenswert wäre. Damit wäre das Kino sterilisiert – unter Sterilisation leidet bereits das Theater.

Man sucht immer wieder den guten und schlechten Einfluß des Kinos – insbesondere auf die Jugend – zu ergründen. »Rififi« wurden in dieser Hinsicht belegte Vorwürfe gemacht. Ich finde sie lächerlich. Der Film verdirbt uns so wenig oder so sehr wie das Leben. Er ist zu einem Teil des Lebens geworden.

Was man da sieht, erlebt man. Man kopiert, bekommt eine Vorstellung vom Helden, vom Gentleman, vom Weltmann. Man kann später nicht auseinanderhalten, was wir vom Film, vom Vater oder vom Lehrer mitbekommen haben, was aus eigener Erfahrung.

Auch ein schlechter Film wird zur Bildung. Ich bekomme eine Vorstellung von Amerika, eine falsche vielleicht, aber eine Vorstellung – eine Vorstellung von Paris, von Mädchenhandel und von römischen Gladiatoren.

Ich glaube nicht, daß die Art, wie ich eine Frau anspreche, wie ich mich kämme, wie ich von mir denke (innerer Monolog) nun wirklich original meine eigene ist. Die ganze Umwelt bestimmt in diesen Dingen mit, und aus dieser Umwelt kann der Film nicht ausgeklammert werden.

Ich sitz gern in diesen Klappstühlen, ich liebe das nicht uniformierte Kinopublikum, ich versuche, mich über Zwischenrufe nicht zu ärgern, ich freue mich oft über sie. Hier gibt es noch ein bißchen Galerie à la Daumier, Publikum, wie wir es aus »Les enfants du Paradis« kennen; das überzeugt mich, daß das Kino die zeitgemäße Form des Spektakels ist.

Wir sind aber offensichtlich hier, um über die gehobene Form des Films zu diskutieren. Meine Worte sollen nicht etwa ein Plädoyer gegen den guten Film sein. Ich bin nur überzeugt davon, daß noch nie eine Kunstform ihre Wurzeln so offensichtlich in der trivialen Form hatte wie der Film, und daß sein Vorteil gegenüber andern Künsten ist, daß der Filmmann dadurch noch Freiheiten hat, wie es sie zum Beispiel in der Literatur seit Grimmelshausen nicht mehr gibt, und es berührt mich deshalb eigenartig, daß so viele Filmleute über die Existenz des schlechten Films unglücklich zu sein scheinen.

Ich weiß nicht, wieviel Vergnügen ein Godard, »A bout de souffle« zum Beispiel, einem Betrachter macht, der den trivialen Film (Eddy Constantine) überhaupt nicht kennt. Denn offensichtlich sind hier raffiniert alle Dinge des trivialen Films übernommen und eingebaut und verfremdet und ins Gegenteil verkehrt, offensichtlich ist der Raster des Films, der eines gewöhnlichen Gangsterfilms, mit dem kleinen thematischen Unterschied, daß Held und Gangster eine Personalunion eingegangen sind, mal ganz abgesehen von stilistischen Unterschieden.

Ähnliches könnte man in Resnais' »Muriel« aufzeigen, Szenen, dies nur kurz angedeutet, die durcheinandergeschnitten sind, brauchen keine weitere Erläuterung; sie sind uns aus gewöhnlichen Filmen bekannt. Resnais setzt zudem die Langeweile als spannungserzeugendes Mittel ein. Kein gewöhnlicher Film ist absichtlich langweilig. Daß uns die Langeweile hier überrascht und deshalb nicht langweilt, liegt wohl vor allem darin, daß wir durch unsere Trivialfilmerfahrungen anderes gewohnt sind.

Ich gebe gern zu, daß mich Trivialfilme selten begeistern. Ich bin aber überzeugt, daß es auch innerhalb des trivialen Films Qualitätsmaßstäbe gibt, die wenig mit den Maßstäben des Kunstfilms zu tun haben. Das fällt dann auf, wenn triviale Filme künstlerisch wirken wollen, als Beispiele »Westside Story« und »Mata Hari« oder die ganze Serie von Western, die nach dem »High Noon«-Erfolg zu psychologisieren begannen, mit einem Seitenblick auf einen Oscar. Als Beispiele auch eine ganze Reihe von Schweizer Filmen, die diese Mischform sogar offensichtlich anstreben. Die Kampagnen gegen den schlechten Film hatten einen halben Erfolg. Der schlechte Film ist halb schlecht geworden, was schlimmer ist.

Zum Schluß: es fällt einerseits auf, daß in der Schweiz noch keine von allem Anfang an als gewöhnliche Kino- oder Kassenfilme gedachten Filme gedreht wurden. Da ist immer ein bißchen Kunst dabei, sei es auch nur der Name Gotthelfs. Es fällt andrerseits auf, daß die Kritik von allem Anfang an Kunst verlangt. Es fällt auf, daß man bei uns vom Staat verlangt, daß er wertvolle Filme unterstützt, daß man also plötzlich diesem Staat, dem man sonst in solchen Dingen nicht viel zutraut, zumutet, er müsse wissen, was wertvoll sei.

Wenn wir wirklich eine Filmindustrie brauchen, dann halt, so unangenehme Seiten es hat, eine ganze – nicht nur eine Kunstfilmindustrie. Meines Wissens haben alle Länder, die wirklich gute, sehenswerte Filme machen, eine äußerst umfangreiche Trivialfilmproduktion.

Diesen Filmen wirft man dann vor, sie seien nur zum Geldverdienen gemacht. Dann sieht es so aus, als ob es in der Schweiz keine guten Leute gäbe, die alles tun, um Geld zu verdienen.

Oder ist es vielleicht doch viel schwerer, einen ganz gewöhnlichen Film zu machen – oder sind wir zu gut dazu, oder zu klein?

Ich hoffe, daß wir nicht auch noch in diesem Bezirk eine Sonderstellung für die Schweiz aushandeln wollen, sozusagen unter dem Motto »relativ gute Filme aus der kleinen Schweiz«. Ich bin gegen den Schweizer Film, bin aber voller Chauvinismus stolz auf jeden guten Film, der aus meiner Region stammt. Daß wirkliche Hoffnungen bestehen, haben die Vorführungen gezeigt.

Ich bin dafür, daß man den Leuten jede mögliche Freiheit gibt, Filme zu machen – einfach Filme, dafür, daß der Staat Filme – einfache Filme – unterstützt, vielleicht im Sinne einer gewissen Defizitgarantie, und daß sich der Staat – wenn er schon kein Qualitätsurteil haben kann – damit abfindet, daß ein großer Teil der Filme mißlingt. Alle können nicht mißlingen.

Ich freue mich über das Abkommen für schweizerisch-deutsche Coproduktion. Kunst ist kaum zu erwarten. Vielleicht aber Filmerfahrung und Geld.

Vier Autoren über einen Autor

Ein sogenannter brillanter Unterhalter kann auf die Dauer langweilen, ein schwerfälliger Erzähler auf die Dauer faszinieren (ich höre lieber einen Bauern ungeschickt über seine Arbeit sprechen als einen Conferencier über irgend etwas). Man hat Dürrenmatt skrupellos den Brillanten zugezählt. Er ist der Autor geworden, bei dem das Publikum zu früh lacht, mit dem es sich voreilig versöhnt.

1956 schrieb er die »Alte Dame«. Sie ist nun auf ewige Zeiten sein »bestes Stück« (so wie Caruso ewig der beste Tenor bleibt), die Auszeichnung wird nur einmal verliehen, ein besserer Dürrenmatt wird nicht mehr akzeptiert. 1956 war der ganze Dürrenmatt durchinterpretiert, man wußte damals bereits, wie man die Stücke der nächsten zehn Jahre zu spielen hat.

Und so spielt man jetzt auch den »Meteor«. Ich freue mich darüber, denn um so mehr fällt auf, daß es einem abgestempelten, eingeordneten, verharmlosten Autor gelungen ist, auszubrechen.

Offensichtlich wollte das Theater wieder einmal ein Stück retten, offensichtlich schützte das Theater wieder einmal seine Abonnenten vor den bösen Absichten eines Autors.

Daß Dürrenmatt schwerfälliger (gewichtiger) geworden ist, daß er auf Brillanz verzichtet, daß die Pointen keine mehr sein wollen, das ignoriert man einfach. Man wollte retten, wo man nur noch zu spielen hat.

Wer mit »dann und dann und dann« aneinanderreiht und auf Schmuck verzichtet, hat bestimmt etwas Wichtiges mitzuteilen. Ihn mit Schmuck zu behängen, ist Verulkung.

Die Aufführung des »Meteors« zeigt, daß nicht nur das Publikum, sondern auch die Schauspieler Dürrenmatt längst als erledigt und harmlos betrachten. Man glaubte, ihm für ewige Zeiten gewachsen zu sein.

Schwitter bricht aus.

Dürrenmatt ist kein Klassiker mehr, das Theater ist ihm nicht mehr gewachsen. Dürrenmatt ist 45, ein junger Autor sozusagen. Man wird mit ihm wieder rechnen müssen, man wird mit ihm wieder Mühe haben.

Diskussion um Rezepte

Es geht in der Diskussion um Schriftstellerei; deshalb vorerst meine Legitimation: ich habe ein kleines Büchlein von 50 Seiten geschrieben, deshalb bin ich ein Schriftsteller (mit knapper Not, 50 Seiten sind etwas wenig). Es geht aber auch um schweizerische Politik, um mich darüber äußern zu dürfen, brauche ich eine andere Legitimation: ich bin Bürger dieses Landes. Ich habe einen Beruf (Lehrer), den ich als politisch betrachte. Ich bemühe mich, keine Abstimmung zu versäumen und bin Mitglied zweier Gemeindekommissionen. Ich bin nicht leidenschaftlich gern Mitglied dieser Kommissionen, aber ich betrachte es als meinen kleinen Beitrag zur Demokratie.

Wenn ich mich über den Jura äußere, dann als Bürger dieses Landes (als Bürger, der schreibt). Ich sehe nicht ein, warum mir der Titel Schriftsteller ein besonderes Recht geben sollte, mich über Politisches zu äußern.

Dieses Recht gibt mir der Titel Bürger, dieses Recht lasse ich mir auch als Schriftsteller nicht nehmen, aber es hat nichts mit dem Schriftsteller zu tun.

Ich gehöre zu den Meckerern, zu den ganz kleinen Wirtshausmeckerern. Ich finde es anderswo immer besser. Nur reise ich erstens nicht gern und spreche zweitens keine Fremdsprachen. Ich liebe meine Mundart. Die Spannung von ihr zum Hochdeutschen fasziniert mich und ist ein wesentlicher Grund, daß ich schreibe.

Ich werde auch weiterhin schreiben.
Ich bin aus diesem Grund restlos an die Schweiz gefesselt.
Sie ist mir Heimat und Gefängnis.

Im Lehrerzimmer ärgerte man sich kürzlich über die Unfähigkeit eines Beamten. Wir diskutierten darüber, was man in der Demokratie (theoretisch) gegen ihn unternehmen könnte. Wir kamen zum Schluß, daß man in der Demokratie sehr viel unternehmen kann, daß man es aber nur selten tut. Wir kamen zum Schluß, daß der Schweizer sehr wenig Zivilcourage hat.

Hätten die Franzosen unser politisches System, würde es bestimmt Initiativen hageln. Hätten es die Deutschen – die Intellektuellen würden sich nicht zweimal bitten lassen. Unsere Rechte funktionieren, weil wir sie nur im Notfall benützen. Eine Flut von Originalität würde unsere Demokratie erdrücken.

Des Schweizers bitterer Mangel, der Mangel an Zivilcourage, ist staatserhaltend. Das ist ärgerlich.

Daß es dumme Nationalräte gibt, das ist auch ärgerlich; aber wir haben eine echte Volksvertretung, die Dummen sind im Nationalrat annähernd prozentual zu den Dummen der Bevölkerung vertreten.

Daß Fachleute im Staat oft nicht zu Worte kommen, das ist auch ärgerlich; aber wir haben eine Laienpolitik, jeder kann mitmachen, wenn der Fachmann schön unten einsteigt, in einer Gemeindekommission, hat er etwas zu sagen. Es ist mir in Berlin aufgefallen, daß sehr wenige Deutsche eine Vorstellung davon haben, wie eine politische Karriere in Deutschland aussieht. Bei uns weiß es sozusagen jeder. Die meisten Bundesräte saßen einmal in einer Gemeindekommission und stiegen dann langsam das Leiterchen hoch. In einer Gemeindekommission diskutiert man zum Beispiel darüber, ob vor das Haus Feldberg 19 eine Straßenlampe gehöre oder nicht. Ich bin überzeugt, daß derartige Entscheide das Staatsgebäude tragen. Das ist in Deutschland nicht so. Ein Mann in Frankfurt wird den Standort einer einzelnen Straßenlampe nicht als Politikum betrachten. Unser Verhältnis zum Staat ist ein grundsätzlich anderes als das Verhältnis der Deutschen zu ihrem Staat.

Wenn ein Deutscher in einem literarischen Werk historische und gegenwärtige Situationen kritisiert, dann spricht er gegen eine Regierung, gegen Personen, gegen einen Staat, der ihm gegenübersteht. Die Regierung spricht zurück (Pinscher). Welcher Schweizer Autor wurde bis heute von offizieller Seite mit Verunglimpfungen ausgezeichnet? Wenn Frisch ein politischer Autor ist, welche offizielle Stelle hat ihn je erwähnt?

Von Salis schreibt: »... die beiden herben Kritiker unserer bürgerlich moralischen Kleinwelt sind nationale Autoren im vollen Wortsinne geworden.« Ich habe äußerst wenige Dienstkameraden, die irgend etwas assoziieren, wenn sie die Namen Frisch und Dürrenmatt hören. Gut, sozusagen alle meine zivilen Freunde kennen die Namen, aber sind meine Freunde die Nation? (Ich glaube, daß verhältnismäßig mehr Deutsche den Namen Grass kennen als Schweizer den Namen Frisch.)

Ist es nicht eher so, daß Dürrenmatt und Frisch im Gegenteil internationale Autoren sind und als solche für eine gebildete Schicht nationale Renommierstücke (die können sagen, was sie wollen, es ist immer wieder schön). (Dürfte ich übrigens, wenn von Salis schon das Generationenproblem ins Gespräch bringt, den 45jährigen Dürrenmatt für unsere Generation reklamieren, darum bitten, daß man die Grenze auf fünfzig ansetzt, es tut mir sogar weh, den älteren der anderen Seite zu überlassen.)

Daß Walter von Generationenproblem gesprochen hat, ist eine Unterschiebung.

Daß es sich um eine Kontroverse Max Frisch – Otto F. Walter handelt, ist ein Irrtum.

Max Frisch hat Fragen aufgeworfen, die ihn keineswegs in ein Lager zwängen. Von Salis verteidigt Frisch für Aussagen, die er gar nicht gemacht hat. Eine Kontroverse Otto F. Walter – J. R. von Salis hat sich inzwischen ergeben, wobei von Salis (was er selbst Walter vorwirft) sehr von der ursprünglichen Frage abweicht. Von Salis will offensichtlich Äußerungen, Stellungnahmen der Autoren zu politischen Ereignissen.

Max Frisch fragt nur nach der Darstellung der Schweiz in ihrer zeitgenössischen Literatur. Da steht nichts von Aktion, von politischer Wirksamkeit drin, da heißt es ganz einfach: »Hat die Schweiz der letzten Jahrzehnte eine Literatur, in der sie sich erkennen muß?«

Von Salis möchte diese Frage offensichtlich mit »Nein« beantworten; er beantwortet sie offensichtlich und nach meiner Meinung zu Unrecht mit »Ja«: »Unsere Schriftsteller, auch die heutigen, sie mögen es wahrhaben oder nicht, sind unverwechselbar schweizerisch.«

Das ist in meinen Augen eine positive Antwort. Wenn man in einem Buch den Schweizer erkennt, muß man auch um ebensoviel die Schweiz erkennen. Ich wäre stolz darauf. Es ist meine Absicht, als Schweizer zu schreiben.

Ich erkenne die Schweiz in Gottfried Keller und Max Frisch. Ich empfehle, zum Spaß eine Seite »Grüner Heinrich« und eine Seite »Gantenbein« halb zürichdeutsch zu lesen. Daß die beiden nicht weit auseinander wohnen, wird durch diesen Versuch deutlich.

Mir hat man in der Schule erzählt, daß der Schweizer Gottfried Keller ein absolut reines Hochdeutsch geschrieben habe. Das erzählt man wohl noch heute und es ist faustdick gelogen, zum mindesten bis in die Grammatik und die Syntax ist Keller schweizerisch. Daß er thematisch ebenfalls schweizerisch ist (und sein kann), darum beneide ich ihn, um – wie Walter sagt: »... jene Zeit, da die Utopie der Schweiz als Nation, als einer politischen und kulturellen Einheit so stark war, daß sie, getragen vom Pathos der Neugründung von 1848, zum Lebensgefühl zu werden vermochte.« Walter macht im Anschluß daran auf seine Unzulänglichkeit als Historiker aufmerksam. Ich wundere mich, weshalb der Historiker von Salis Keller wiederum zitiert, ohne im geringsten auf das erwähnte Argument von Walter einzugehen.

Aber sind nun wirklich die Bücher jüngerer Schweizer Autoren so sehr schweizerisch, wie von Salis behauptet? Ich glaube, gerade das bezweifelt Frisch. (Ich weiß, daß das Grass sehr bezweifelt.) Ich habe in Berlin nie den Vorwurf gehört, Schweizer Autoren könnten nicht hochdeutsch, aber häufig den Vorwurf, sie schrieben zu hochdeutsch; sie seien zimperlich und auf grammatikalische Exaktheit aus, sie hätten sehr wenig zur deutschen Sprache beigetragen. Wichtige Autoren der deutschen Literatur kamen immer wieder aus den Randgebieten deutscher Sprache, aus Schwaben, aus dem Osten, aus Prag, dann wieder ganz aus dem Norden; sozusagen nie aus Hannover, dem Ort, wo am hochdeutschesten gesprochen wird. Alle brachten ihre sprachlichen Eigenheiten oder zum mindesten ihre besonderen Ausdrücke mit und bereicherten damit die Schriftsprache.

Ich habe bei einzelnen Schweizer Autoren eher den Verdacht, sie stammten aus Hannover als aus Zürich (ich schreibe Zürich, weil es dort am meisten Autoren gibt und daher keiner gemeint sein kann). Auch mir fehlt der Mut. Auch ich bin sehr darauf bedacht, von norddeutschen Lesern bestimmt auch verstanden zu werden.

Dürrenmatt macht mir in dieser Hinsicht Eindruck. Ihm ist es gleichgültig, wie man es genau sagt. Er sagt es so, wie er es sagt. Wobei noch dazukommt, daß er es auf dem heikelsten Gebiet tut, dem Theater. Hier scheint es wirklich wichtig zu sein, wie man zum Beispiel einen Telephonanruf richtig hochdeutsch beantwortet, wie man sich meldet, wenn man auf hochdeutsch jemanden anruft.

Warum berühren Dialoge von Schweizern, die so richtig schön hochdeutsch sind, peinlich, und warum ist bei Dürrenmatt das alles so selbstverständlich? Weil eben ein Hochdeutschizismus (ein schönes Wort von mir) peinlich ist, ein Helvetismus oft wünschenswert.

Bleiben wir bei Dürrenmatt. Er ist bestimmt ein Schweizer. Aber nun möchte ich doch einmal wissen, welches seiner Stücke ein politisch schweizerisches oder schweizerisch politisches ist (von Salis spricht davon). Die These vom politischen Dürrenmatt ist nicht haltbar, wenn er sich auch außerhalb seiner Stücke kräftig politisch äußert. Hingegen stimmt es, daß die eine Seite ein bißchen Angst vor Dürrenmatt hatte und die andere Seite von ihm die Revolution erwartete. – Dürrenmatt hat ein Stück Schweiz dargestellt, in all seinen Werken, im »Romulus«, im »Mississippi« so sehr wie in der »Alten Dame«. Das ist Darstellung, mit Übertreibungen vielleicht, mit kleinen Spitzen, mit Zeigefinger und Holzhammer. Aber tendenziös politisch ist das nicht. Wenn Dürrenmatt die Schweizer wirklich aufschreckte (ich bezweifle es ein wenig), dann liegt für mich der Beweis vor, daß Darstellen seine Wirksamkeit hat, nicht offene Kritik und verpackte Politik.

Ein Beispiel aus Frisch (aus dem Gedächtnis wiedergegeben): die Szene, wo dem Stiller im Zeughaus seine Uniform gezeigt wird, wird oft als hervorragende Kritik an unserer Armee zitiert – sogar von eingeschworenen Pazifisten. Nun ist die Kritik des Schweizers an seiner Uniform doch alles andere als eine Kritik an der Armee im Prinzip. Nur einen Militärfreund interessiert es, wie schön unsere Uniform ist. Ein Gegner der Armee müsste sich über die Uniform freuen. Auch Frisch hat nur dargestellt: einen Schweizer dargestellt, der pflichtgemäß seine Uniform kritisiert; vielleicht ein Schweizer, der wohl ein potentieller Pazifist ist; dem aber im entscheidenden Moment nichts anderes einfällt, als die Uniform zu kritisieren. Immerhin scheint mir Frisch viel mehr als Dürrenmatt politische Absichten zu haben, die Schweiz in seinen Werken kritisch darstellen zu wollen (mir persönlich sind die »Brandstifter« als Beispiel lieber als »Andorra«). Wenn Frisch dabei scheitert, scheitert er als Schriftsteller an seinem Thema – die Sprache trägt ihn weg, die Assoziationen laufen nicht wie geplant, oder die anfängliche Wut verraucht, er versöhnt sich während des Schreibens, steigt in das Denken des Gegners ein und beginnt ihn zu verstehen. Daß, wie Walter sagt, Schriftstellerei vielleicht immer zum Scheitern verurteilt ist, ist keine Tragödie. Mir macht es Spaß.

Übrigens werden Bürger, die eine politische Literatur nötig haben, hellhörig. In Ostdeutschland gibt es eine politische Literatur, die sich hart mit dem Staat auseinandersetzt, die von Blumen, Bäumen und Vögeln spricht und auch Blumen, Bäume und Vögel meint ohne jede Allegorie. Ich habe Lesungen von völlig »unpolitischen« Lyrikern in Ostberlin gehört und ein hellhöriges Publikum gesehen, das erkannt hat, daß Literatur immer politisch ist. Und nicht nur die Leute, auch der Staat hat das dort erkannt, es gibt im Osten Lyriker, die nur über Blumen, Bäume und Vögel geschrieben haben und verfolgt werden. Sie waren für den Staat gefährlich genug. Man traut in Ostdeutschland der Literatur etwas zu. Sie wird von der Gesellschaft ernst genommen. Schriftstellerprozesse im Osten drücken auch das aus.

Noch ist die Frage nach der Darstellung der Schweiz in ihrer Literatur nicht beantwortet. Die Frage ist berechtigt und soll stehenbleiben – ich finde auch nicht allzuviel Schweiz in junger Schweizer Literatur. Ich erlebe im Augenblick, wie mir die Darstellung in meinem zweiten Buch zum zweitenmal mißlingt (sie wird auch im dritten mißlingen). Ist es sehr ketzerisch, zu behaupten, daß der Harry Wind von Diggelmann für mich mehr Schweiz enthält als die »Hinterlassenschaft«? Dies, um den Namen Diggelmann ins Gespräch zu bringen, längst schwebt er ja im Hintergrund des Gesprächs mit. Die Diskussion sieht ein bißchen nach Rezepten aus. Mir scheint, daß die »Hinterlassenschaft« nach einem solchen Rezept gekocht wurde; nach dem Rezept »verpack es in eine Geschichte«. Das Buch bleibt trotzdem so wichtig, daß ich Diggelmann dafür verehre. Auf weitere Beispiele verzichte ich. Ich kann mir vorstellen, daß das Beispiel Diggelmann zu genügend Mißverständnissen führt.

Buchhändler und Verleger bestätigen es: Sachbücher sind gefragter als belletristische, sie verdrängen mehr und mehr das erzählende Buch. Man muß Fakten nicht mehr in Geschichten verpacken, um sie an den Mann zu bringen – im Gegenteil, sie verkaufen sich nackt besser. Sachbücher sind die Bücher der Fachleute, belletristische die der Laien. Über die unbewältigte Vergangenheit Deutschlands gibt es wesentlich mehr Sachbücher als belletristische, und diese Sachbücher halten die Diskussion im Gang.

Das soll kein Rückzieher sein. Die Frage von Max Frisch bleibt stehen, auch von mir unbeantwortet. Ich weiß nicht, ob die Geschichtsschreibung ebenso umständlich zustande kommt wie die Literatur, aber abgesehen davon, hat die Schweiz eine entsprechende Geschichtsschreibung? Und was geschieht mit ihr? (Bonjour-Bericht)

Ich kann mir vorstellen (ich habe außer meinen Arbeitserfahrungen nicht die geringsten Anhaltspunkte dafür), daß die sozialen Autoren des 19. Jahrhunderts zufällig die Armut als Thema entdeckten, die Armut literaturfähig machten; daß sie dadurch selbstverständlich zu sozialen Autoren wurden, ohne viel dazu zu tun. Die genaue Darstellung eines Gegenstandes schafft ohne weiteres Verhältnisse zu ihm.

Meine Aufgabe als Schriftsteller ist darzustellen, Fakten, Umwelt zu sammeln und zu ordnen. Zu meiner Umwelt kann Geschichte gehören, die Geschichte der letzten dreißig Jahre zum Beispiel, zu meiner Umwelt kann ein Rothmund gehören, aber auch ein Bleistift, eine alte Frau, eine Bierflasche, eine Fahrverbottafel. Das Prinzip, nach dem ich auswähle und ordne, bestimme ich entweder nicht oder dann selbst. Es ist kein qualitatives Prinzip, das weiß ich zum voraus, Bleistift kann wichtiger sein als Rothmund, Bierflasche wichtiger als Fahrverbottafel. Gelingt mir die Ordnung, dann gelingt mir die Darstellung meiner Umwelt, meine Umwelt ist die Schweiz im großen und ganzen, am liebsten der Raum westlich von Zürich und nördlich von Bern, der Raum auch, der 1815 und in den folgenden Jahren politisch abgesteckt wurde. Er ist mir Heimat und Gefängnis, bald das eine, bald das andere in erster Linie.

Was von Salis am Schluß seines Artikels sagt, scheint mir sehr beachtenswert und für das weitere Gespräch von Bedeutung: »Erst das Werk oder die Werke, in welcher literarischen Form sie auch immer an den Tag treten mögen, werden darüber Auskunft geben können, ob die Schweiz ein tragisches Thema ist oder eines, das zu größerer Differenziertheit der Darstellung zwingt, weil Recht und Unrecht seltsam verteilt, Gutes und Böses, Stärke und Schwäche nahe beieinander waren.« Ich wiederhole den Satz, weil ich möchte, daß er im Gespräch bleibt. Irgendwo auf diesem Wege (die Schweiz ein tragisches Thema?) liegt eine Antwort auf die Frage Frischs. Eine kleine, bekannte Geschichte: Diggelmann braucht in Bern ein Hausiererpatent. Wir ärgern uns, schreien auf und brechen auf zur Hexenjagd (in Deutschland hätten nach ähnlichem Ministersessel gewackelt). Bei uns wird die Sache untersucht, festgestellt, daß ein kleiner Beamter das Gesetz etwas zu sehr nach dem Buchstaben, aber in guten Treuen gehandhabt habe, und alles hat sich erledigt.

Unser Ärger für nichts, unsere Schreie für nichts. Bei uns ist alles und jedes verdammt harmlos, nie tragisch, selten skandalös und bestimmt nicht einfach faßbar oder darstellbar. Wir können einem Ausländer wohl unsere Verfassung erklären, unsere Demokratie ist damit noch lange nicht erklärt.

Ich möchte um das Recht bitten, an einem ganz andern Ende, an einem ungeeigneten vielleicht, mit meinen Untersuchungen zu beginnen; ich möchte um das Recht bitten, Dinge in meine Sammlung aufzunehmen, die offensichtlich nichts mit der Darstellung meiner Heimat zu tun haben: Bleistifte, Bierflaschen, Fahrverbottafeln. Sollte mir eine Darstellung meiner Umwelt gelingen, dann nur auf weiten Umwegen und durch viele willkommene Zufälle.

Bundesfeieransprache

Liebe Mitbürger!
Liebe Mitbürgerinnen!

Wir feiern heute den Geburtstag unseres Landes. Vor 675 Jahren traten Männer von Uri, Schwyz und Nidwalden im geheimen auf dem Rütli zusammen, um über die Zukunft ihrer Länder zu beraten. Der Bundesbrief, den die Rebellen von 1291 schrieben, unterscheidet sich von 1.-August-Reden durch seine Nüchternheit und Brauchbarkeit. Sicher waren sich jene Männer nicht bewußt, daß sie im Begriffe waren, ein Land zu gründen; sie wollten mit ihrer Verschwörung nichts anderes als die uralte Tradition ihrer Länder fortsetzen; sie wollten sich nicht von andern dreinreden lassen. Sie proklamierten ein Recht, das heute noch, 675 Jahre später, keine Selbstverständlichkeit ist – das Selbstbestimmungsrecht. Um dieses Recht kämpfen heute noch – jetzt – Länder und Menschen.

Wir neigen dazu, unsere Geschichte zu glorifizieren. Sie ist voller dunkler Stellen, und es ist ein Rätsel, wie sich die Idee der Männer von 1291 durch all die Wirren, durch alle äußeren und vor allem inneren Widerstände hindurch halten konnte. Es traten Orte dem Bund bei, die auf Rechte und Pflichten des Bundes pfiffen, die alles andere als demokratisch und von Land- und Prestigegier besessen waren. Im Jahre 1415, genau hundert Jahre nach Morgarten, der ersten Freiheitsschlacht, unterjochten die Eidgenossen den Aargau und schickten Vögte. Schon das hätte das Ende einer Idee, der Idee der Freiheit, bedeuten können.

Daß wir das, was die Männer von 1291 proklamierten, das Selbstbestimmungsrecht, noch besitzen, ist nicht nur politischen und militärischen Leistungen zu verdanken, sondern dem Umstand, daß eine Idee, die einmal in die Welt gesetzt ist, nicht sterben kann.

Die Demokratie ist eine Staatsform, die Vertrauen hat in die Vielfalt der Ideen und Meinungen; sie hat so lange Bestand, als es Meinungsverschiedenheiten gibt, die kompromißlose Einigkeit wäre ihr Tod. In der Zeit der Sattheit, in der heutigen Zeit, ist die Demokratie in Gefahr. Die Parteien kommen sich näher; ihre Unterschiede sind fast nur noch personeller und nicht mehr grundsätzlicher Art; ihr Ziel ist oft nur noch Prestige.

Immer weniger kümmern sich Parteien um Abstimmungen bei Sachgeschäften; sie konzentrieren sich auf die Wahlen und schneiden ihre Aktionen darauf zu. Es scheint, daß man sich in dieser Sache mehr und mehr nach dem Ausland orientiert, denn dort gibt es nur Wahlen.

Bestimmt sind die Parteien selbst mit diesem Zustand nicht zufrieden. Ich glaube, sie wären bereit, neue Ideen aufzunehmen und weiterzutragen, doch sie müssen sie erst vernehmen. Es ist deshalb wichtig, daß keiner seine Ansichten versteckt; wir brauchen mehr Meinungen, wir brauchen die Meinung jedes einzelnen.

Wir sind stolz auf unsere Presse; wenige Länder haben so viele Zeitungen, wenige Länder geben ihnen so viel Freiheit. Ich finde es traurig, daß man diese Zeitungen so ganz einfach in vielleicht drei Gruppen einteilen kann und innerhalb dieser Gruppen nicht mehr viele Unterschiede feststellt. Fast ausnahmslos kennt man die Meinung einer bestimmten Zeitung zu einem bestimmten Problem zum voraus. Auch hier droht das politische Gespräch einzuschlafen. Die Zeitungen tragen wenig Schuld daran; sie schreiben für ihre Abonnenten und richten sich nach ihren Wünschen. Der Schweizer scheint es zu lieben, täglich mit seiner eigenen Meinung berieselt zu werden.

Redaktoren von Zeitungen, Radio und Fernsehen wissen, wieviel Droh- und Schmähbriefe auch nur ein klein wenig Zivilcourage und Nonkonformismus einbringen.

Ich greife nicht die Presse an, sondern die Abonnenten. Soviel Mut und Frische, wie wir von den Zeitungen verlangen, wie wir ihnen zubilligen, soviel Mut werden sie haben.

Unsere Rechte und Freiheiten können nur vom einzelnen Bürger garantiert werden. Der Staat ist dafür verantwortlich, daß es Freiheiten gibt, der Bürger dafür, daß sie genutzt werden. Pressefreiheit, Meinungsfreiheit ist nur in einem Lande möglich, in dem jeder Bürger seine eigene Meinung hat und seinem Nachbarn eine eigene Meinung zubilligt.

Wie schnell sind wir mit der Bezeichnung »Landesverräter« oder »Kommunist« zur Stelle, wenn einer unserer Mitbürger eine andere Meinung vertritt. Es gibt eine ganze Reihe von Problemen und Gedanken, die von ihren Gegnern noch nie eingehend untersucht und dann bekämpft wurden. Man beschränkt sich darauf, die Anhänger der Idee zu beschimpfen und zu verhetzen. Die Verhetzung ist das denkbar undemokratischste Mittel, und eine Demokratie wird durch die Gesamtheit des Einzelnen ausgemacht und repräsentiert. Der Staat kann so viele Freiheiten gewähren, wie er will, wenn der einzelne Bürger durch Beschimpfungen verhindert, daß sein Nachbar die Freiheiten nutzen kann, befinden wir uns auf dem Weg zur freiwilligen Unfreiheit.

Wir müssen wachsam sein, jetzt in dieser Zeit des Wohlstandes und der Sicherheit. Eine Demokratie ist ständig von innen bedroht. Eigenartigerweise ist sie am stärksten in Zeiten äußerer Bedrohung. Ich spreche als Vertreter der jüngsten Generation. Unsere Väter haben eine Zeit von mächtiger äußerer Bedrohung erlebt, haben im Weltkrieg erlebt, was es heißt, bewußt und mit letzter Konsequenz Schweizer zu sein und Schweizer bleiben zu wollen. Auch wir Jungen lieben unser Land. Aber wir haben es anders erlebt; wir verstehen den Satz eines großen Schweizers in den Jahren der Bedrohung nicht mehr. Er sagte: »Wir müssen unter uns Eidgenossen immer verständiger, immer einiger und so immer stärker sein, damit die Schweiz bleibt, wie wir sie von unsern Vätern ererbt haben.« Wir dürfen uns ruhig durch diesen Satz an jene Zeit erinnern lassen, aber wir dürfen ihn nicht für unsere Zeit mißbrauchen. Immer verständiger und immer einiger sein, kann und darf nicht heißen, einer Meinung sein. Und die Schweiz muß veränderbar bleiben. Wäre sie es nie gewesen, lebten wir noch in Zeiten des Feudalismus, der Aristokratie, der Reisläuferei, der Vögte und Untertanen, denn so haben die Schweizer des 19. Jahrhunderts ihr Land von ihren Vätern ererbt.

Wenn wir den Geburtstag unseres Landes feiern, so wollen wir doch nicht vergessen, auch an seine zweite Geburt im Jahre 1848, im Jahre der ersten Bundesverfassung zu denken. Damals wurde der Staat, den wir heute feiern, begründet, nach einer Zeit voller Wirren, aus der immer wieder einzelne Persönlichkeiten hervorragten. Die meisten von ihnen sind vergessen und werden kaum mehr erwähnt. Kraftprotze und Haudegen gelten in unserer Geschichte mehr als ein mutiger und gescheiter Politiker wie Pictet de Rochemont, der 1815 die Stadt Genf am Wiener Kongreß vertrat und ohne eigentlichen Auftrag und auf eigenes Risiko gegen starke Widerstände für die Schweiz die Neutralität erkämpfte, mit dem Versprechen übrigens, daß es eine aktive Neutralität sein solle, die den andern Ländern von Nutzen sein könne.

Die jungen Liberalen traten auf den Plan; sie waren ein rotes Tuch für all jene, die das Land bewahren wollten, wie es immer war. Sie waren die Opposition, die Linke von 1848, und sie eröffneten das politische Gespräch, den friedlichen Kampf mit Worten. Ein neuer Wind durchzog unser Land, und die Jugend war bereit, mitzumachen, aufzubrechen zu neuen Zielen, ein Land zu verändern und neu zu gestalten. Die Jugend ist immer bereit, zu neuen Zielen aufzubrechen.

Schon 26 Jahre nach der ersten Bundesverfassung gelang dieser politischen Jugend eine Totalrevision der Verfassung, Mängel der ersten Verfassung auszuwetzen, unter ihnen zum Beispiel die zynische Benachteiligung der Juden.

Wie selbstgerecht sind wir doch inzwischen geworden, wie schnell sind wir bereit, alles Alte gut und alles Neue schlecht und gefährlich zu finden. In diesem Jahre wurden im National- und Ständerat Motionen eingebracht, die die Totalrevision der Verfassung zum Gegenstand haben. Ein Motionär selbst, Ständerat Obrecht, erklärte in einem Interview, daß er durch diese Revision auch eine Aktivierung der Jugend erwarte.

Bereits spricht man aber davon, daß die Revision wohl nur juristischer Art sein könne und wohl keine wesentlichen Neuerungen bringe.

So wird die Jugend ein weiteres Mal nicht mitmachen, sie wird sich weiterhin passiv verhalten. Die Jugend wird nie bereit sein, das Land der Väter zu bewahren; sie wird bereit sein, es durch Veränderungen lebendig zu erhalten.

Es gibt Eidgenossen, denen es genügt, daß ausländische Touristen die Berge wundervoll, die Landsgemeinden lustig und interessant finden und unsern Staat als Schulbeispiel für Demokratie betrachten. Diesen Schweizern scheint es Spaß zu machen, als Museumsstücke in einem Museum zu leben, und wo sie auch hinkommen in der ganzen Welt, rufen sie aus »wir sind Schweizer« und lassen sich bestaunen.

Es ist keine persönliche Leistung, in diesem Land zu leben,

und es gibt keine menschlichen Qualitäten, die wir andern Völkern voraushätten.

Weder Freiheit noch Humanität sind Begriffe, die uns allein gehören.

Eine persönliche und achtenswerte Leistung ist, an die Urne zu gehen und dort seine Meinung einzulegen, eine Leistung, gegen eine Mehrheit die eigene politische Meinung zu vertreten, vielleicht im Bewußtsein, auf irgendeine schwarze Liste zu kommen.

Daß sich Regierungsstellen über eine oppositionelle Presse ärgern und sie zurechtweisen wollen, daß an einer friedlichen, politischen Demonstration die Autonummern der Leute abgelesen werden, diese Leute später von der Polizei aufgesucht und nach ihrer Einstellung befragt werden, das sind Dinge, die in unserem Land nicht geschehen – nicht geschehen können. Sollten sie doch geschehen, so sind wir verpflichtet, auch unsern stärksten politischen Gegner vor solchen Maßnahmen zu schützen. Der Staat darf bei uns nicht selbständig werden. Daß wir, die Gesamtheit der Einzelnen, der Staat sind, darf nicht nur eine Floskel in Augustreden sein.

Man sagt, Politik sei ein schmutziges Geschäft, und viele Leute glauben es gern und erzählen es weiter. Mir scheint, daß irgendwer mal diesen Satz ausgestreut hat, um möglichst viele von der Politik abzuhalten, um sie möglichst allein machen zu können.

Es ist an der Zeit, daß dieser Satz bekämpft wird. Politik ist ein edles Geschäft, Politik ist die Verpflichtung dem andern gegenüber, die Verpflichtung gegenüber der Gesellschaft. Politik beginnt nicht erst in Parteien, Kommissionen und Parlamenten, sondern im Gespräch zwischen Vater und Sohn, im Wirtshausgespräch und überall da, wo Menschen zusammenkommen. Wäre Politik wirklich ein schmutziges Geschäft, hätte nichts mehr auf dieser Welt einen Sinn.

Immer wieder hören wir, daß sich die Jugend nicht für Politik interessiere, daß sie verwildert, halbstark und was auch immer sei. Ich möchte daran erinnern, daß schon ein Haupttraktandum der Tagsatzung von 1481 in Stans die damals »heutige schlechte Jugend« betraf.

Die Jugend ist nicht unsozial, ist nicht unpolitisch, sie ist interessiert, sie gruppiert sich, macht Musik und führt Gespräche. Wir müssen uns endlich damit abfinden, daß auch eine Jazzband, eine Beatband gesellschaftsbildend und damit politisch sein kann, so wie es bei der ältern Generation der Männerchor und die Musikgesellschaft ist. Wenn die Erscheinungsformen der Gesellschaft ändern, bedeutet das nicht den Tod des Staates.

Ich habe Vertrauen zur jungen Generation. Ich glaube daran, daß sie den Staat weiterführen kann, ich weiß, daß sie es nicht besser machen wird, und ich hoffe, daß sie sehr bald Schwierigkeiten mit der nächsten Jugend haben wird.

Wir haben eine 700jährige Geschichte, aber unser Staat, wie er heute aussieht, ist erst 120 Jahre alt. Wir sind ein junger Staat; noch ist nicht alles erreicht, was sich die Männer von 1848 vorstellten, immer noch müssen wir beweisen, daß ihre Idee lebensfähig ist.

Wir beklagen uns, daß die Schweiz im Ausland an Ansehen verloren habe. Vor 25 Jahren waren wir das gelobte Land, wir waren Auserwählte, die in einem Paradies des Friedens lebten, wir wurden bestaunt und beniedet.

Heute sind wir wieder ein kleines Land unter vielen, und es läßt sich auch in andern Ländern gut leben. Und es ist Vermessenheit, wenn wir glauben, alle Länder sollten uns zum Vorbild nehmen, alle Völker sollten uns bestaunen.

Doch haben wir 1815 am Wiener Kongreß die Verpflichtung übernommen, daß unsere Neutralität den andern Ländern von Nutzen sein solle.

Das haben wir mehr und mehr vergessen. Wir glauben, daß unsere Entwicklungshilfe, daß unsere Vermittlerdienste Wohltätigkeit wären. Sie sind nichts anderes als eine Verpflichtung. Ich glaube, daß wir die Vorteile unserer geliebten Neutralität gut etwas teurer einschätzen und etwas teurer bezahlen dürften.

Die Jugend wünscht ein geeinigtes Europa. Von Jahr zu Jahr ist dieses Europa schwerer zu erreichen. Die Jugend stellt es sich wohl zu leicht vor. Aber gerade hier hätte unser Land eine Aufgabe. Unser Föderalismus gilt den Europäern als Vorbild; Europa hat auch deshalb ein Recht auf unsere aktive Mitarbeit.

Wir haben eine Industrie, die nach wie vor in der Welt großes Ansehen genießt und im harten Konkurrenzkampf mitsprechen kann. Sie kann es, weil sie versteht, ihre Traditionen mit neuen Ideen, mit Umwälzungen und Veränderungen zu verbinden; weil sie versteht, sich den dauernd neuen Umständen anzupassen.

Der Schweizer ist zu Neuem fähig.

Die Schweiz könnte es auch sein.

Die Welt ist klein geworden. Wir sind nicht mehr so sehr bereit, national zu denken. Auch die Weltpolitik ist unsere Politik, und Kriege auf dieser Welt, wo sie auch stattfinden, gehen uns etwas an.

Wir wollen daran denken, daß jetzt, in dieser Stunde, Leute darunter leiden, daß Kriegslärm und Kriegselend das politische Gespräch zum Verstummen brachten.

Wir wollen dafür danken, daß wir wieder ein Jahr in Freiheit und Frieden verbringen durften, danken einem gütigen Schicksal und all denen, die in irgendeiner Weise am Gedeihen unseres Staates beteiligt waren, durch ihre Beiträge zur politischen Diskussion, durch ihren Gang zur Urne, durch ihre Arbeit als Mutter oder Vater.

Wir wollen all denen danken, die sich in Parteien, Kommissionen, in Parlamenten, Ämtern und Regierungen für unsern Staat einsetzten.

Sie haben unsern Dank verdient.

Wir wollen unsern Regierungsmännern dafür danken, daß sie sich wieder ein Jahr lang heftiger, oft bitterer Kritik aussetzten und nach bestem Wissen und Gewissen ihre Arbeit verrichteten. In einem Land, in dem kritisiert werden darf, gibt es viel ungerechte Kritik, die nicht leicht zu ertragen ist, aber auch sie gehört zum Wesen unseres Staates.

Hoffen wir, daß auch weiterhin die Männer und Frauen unseres Landes bereit sind, unsern Staat zu tragen, daß wir die Kraft haben, auch in Zeiten ohne sichtbare Bedrohung, ohne Protzerei und ohne Säbelrasseln stark zu sein.

Die Wahrheit oder »Entdämonisieren wir weiter«

Mühsam haben wir eine Legende über das Colloquium zusammengebastelt, erzählt, daß wir nur so zufällig da waren und diskutiert haben, und nun will uns das niemand glauben. Wir schämen uns inzwischen auch, daß wir nicht gleich mit der Wahrheit herausgerückt sind, aber das hat seine Gründe. Die Wahrheit ist nämlich so unglaubhaft, hatten wir das Gefühl, aber wenn man nun so hört, was die Leute von diesem Colloquium erzählen, muß man feststellen, daß die Leute es inzwischen doch ahnen: Hier also die ganze Wahrheit:

Wie ich zum Colloquium gekommen bin: Mein Vater ist ein leidenschaftlicher Bergsteiger und Hilfslehrer im Samariterverein. Wie er nun einmal auf dem Weissmies war, landete ein Piper not (das ist eine Flugzeugsorte), darin saß ein ehemaliger

Seemann – das stellte sich erst später heraus –, und dem hatte es überhaupt nichts gemacht. Der stieg aus dem Flugzeug und mein Vater grübelte die Taschenapotheke aus dem Rucksack. Als der Pilot sagte, er heiße Ernesto, erschrak mein Vater sehr, weil er des Italienischen nicht mächtig ist, aber er hieß auch Schnabel, und das machte alles wieder gut.

Nun hinkte der Pilot und das freute meinen Vater, weil er gern den Leuten hilft. Der Pilot hatte nämlich vor dem Start beim Baden einen Dorn eingetreten und litt nun sehr. Mein Vater nahm eine Pincette, Watte, Mercurochrom und ein Pflästerchen aus der Taschenapotheke und alles weitere ergab sich dann.

Der Pilot sagte, er möchte nun auch etwas für ihn tun, er habe nämlich Beziehungen und ob er – mein Vater – etwa in die Gruppe 47 wolle. Mein Vater sagte, er möchte jetzt nicht noch in einen Verein, er sei schon im Schweizer Alpen Club (SAC) und im Samariterverein, aber er habe einen Sohn (mich also), der sei Lehrer und noch in keinem Verein. »Schreibt er«, fragte der Pilot und mein Vater sagte: »Warum sollte er denn schreiben, ich sehe ihn ja jede Woche.« »Wenn er nicht schreibt, muß er zuerst ins Colloquium«, sagte der Pilot, »den Höllerer kenne ich nämlich auch.« Und so kam es, daß ich eines Tages meine Koffer packte und nach Berlin fuhr.

Da waren noch viele andere. »Das ist kein guter Pilot«, dachte ich, »wenn der so viele Notlandungen macht.« Aber das war gar nicht richtig gedacht, denn die andern waren gar nicht auf Grund von Notlandungen hier; sondern weil sie die Tochter des Piloten waren oder sein nachmaliger Schwiegersohn (andere Tochter) oder Bayer oder Hamburger oder eben Berliner. Ich weiß nicht mehr, wer auf die Idee kam, wir könnten etwas schreiben. Vielleicht war es doch der Hans Werner Richter.

Schreiben ist sehr schwer, aber aller Anfang ist schwer und wir machten dann auch ein Faschingsfest, da waren viele dabei, die es schon konnten und die sagten, sie werden schon dafür sorgen, daß auch jemand die Sachen lese und das gab uns dann neuen Mut.

Wir mußten dann auch die Namen auswendig lernen von denen, wo schreiben können und wir wurden abgefragt.

Höllerer rief einen Namen und wenn es ein richtiger war, mußten wir in die Hände klatschen, wenn es ein falscher war, taten wir unberührt. Höllerer hatte aber sehr Mühe, falsche Namen zu finden, er hat nur die richtigen im Kopf – und das ist auch recht so.

Plötzlich rief Rühmkorf »Gottfried Keller« – das gab aber eine schöne Verwirrung.

Der Schwiegersohn vom Piloten und der Bayer haben zweimal falsch geklatscht, aber es wurde ihnen an den 800 Mark dann doch nichts abgezogen.

Am Schluß mußten wir dann alles abgeben und sie machten ein Buch. Jeder bekam zehn davon. Mein Vater hatte sehr Freude daran und sagte, ich soll doch auch in einen Samariterverein, ich sähe jetzt selbst, wie sich das auszahle.

Von einem Mädchen und von der Übereinstimmung

Eine ganz kurze und zugleich eine umfassende Inhaltsangabe: ein Mädchen reist durch Deutschland. Wenn ich noch hinzufüge, daß das Mädchen gestohlen hat und daß es auf der Flucht ist, dann stellt sich der Leser schon etwas Falsches vor. Und wenn ich schreiben würde: »Hier befindet sich ein

Mensch recht eigentlich auf der Flucht vor sich selbst«, dann wäre das ein recht dummer Unsinn.

Kluges Geschichte ist ganz einfach: ein Mädchen, das aus der DDR nach Westdeutschland kommt, stiehlt irgendwo eine Jacke, kommt vor Gericht, wird verurteilt, geht weiter, stiehlt etwas, betrügt ein wenig, kann und will das Hotel nicht bezahlen, im Grunde unschuldig, aber andere Schuldige gibt es auch nicht. Die Geschichte endet da, wo solche Geschichten eben enden, im Gefängnis. Das ist keine Tragödie, das ist einfach so.

Ich kenne wenige Filme, deren Inhalt und Form übereinstimmt. Der Film ist nirgends komplizierter, nirgends unkomplizierter als die Geschichte. Auch der Film ist einfach so. Zum ersten Male habe ich den Eindruck, daß es nicht schwer ist, Filme zu machen. Ich weiß, das ist eine Täuschung; aber ich mag Dinge, die mir nicht zu viel Ehrfurcht abringen. Ich mag Geschichten, die so einfach sind, daß schon das Wort Wahrheit daneben pompös und unlauter wirkt.

Alexandra Kluge gibt in diesem Film offensichtlich ganz sich selbst: das Mädchen Anita G. (die Heldin) ist mehr Alexandra geworden als Alexandra die Anita. Als äußeres Zeichen dafür kann gelten, daß Schauspielerin und Figur das gleiche Geburtsdatum haben.

Übereinstimmung ist das Stichwort.

Ein Staatsanwalt spielt den Staatsanwalt, und es scheinen Professoren zu sein, die Professoren spielen. Wenn in der Nähe eines Flugplatzes gedreht wird, dann schaut die Schauspielerin und mit ihr die Anita eben den Flugzeugen nach, und dann sieht man eben Flugzeuge; das hat nicht mehr zu bedeuten, als daß es dort Flugzeuge gibt und daß man ihnen nachschaut. In einem Hotel gibt es einen Hotelportier, und der hat seine Geschichte, und die erzählt er; das hat zu bedeuten, daß es in Hotels Hotelportiers gibt und daß Hotelportiers eine Geschichte haben und daß sie sie erzählen. Wenn das Gesicht der Anita in Großaufnahme erscheint, bedeutet das: das ist ihr Gesicht.

Der Film ist so komisch und so tragisch wie zum Beispiel das Leben eines Mädchens, das am 2.4.1937 in Leipzig geboren ist. Anita ist so hübsch, unkompliziert und kompliziert, dumm und intelligent wie ein Mädchen, das am 2.4.1937 geboren ist; und so schnell wie in eine 29jährige (eher schneller) verliebt man sich auch in sie.

Das ist wenig und das ist einfach.

Einen solchen Film kann jeder machen. Daß es nicht alle tun, kann nur Böswilligkeit oder Dummheit sein.

Letztlich kann man Kluge nur für eine kleine Sache dankbar sein, dafür, daß er intelligent ist.

»Abschied von gestern« ist ein gescheiter Film.

Weil er sehr gescheit ist, ist er auch sehr politisch.

Alles weitere überläßt Kluge dem Publikum.

Er ist so anständig, uns nicht dumm einzuschätzen.

Er ist so anständig, das Publikum zu keinem einzigen Lacher, zu keinem Stoßseufzer zu zwingen.

Aber wer es liebt, in Filmen zu lachen, herzlich zu lachen – ich zum Beispiel –, der kann das.

Unverbindlichkeiten

»Will mir nun darauf jemand erwidern, ich vertrete also die Meinung, daß Pornographie nicht viel anderes sei als mangelhaftes Denk-, Fühl- und Formvermögen, dann würde ich sagen: allerdings.«

Dieser Satz stammt von Werner Weber. Er kennt unsere Sprache und wird mir beipflichten, daß der Satz so besser ist: »Ich vertrete die Meinung, daß Pornographie nicht viel anderes ist als mangelhaftes Denk-, Fühl- und Formvermögen.«

Aber auch dieser Satz stammt von ihm: »Was ist Emil Staiger beruflich? Er lehrt an der Zürcher Universität...«

Ich würde an seiner Stelle vorschlagen: »Emil Staiger lehrt an der Zürcher Universität.«

Im gleichen Artikel steht aber noch: »Die einen waren dafür, die andern dagegen. Die einen sind darüber froh, die andern, gelinde gesagt, nicht.«

Das sind Sätze, die unter dem Niveau Webers liegen: sie stehen in Webers Artikel vom 24. Dezember 1966 in der NZZ »Zum Streitgespräch über eine Rede Emil Staigers«. Wenn Werner Weber solche Sätze schreibt, muß das seine Gründe haben. Er spricht in seinem Artikel von einer Zone mangelhaften Formvermögens und sagt, daß Emil Staiger in seiner Rede diese Zone im Auge gehabt habe.

Unter Formvermögen verstehe ich, daß das, was gesagt ist, steht und gesagt bleibt.

Professor Staigers Worte sind gesagt. Ihre Befürworter nennen sie mutig. Und Frischs Worte sind gesagt.

Dazwischen stellt nun Werner Weber seine Beschwichtigungen. Er streut einige Worte zwischen Staiger und Frisch und nichts ist gesagt. Er erwähnt nur den einen der beiden und betitelt seinen Artikel »Zum Streitgespräch« und er schreibt, was Staiger seiner Meinung nach hat sagen wollen.

Dazu kann ich wenig sagen. In diesem Punkt ist Weber mir gegenüber im Vorteil, er kennt Staiger persönlich. Ich kenne die Rede Staigers und in dieser tönt es anders. In dieser steht nichts von Zonen, nichts von einer zeitgenössischen Literatur, die über unsere Epoche berichtet.

Weber sagt, daß Staiger ein Tabu gebrochen habe. Was ist das für ein Tabu, und haben es, wenn es überhaupt eines ist, denn wirklich nicht schon hundert andere gebrochen? Haben nicht schon andere von Schweinigeleien in der Literatur gesprochen? Gilt Grass nicht schon lange als Obszönling, als Pinscher, als Nichtskönner?

Also gut. Staiger muß etwas anderes gemeint haben. Nicht den Schmutz an und für sich, der stand in seiner Rede nur als Beispiel, als Beispiel für Literatur. Und es geht in der Rede tatsächlich nicht nur um den Schmutz, es geht darum, daß die moderne Literatur keine Leitbilder schaffe, daß die Literatur nicht erhebend klingt wie Mozart, daß sie nicht über HiFi und Stereo im Raum verteilt werden kann, daß es Kratzer drin hat, die den Zigarrengenuß stören.

Auch das »Streitgespräch« stört. Weber will es sanft wegräumen, damit, daß er die Rede etwas umbiegt, dem Redner dann recht gibt und den andern vorwirft, sie hätten die Sache nicht verstanden, weil sie ein Manifest sei. (Soll man es nun »ein Manifest Staigers« oder »das Manifest Staigers« nennen?) Ich habe Verständnis dafür, daß es Gründe genug gibt, sich schützend vor die Person Professor Staigers zu stellen. Muß das mit einem solchen Satz geschehen: »Er weiß, etwa so gut wie wir, bei wem und womit etwas los ist.« Ohne Nebensatz heißt das: er weiß es; mit Nebensatz heißt es: er ist ein Mensch wie du und ich. Davon bin ich wirklich überzeugt. Aber Weber überzeugt mich nicht. Er macht mich traurig. Er war mein bester Kritiker, weil er als einziger kritisch war. Kritisieren ist abwägen, nicht ausgleichen, vertuschen.

Ich habe der Sprache gegenüber, die Werner Weber hier schreibt, Bedenken (das heißt ich finde sie bedenklich). So schlecht kann Weber nicht schreiben. So schlecht schreibt man nur, wenn man sich dazwischenstellt; nicht etwa um den

Streit zu schlichten, sondern um mit beiden gut Freund zu sein. Das macht man so, daß man dem einen recht gibt und den andern nicht beim Namen nennt:

Das macht mir angst.

Angst, weil es unverbindlich ist. Und das können Weber und Staiger nicht gemeint haben, daß Unverbindlichkeit die Größe des Kunstgenusses ausmache. Staiger jedenfalls kann das nicht gemeint haben. Weber? Nein – da muß ich ihn entschieden in Schutz nehmen –, das kann er wirklich nicht gemeint haben.

[»End of War Now«]

Der Korrespondent des Schweizer Radios sagte, daß der Verzicht Johnsons auf eine Kandidatur und die Einstellung der Bombardierungen in Amerika wie eine Bombe gewirkt habe. Kennedy soll, nachdem er davon gehört hat, sprachlos gewesen sein und McCarthy sehr überrascht. Was viele seit Monaten von Johnson verlangt haben, bleibt auch jetzt noch eine Überraschung.

Niemand wird bereit sein, weder Freund noch Feind, die Einstellung der Bombardierungen der Einsicht und Anständigkeit Johnsons zuzuschreiben. Man spricht vom Wahlkampf; aber vielleicht sollte man sich der Sache zuliebe naiv stellen und hinter dem Schritt Johnsons einen echten Gesinnungswechsel sehen, ihm damit den Gesinnungswechsel aufzwingen. Die Frage drängt sich auf, ob die weltweite Opposition gegen den Vietnamkrieg Johnsons Entschluß beeinflußt habe. Was die Opposition bestimmt erreicht hat: sie hat den Vietnamkrieg zum Problem erklärt – sie hat (der Ausdruck ist mir unangenehm) den Vietnamkrieg »unpopulär« gemacht. (Zum Vergleich: Biafra ist zu keinem Problem geworden. Niemand ist darüber orientiert.)

Ich glaube nicht, daß sich die Opposition sehr beruhigen wird, daß sie sich mit der Einstellung der Bombardierungen begnügt. Ich glaube nicht, daß die Einstellung bereits das Ende des Krieges bedeutet. Sie bedeutet aber, daß keine Nordvietnamesen mehr bombardiert werden, das ist viel.

Nordvietnam wird darauf reagieren müssen. Wie wird die antiamerikanische Opposition reagieren, wenn Nordvietnam nicht oder unfreundlich reagiert? Sie wird voraussichtlich dem Vietcong treu bleiben – nicht zu Unrecht, denn die Tatsache, daß die Amerikaner ohne Recht in Vietnam sind, ändert sich durch die Einstellung der Bombardierungen nicht. Nordvietnam kann nun beweisen, daß es auf militärische Ehren verzichten kann. Der gute Wille ist aber auch weiterhin nicht nur Sache von Hanoi, denn mehr als ein Zeichen von gutem Willen ist die Einstellung der Bombardierungen nicht.

Die innenpolitischen Gründe Johnsons für diesen Schritt bieten sich geradezu an. Es wäre sicher falsch, mit diesen Gründen Johnsons Schritt abwerten zu wollen. Andrerseits bleibt die Tatsache, daß er den Schritt sehr spät gemacht hat.

Ich bin überzeugt, daß die Opposition der Jugend in der westlichen Welt den Entschluß zum mindesten indirekt beeinflußt hat; aber wichtiger ist: was tut sie jetzt? Der Entschluß Johnsons darf nicht überbewertet werden, das Problem hat sich damit zwar menschlich für die betroffene Zivilbevölkerung, politisch aber nicht sehr verändert. Vielleicht sollte man aber jetzt doch zeigen, daß man bereit ist, Schritte der Amerikaner positiv zu werten.

Wenn die Opposition behauptet, Johnsons Entschluß sei

nichts anderes als diplomatische Taktik, dann muß sie sich jetzt auch diplomatisch und taktisch verhalten.

Es bleibt zu hoffen, daß die Einstellung der Bombardierungen mehr ist als der Versuch, den Vietnamkrieg »populärer« zu machen, daß die Einstellung mehr wirkt als eine Bombe.

Man spricht bereits von einem harten Schlag für die Präsidentschaftskandidaten. Johnson hat ihnen Argumente und Angriffsfläche genommen – vor allem mit seinem Verzicht auf die Kandidatur. Der Verzicht kann bedeuten, daß Amerika nicht nur einen Anti-Johnson-Präsidenten (von rechts oder links), sondern einen Präsidenten bekommt. Ich würde mich nicht ärgern, wenn mir Amerika sympathischer würde.

Geistige Entwicklungshilfe

Ein deutscher Verlag gibt in Zürich in der Schweiz einen Empfang. Er will damit seinen Beziehungen zur Schweiz Ausdruck geben, sich seinen Schweizer Buchhändlern, der Presse, den Lesern vorstellen. Er bringt zwei seiner interessantesten Autoren mit, die aus ihren Werken lesen sollen.

Der Verlagsdirektor wird zu Beginn eine kurze Begrüßungsansprache halten, der Cheflektor über die Arbeit des Verlages orientieren. Das läßt man über sich ergehen, wünscht sich zum vornherein, daß die Begrüßungsansprachen nicht zu lang werden, nimmt sich vor, nicht zu genau hinzuhören, spart seine Aufmerksamkeit für die Lesung der Autoren, auf die man sich freut.

Nun wird aber die Rede des Direktors ziemlich lang und die des Lektors sehr lang. Das Unglück will es, daß man aufmerksam wird. Der Direktor versucht, die Beziehungen seines großen Verlages zur kleinen lieben, ihm sehr sympathischen Schweiz zu erklären. Er entschuldigt sich dafür, daß in seinem Programm kein Schweizer Autor ist, macht darauf aufmerksam, daß in seiner Taschenbuchreihe Schweizer gedruckt werden und kann sich einfach nicht vorstellen, daß in der kleinen Schweiz ein deutscher Verlag und deutsche Autoren an und für sich interessieren könnten. Er spricht von einem literarischen Buch, »über das in Deutschland sehr diskutiert wird«, stellt sich also vor, daß eine literarische Diskussion an den Grenzen dieses schönen Landes aufhören müsse. Nach seiner Auffassung »waren die beiden Autoren so nett, von weit her nach Zürich zu kommen«; ich kann mir nicht vorstellen, daß er in Deutschland gesagt hätte, »von weit her nach Hamburg zu kommen«, »nach Berlin zu kommen«, »nach Frankfurt zu kommen«, denn deutsche Städte befinden sich immerhin noch innerhalb der literarischen Welt.

Für den Direktor ist die Schweiz jenes nette Land geblieben, das ihm nach dem Krieg in einem Liebesgabenpaket (der Direktor sagte »Care-Paket«) die erste ganze, ungeflickte Hose sandte.

Dann sprach der Cheflektor darüber, wie in Deutschland ein Verlag so läuft, was man alles so hat, was man alles so tut, wie man bei einem Whisky einen Autor angelt, entschuldigt sich dafür, daß er erfolglose Bücher gedruckt hat, entschuldigt sich allen Ernstes dafür, daß er ein erfolgreiches Buch verpaßt hat und daß der Leser sich das Buch jetzt in irgendeinem andern Verlag beschaffen muß. Geduldig erklärt der Cheflektor den Hinterwäldlern, wer Servan-Schreiber ist (»etwas Ähnliches wie unser Augstein, wenn Augstein überhaupt vergleichbar ist«). Man erfährt: Der Verlag hat Vertretungen in Europa und New York. Die Arbeit des Lektors besteht unter anderem im »Lesen von literarischen Zeitschriften aus aller Welt, in soviel Sprachen wie man eben kann«.

Vielleicht genossen es die beiden zu sehr, irgendwo sprechen zu dürfen, wo keine Störaktionen zu erwarten sind. Jedenfalls gaben sie sich sehr jovial. Auch ließen sie nicht den geringsten Ärger darüber durchblicken, daß wir Hinterwäldler sind. Sie waren geduldig, und ich ärgere mich nachträglich darüber, daß mir die Geduld ausging.

Ich habe den Saal leise verlassen. Meine Aufmerksamkeit hätte nicht mehr ausgereicht für die Lesung von Hubert Fichte aus seinem neuen Buch »Die Palette« (es wird – den Verleger wird das wundern – bereits auch bei uns diskutiert), ich mußte auch auf die Lesung Gisela Elsners aus »Die Nachkommen« verzichten. Ich werde sie zu Hause lesen. Ich werde sie lesen, obwohl der Verlagsdirektor durchblicken ließ, daß die beiden Autoren für Schweizer wohl etwas zu modern seien.

Gedichte und Gegengedichte

Erich Fried schreibt viele Gedichte und wer sich in den Kopf setzt, ein Fried-Kenner werden zu wollen, der muß sehr viele Gedichte lesen. Doch auch wenn er das tut, Erich Fried ist ihm stets eine halbe Länge voraus, noch steckt der Leser in der Mitte des letzten Gedichtbandes (nicht Bändchens) und bereits erscheint der nächste.

Erich Fried ist ein engagierter Lyriker. Er weiß warum. Er mußte 1938 aus Wien flüchten. Er leidet mit den Unterdrückten, mit den Gequälten, den Verfolgten und kann es nicht verantworten, daß seine Gedichte bloße Erbauungsgegenstände bleiben. Das verdient Achtung, nur eben, Erich Fried schreibt sehr viele Gedichte.

Und zu diesen vielen kommt nun eine Neuauflage der Gedichte, die Fried von 1946-1957 geschrieben hat und die zum erstenmal 1958 bei Claassen in Hamburg erschienen sind. Das waren sehr lyrische Gedichte, sehr stille. Einige davon enthalten allerdings bereits, wenn auch verschlüsselt, Frieds aufrichtiges Engagement.

Fried wollte diese Gedichte, wie er im Vorwort sagt, nicht zensierend zurechtschreiben oder gar unterdrücken. Er hat kein Gedicht der alten Ausgabe weggelassen, aber er hat neue dazugeschrieben, er nennt sie Gegengedichte, sie sollten die alten »ergänzen, erweitern, vertiefen«, und der Titel der Neuausgabe heißt »Befreiung von der Flucht – Gedichte und Gegengedichte«.

Fried empfindet seine alten Gedichte als Flucht, als Ausdruck der Resignation. Seine neuen Gedichte – hier und in den andern Bänden – sind aktiv, versuchen etwas zu erreichen, zu bewirken, sie sind nicht mehr privat, nicht mehr an den Schreiber gerichtet, sondern an den Leser.

Nur eben, es sind etwas viele, und nach und nach hat man sich an den Ton Frieds gewöhnt. Die Gedichte erschrecken nicht mehr. Bald nimmt man ein totes Kind in Vietnam mit derselben Selbstverständlichkeit als lyrischen Gegenstand wie vor Zeiten die fallenden Blätter im Herbst. Ich glaube, Fried weiß davon, er tönt es im Gedicht »Rückblick« auch an. Fried will mit neuen Gedichten, mit Gegengedichten, seine alten kommentieren.

Die Gegengedichte sind mit einem Quadrat vor dem Titel gekennzeichnet. Der Leser wird sie sehr wahrscheinlich als erste lesen, er wird sie heraussuchen, er wird vielleicht überrascht sein, einen etwas weicheren Fried in ihnen vorzufinden als in seinen letzten engagierten Gedichten. Die alten Gedichte haben hier doch weitgehend den Ton der neuen mitbestimmt. Dann liest man die alten und empfindet nun plötzlich sie als den Kommentar zu den neuen. Die Gegengedichte ergänzen die alten nicht, sie werden von den alten bloßgestellt. Die lyrischen Gedichte zeigen, daß die neuen ebenso lyrisch, ebenso privat, ebenso »versponnen« sind wie sie. Der Unterschied zwischen ihnen ist lediglich ein Unterschied von zehn bis zwanzig Jahren. Das ist heute sehr viel, aber ich glaube, Fried hat einen andern Unterschied erwartet.

Er hat erwartet, daß sich die alten Zeilen »Je mehr sie weinen, / desto mehr wird es regnen« von den neuen Zeilen »Auf daß wir leben / müssen die Kinder sterben« unterscheiden.

Ich stelle nur (zu meinem Entsetzen) fest, daß Bolivien, Guatemala, Jordanien und Vietnam sehr schöne, sehr wohlklingende und lyrische Wörter sind.

Filmzentrum

Seit Jahren wartet man auf den Schweizer Film. Ab und zu hört man davon, daß ein Schweizer Spielfilm produziert werde. Man freut sich darüber, daß er ganz besonders werden soll, ganz anders als die andern, auf einer völlig neuen Idee beruhe, keineswegs ein Heimatfilm werde. Man liest ein Interview mit dem Regisseur, man sieht oder liest eine Reportage über die Dreharbeiten, man erzählt es bereits weiter: »Hier könnte nun doch etwas Besonderes geschehen.«

Unter diesen Voraussetzungen kann das Resultat nur Enttäuschung sein, denn Filme können nicht als einsame Einzelproduktionen entstehen, nur eine breitere Produktion kann die Erfahrungen und vor allem das Klima hervorbringen, die für die Herstellung eines Films wichtig sind.

Ein Land, das zum vornherein keine durchschnittlichen

Filme herstellen will, wird sehr wahrscheinlich nur unterdurchschnittliche hervorbringen. Einer Kunstform wird dann der Boden entzogen, wenn ihre triviale Form ausstirbt. Ein Godard-Film ist in seinem ganzen Reiz nur dann verständlich, wenn die triviale Entsprechung (der französische Kriminalfilm, der französische Sittenfilm) bekannt ist. Darin liegt auch die Stärke des Films, darin liegen seine Möglichkeiten. Der Film hat noch ein Publikum, im Kino geschieht noch etwas auf den Sitzplätzen, man kann unter Umständen noch ins Kino gehen, ohne das Programm zu kennen, einfach weil man Lust hat, ins Kino zu gehen.

Der Film erreicht also noch ein Publikum, das sich dem Theater, dem Konzertsaal oder der Literatur schon längst verschlossen hat.

Es werden heute in aller Welt sehr gute Filme produziert. Die guten Filme haben die nationalen Grenzen längst überschritten. Ein englischer Film ist nicht mehr vor allem typisch englisch, ein italienischer Film behandelt nicht nationale Probleme.

Man kann sich unter diesen Umständen ernsthaft fragen, weshalb die Schweiz überhaupt noch an einem eigenen Film interessiert sein sollte, ob sie sich nicht damit zufriedengeben könnte, daß der Schweizer Godard in Frankreich als Franzose Filme herstellt.

Die Filmherstellung ist teuer, beim besten Willen und bei den hervorragendsten Talenten braucht es für die Herstellung eines Films Geld. Wenn der Film auch international geworden ist, es gibt die internationale Stelle, die ihn fördern könnte, nicht. Filmförderung ist ganz einfach eine Aufgabe der Gesellschaft. (So wie der Staat für die Beschaffung von Nahrungsmitteln mitverantwortlich ist, auch wenn es sich nicht um Nationalspeisen handelt.)

Das Departement des Innern setzt denn auch jährlich einen Betrag für die Filmförderung ein. Es ist ein ansehnlicher Betrag, wenn man die Zahl betrachtet (rund eine Million), ein kleiner Betrag, wenn er dazu dienen sollte, eine breitere Basis zu schaffen.

Der Bund gab bis jetzt Beiträge an Dokumentarfilme und Qualitätsprämien für bereits hergestellte Filme. Eine Qualitätsprämie für einen Kurzfilm reicht fast aus für einen weiteren Kurzfilm, für mehr nicht. Das Filmschaffen bleibt so dauerndes Experiment.

Nun haben sich Filmfachleute, Filmschaffende und politische Persönlichkeiten zusammengefunden, um ein »Nationales Filmzentrum« aufzubauen. Sie hoffen auf die Unterstützung von Bund, Kantonen, Gemeinden und Privaten. Das Filmzentrum soll ein Sammelbecken für alle werden, die das schweizerische Filmschaffen unterstützen wollen.

Man rechnet mit einem notwendigen Anfangskapital von fünf Millionen. Damit möchte man sich an Produktionen zu einem Teil beteiligen, wenn die Restfinanzierung gesichert ist. Das Filmzentrum würde also als Co-Produzent auftreten, an einem finanziellen Erfolg wäre es somit beteiligt. Wenn die Grundidee stimmt, daß eine breitere Basis den Schweizer Produktionen helfen könnte, dann würden also Gelder zurückfließen, das Filmzentrum könnte im Idealfall selbsttragend werden.

Das Risiko ist klein, denn ich glaube, daß hier eine Idee Gestalt annimmt, die die einzige Möglichkeit für einen Schweizer Film ist, für einen Schweizer Film, der nicht zum vornherein an zu hohen Ansprüchen scheitert, für einen Schweizer Film, den wir im Kino anschauen können.

Wer ins Kino will, ist verpflichtet, dafür zu sorgen, daß Filme, freie Filme entstehen.

Filme sind sehr teuer. Wenn sie nicht nur ein gewöhnliches Geschäft sein sollen, sind sie eine Aufgabe für die Gesellschaft.

Tour de Suisse

Ich würde ihn auf der Straße nicht erkennen. Ich hab ihn zwar gesehen, ich habe seine Stimme gehört, ich kenne seinen Namen: Louis Pfenninger. Zehn Tage lang war ich Fachmann auf einem Gebiet, von dem ich überhaupt nichts verstehe. Zehn Tage lang habe ich in Gesprächen wiederholt, was ich irgendwo gelesen habe. Es war mir klar, was taktisch falsch war, klar, daß die Übersetzung zu groß war, der Sattel zu hoch, daß der und der mit dem Kopf und der und der halt nur mit den Beinen fuhr. Zehn Tage lang war ich wieder einmal vorbehaltlos für die Schweiz.

Was mich nachträglich überrascht, ist, daß ich Fachmann auf einem Gebiet war, das mich eigentlich gar nicht interessiert; trotzdem hätte ich auf meiner Meinung auch einem Interessierten gegenüber beharrt.

Heute höre ich einen Mann über die Studenten schimpfen. Er erklärt auch gleich, daß er sich nicht für Politik interessiere, daß er aber mehr verstehe davon als diese Grünschnäbel.

Er erzählt auch, wie das 1933 war und daß die Heutigen keine Ahnung hätten. Dabei erinnere ich mich, daß ich vor ein paar Tagen langsam und mit viel Gewicht die Namen Egli, Amberg, Diggelmann, Weilenmann, Litschi erwähnte und daß ich mich daran erbaute, daß der Jüngere die Namen nicht kannte. Der Jüngere war ein Radsportfachmann, es blieb mir nichts anderes übrig, als ihn mit ein bißchen Geschichte auszustechen. Auf einem, Gebiet, von dem ich nichts weiß, bleiben mir nur noch die Mittel des Spießers. Ein Spießer ist jemand, der sich nicht interessiert, der die Spieße nie führt, nur weiterträgt.

Immerhin, Scheininteresse habe ich aufgebracht, und das Ereignis war mir doch so wichtig, daß ich mich ärgerte, wenn ich die Berichte im Radio und Fernsehen verpaßte. Ich habe mich auch ein bißchen für Pfenninger engagiert, und ich freute mich dann über seinen Sieg. Der Namen Louis Pfenninger sagt mir etwas; ich weiß, was man über ihn wissen muß. Sicher würde ich sein Bild in meinem Zimmer nicht aufhängen, ich verehre ihn nicht.

Aber da hängt ein Bild von einem Mann, von dem ich fast nichts weiß. Ich kenne sein Gesicht und seinen Namen. Ich habe das Bild (ein Poster nennt man das) zum Geburtstag geschenkt bekommen. Der Mann trägt einen Bart, raucht eine Havanna und heißt Che Guevara, er sieht sympathisch aus, und es macht sich gut, ihn an der Wand zu haben. Neben ihm ein Poster mit Brigitte Bardot auf einer Harley Davidson. Warum eigentlich nicht Louis Pfenninger? Vielleicht hängt man den doch nur auf, wenn man eine echte Beziehung zum Radrennsport hat.

Die habe ich nicht; aber trotzdem, entziehen kann ich mich der Tour de Suisse nicht; ob sie mich interessiert oder nicht, die Informationen darüber erreichen mich. Sie erreichen den Interessierten und den Uninteressierten, und sie verlangen von beiden, daß sie Stellung dazu beziehen, sich (wie das so schön heißt) eine eigene Meinung darüber bilden. Über meine Meinung würde sich ein Radsportkenner bestimmt nur ärgern. Meine Meinung ändert am Radsport nichts, und ich habe nicht das Bedürfnis, etwas daran zu ändern.

Ich spreche aber davon. Ich spiele den Kenner. Ich weiß,

was taktisch falsch und taktisch richtig war, ich weiß, welches die Meinen und welches die Ausländer sind. Ich bin ein »Fachmann«, ein Fachmann ohne Interesse.

Dabei fällt mir ein, daß auch Informationen, die mich wirklich interessieren, Unintcressierte erreichen. Daß es auch auf anderen Gebieten uninteressierte »Fachmänner« geben könnte. Daß auch Informationen über Vietnam, über Studentenunruhen Leute erreichen, die sich nicht dafür interessieren, daß sie auch von ihnen eine Meinung verlangen. Daß es eine Folge des großen Informationsangebotes ist, daß auf allen Gebieten die uninteressierten »Fachmänner« die Mehrheit bilden.

Marx im Sand

Die Junifestwochen sind vorbei. Es ist Juli, die Kultur ist in den Ferien, man hat jetzt wieder uneingeschränkt Zivilisation: Klimaanlage und Dusche mit Thermostat, Ferien an der Adria und Ferien in Florida und Ägypten für Leute, die winters Kunst sammeln.

Es gehört jetzt nicht mehr unbedingt zum guten Ton, an seiner Party einen Linken, einen engagierten Schriftsteller oder einen bärtigen Maler zu haben. Beim Packen der Koffer denken die, die nie gelesen haben, wieder einmal an ihren großen Goethe, an ihren großen Hegel, Marcuse, Hans Habe und schleppen Gesamtwerke in den Sand.

Ehrlichere stellen jetzt beim Zusammenstellen ihrer Reisebibliothek fest, daß sie sich für nichts entscheiden können, daß sie ungern lesen, noch nie gelesen haben und nie mehr lesen werden.

Es gibt Ausnahmen. Peter Weiss zum Beispiel soll »Das Kapital« von Marx an der Adria im Sand gelesen haben. Er hat es dann für die winterliche Kultur aufgearbeitet, und diejenigen, die inzwischen ihren ungelesenen Goethe wieder heimtragen und ins Büchergestell gestellt hatten, schauten es sich im Winter im Theater an, fanden es sehr interessant, rauchten in der Pause die Stuyvesant oder hustend die Gauloise und machten ernste Gesichter und sagten sogar Wörter wie »Establishment«.

Wer im Sommer noch Kultur macht, ist ihrer Meinung nach ein Rowdy oder ein Radikaler, der eben nicht weiß, was des Sommers und was des Winters ist. Zudem trägt man im Sommer nicht gern den Smoking, und Kultur ohne Smoking führt schnell zu Unruhen, abgesehen davon, daß winterliche Getränke besser zu Goethe passen als Coca-Cola.

In unserem Schulbuch war zu lesen, daß die Minnesänger den Rittern die langen Winterabende vertrieben hätten und daß die Frauen der Ritter sehr schön gewesen seien.

Jetzt liegen die Schönen mit ihren Herren in Saint-Tropez, und die Linken haben ihnen einen heißen Sommer versprochen; ausgerechnet einen Sommer, und im Sommer darf man doch nicht, und ohne Smoking gibt es sicher nur Unruhen, wo man es doch im Winter so interessant haben könnte.

Wer Kultur hat, hat sich an die Regeln zu halten, und es ist die Regel, die Herren im Sommer mit Kultur zu verschonen. Nur so ist erreichbar, was erstrebenswert ist, daß die Kunst nicht in den Strudel der schmutzigen Welt gerät. Die winterliche Kälte konserviert, im Sommer könnte sie ausschlagen.

Wer jetzt noch diskutiert, zeigt seine Unbildung; denn Kultur ist etwas Anständiges und kann nur im korrekt gekleideten Zustand zelebriert werden. Man kann jetzt ruhig – weil die Kultur pausiert – nach Griechenland fahren, und später –

wenn die Kultur wieder da ist – erklärt man seinen Partygästen, daß das mit Griechenland so eine Sache sei.

Die Herren werden sagen, sie hätten im Juli eine diesbezügliche Informationsreise unternommen. Schon heute freuen sie sich darauf, so schöne Wörter wie »Establishment« aussprechen zu dürfen. Schon heute freuen sie sich auf die langen Winterabende mit Frisch, Dürrenmatt und Beckett.

In Basel wird Werner Düggelin die langen Winterabende bestreiten, in Zürich Peter Löffler, und in Hamburg hat man bereits Angst davor, daß die Abende von Egon Monk zu heiß werden könnten.

Absolute Prosa

Vor zwölf Jahren habe ich ständig ein Taschenbuch mit dem Titel »Provoziertes Leben« mit mir umhergetragen. Es enthielt Essays von Gottfried Benn, den ich verehrte. Ich verehrte seine Essays mehr als seine Lyrik. Die Gedichte wurden mir von den vielen Benn-Epigonen vermiest. Aber an Prosa las ich alles, was aufzutreiben war, und ich hörte davon, daß Walter Muschg sich sehr abfällig über Benn geäußert habe; das nahm ich ihm übel.

Dann hörte ich auch von einem Brief von Klaus Mann an Benn und von einer Antwort Benns, in der er sich für den Nationalsozialismus aussprach, und ich las auf Empfehlung eines Benn-Kenners, wie es sie damals in Scharen gab, das »Doppelleben«. Er sagte mir, daß das »Doppelleben« aufzeige, daß Benn nie ein Nazi gewesen sei. Ich begann nach dieser Lektüre daran zu zweifeln; dazu kam, daß zur gleichen Zeit die Benn-Welle verebbte.

Neu auf ihn aufmerksam machte mich später ein Taschenbuch mit Briefen unter dem Titel »Das gezeichnete Ich« (dtv 89). Die Briefe überzeugten mich von der Größe Benns, und ich nahm mir vor, Benn wieder zu lesen und ließ es dann doch sein.

Nun ist im Limes Verlag eine Taschenbuch-Gesamtausgabe der Werke Gottfried Benns erschienen. Ich begann zu lesen, erinnerte mich da und dort, freute mich über die Erinnerung und erhoffte die Bestätigung meines damaligen Urteils, daß Benn ein großer Essayist gewesen sei und daß seine Essays Bestand haben werden.

Die Lektüre wurde zur Enttäuschung; Enttäuschung darüber, daß dieser Benn einmal mein Autor war, der Autor einer jungen Generation, die wußte, daß die Nazis die moderne Kunst verfolgten und mit ihr die Werke Benns, die wußte, daß die Nazis Scheußlichkeiten begangen hatten, und der es genügte, daß Benn diese Scheußlichkeiten später verurteilte.

Eine Enttäuschung also, die Klaus Mann bereits 1933 aussprach, die Enttäuschung darüber, daß der Mann, dem man vertraute, auf der andern Seite steht.

Ich stellte fest – was mir vorher nicht auffiel –, daß Benn in seinem ganzen Prosawerk politisch ist und daß ihm die Ideologie der Nazis entsprechen mußte. Seine Haltung blieb auch nach dem Krieg dieselbe. Er verurteilt denn auch nirgends die Ideologie, sondern nur ihre Auswirkungen.

Er, der am Anfang des Nationalsozialismus von seinem »Geist« hingerissen war, sprach nach dem Krieg nur von den üblen Auswirkungen, davon zum Beispiel, daß er viele Angehörige verloren habe. Er sah nicht ein, daß er sich in der Ideologie getäuscht hat, nur, daß die Träger der Ideologie die falschen waren. Einen friedlichen Faschismus hätte er wohl bis zum Ende seines Lebens verteidigt.

1955 schrieb Benn, daß die berufsmäßige Kritik leider eher dazu neige, die Dinge zu entschärfen. An seinem Beispiel läßt sich dieser Satz belegen. Benn wurde verharmlost.

In einem Aufsatz über Dürrenmatts »Die Ehe des Herrn Mississippi« schreibt er: »Gibt es eine absolute Bühnenkunst, wie es eine absolute Malerei und eine absolute Prosa gibt?« 1952 glaubte also Benn – der wußte, was er zwanzig Jahre vorher geschrieben hatte, und der nicht leicht darüber wegging – immer noch daran, daß es eine absolute Prosa gibt. Diesem Glauben ist er zum Opfer gefallen, diesem Glauben sind auch wir, seine Verehrer, zum Opfer gefallen.

Die Gesamtausgabe von Dieter Wellershof ist exakt und sauber. Sie verschweigt nichts und hilft mit den Anmerkungen dem kritischen Leser. Die Lektüre Benns hat mich noch nie so fasziniert wie heute. Sie ist empfehlenswert, sie kann dem ehemaligen Verehrer Einsichten vermitteln wie kaum ein politisches Buch.

Aber eigentlich ist zu hoffen, daß Benn keine neuen Verehrer findet; denn ich glaube, nur wer einmal auf ihn hereingefallen ist, ist kritisch genug. (So hereingefallen, wie er auf sich selbst.)

Benn hatte restloses Vertrauen zu seiner Intelligenz; er glaubte, mit ihr alles bewältigen zu können, und seine Beweisführung ist schlüssig und überzeugend. Auch seine Antwort an Klaus Mann ist intelligent. Benn ist nirgends ein Lügner. Er ist nur einer, der sich überschätzt hat. Klaus Mann hat sich nicht überschätzt, er hat 1949 resigniert; sein »Wendepunkt« ist ein sehr wichtiges Buch.

Es ist zu hoffen, daß die Faschisten, die Benns Werk einmal verboten, ihn nicht doch noch entdecken.

Sichtbar machen

Es wird gegenwärtig viel über die documenta in Kassel, über die Environments in der Kunsthalle Bern gesprochen. Man kann darüber diskutieren, ohne in Kassel gewesen zu sein, vielleicht sogar, ohne Bilder davon gesehen zu haben, denn man diskutiert über die Ideen, nicht über das, was daraus geworden ist, weil scheinbar nur noch die Idee von Gewicht ist. Sehr schnell werden dann auch diese Erscheinungen als literarisch abgetan. Man anerkennt zwar, daß die Idee an und für sich interessant ist, glaubt aber, daß man darauf hätte verzichten können, sie zu realisieren, die Idee zum Beispiel, Gegenstände einzupacken und sie verpackt auszustellen, die Idee, in Bern ein ganzes Haus einzupacken. Wenn es aber nicht getan worden wäre, würde man nicht darüber diskutieren; es geht um darstellende Kunst, ihre Aufgabe ist, darzustellen, sichtbar zu machen.

Einer hatte einmal die Idee, Autos in Blöcke zu pressen, ein anderer, alles in demselben Blau anzumalen, ein anderer, aus Schrott sinnlose Maschinen zusammenzubauen. Ein Musiker hatte die Idee, ein musikalisches Thema unzählige Male genau gleich zu wiederholen, ein Lyriker, den gleichen Satz eine ganze Seite lang untereinander zu schreiben, ein anderer, ein Buch mit weißen Blättern ohne Text erscheinen zu lassen.

Meistens entstand bei der Realisierung dieser Ideen nicht mehr als ein Sichtbarmachen der Idee. Das Beispiel des weißen Buches, das ein Holländer herausgegeben hat, macht das deutlich. Die Idee, ein Buch ohne Text zu veröffentlichen, ist nicht einmal sehr originell. Obwohl ich es nie gesehen habe, weiß ich aber von seiner Existenz. Es ist ein Unterschied, ob ich sagen kann, »man könnte ein weißes Buch herausgeben« oder »es ist ein weißes Buch herausgegeben worden«.

Deshalb bekommt die documenta in Kassel auch für Leute Bedeutung, die sie nicht gesehen haben, aus dem einfachen Grund, weil sie stattgefunden hat, weil sie nicht mehr wegzureden ist, weil Ideen Realität geworden sind, weil sie dargestellt und sichtbar sind.

Die Darstellung ist notwendig, weil wir nicht fähig sind, eine Idee konsequent durchzudenken, weil uns eine bloße Idee keinen Eindruck macht. Unsere Phantasie wird nur durch Bestehendes angeregt. Ich kann mich nur an etwas engagieren, das es gibt. Die reine Vorstellung, daß es so etwas geben könnte, genügt in der Regel nicht. Sie genügt zum Beispiel nicht, um Ärger oder Begeisterung auszulösen, weil uns Ideen an und für sich zu wenig beunruhigen.

Eine Idee, die kürzlich ein wenig beunruhigt hat, ist die Ankündigung einiger Münchner Studenten, einen Hund zu verbrennen, um damit gegen den Napalmkrieg zu demonstrieren. Das Geschrei, das die Studenten erwartet haben, ist entstanden, die Welt hat sich für den Hund eingesetzt. Die Studentengruppe hat sich daraufhin in zwei Lager gespalten. Die einen sagen, daß die Idee genug Wirkung hatte und daß man jetzt den Hund verschonen könnte, die andern wollen jetzt erst recht ihre eindrückliche Demonstration ausführen. Es geht also auch hier um den Unterschied zwischen »man könnte einen Hund verbrennen« und »man hat einen Hund verbrannt«.

Es geht darum, daß wir alle zu wenig konsequent denken können, bevor etwas Wirklichkeit geworden ist. Weil wir das nicht können, sind Demonstrationen und Aktionen nötig. Sie haben hier wie dort (zum Beispiel Kassel und Bern) die Aufgabe, sichtbar zu machen.

Das private Staatsradio

Der Bundesrat hat einen neuen Verfassungsartikel über Radio und Fernsehen ausgearbeitet. Gegenwärtig wird darüber das Vernehmlassungsverfahren durchgeführt. Der Entwurf liegt bei den Kantonsregierungen, die sich dazu äußern sollen.
Er lautet:
»1 Die Gesetzgebung über Radio und Fernsehen ist Bundessache.
2 Das Erstellen und der technische Betrieb der Sendeanlagen obliegen dem Bund.
3 Mit dem Programmdienst betraut der Bund eine oder mehrere Institutionen des öffentlichen oder privaten Rechts. Der Programmdienst ist nach dem Grundsatz der Radio- und Fernsehfreiheit einzurichten und durchzuführen. Das Nähere bestimmt das Gesetz.
4 Die geistigen und kulturellen Bedürfnisse der Kantone sowie der verschiedenen Landesteile, Bevölkerungskreise und Sprachgebiete sind angemessen zu berücksichtigen.«

Ein ähnlicher Artikel wurde vom Volk am 3. März 1957 verworfen. Die Gründe dafür lagen vor allem in den Bedenken gegen das Fernsehen. Man befürchtete von ihm schlechte Einflüsse und wollte mit der Ablehnung verhindern, daß der Bund das Fernsehen finanziell unterstützt.

Der jetzt vorliegende Text enthält als wesentliche Neuerung, daß der Programmdienst nach dem Grundsatz der Radio- und Fernsehfreiheit einzurichten und durchzuführen sei. Der Bundesrat wählt also einen neuen Begriff. Er sagt nicht »Meinungsfreiheit« oder »Pressefreiheit«, sondern er wählt einen Begriff, der noch definiert werden muß.

Der Verfassungsartikel ist allgemein gehalten, er sagt wenig, auf das ihm folgende Gesetz muß man gespannt sein.

Das Gutachten Huber

Vorläufig muß man sich für die Interpretation des Begriffs »Radio- und Fernsehfreiheit« an Prof. Dr. Hans Huber halten. In seinem ausführlichen Gutachten, das er für den Bundesrat ausgearbeitet hat, befaßt er sich eingehend mit der freien Meinungsäußerung.

Er stellt unter anderem fest:

»Es ist oft schwer zu bestimmen, welches überhaupt das Subjekt der Meinungsfreiheit am Radio und Fernsehen ist, soweit die Freiheit nicht den Empfang betrifft. Die SRG kann es nicht sein, trotz ihrer privatrechtlichen Form. Die am Radio und Fernsehen geäußerten Meinungen sind nicht oder nicht notwendig ihre Meinungen. Sie hat als juristische Person streng genommen auch gar keine eigene Meinung.«

Er erklärt:

»... daß Verletzungen der Meinungsfreiheit, *wenn* sie vorkämen, in der Regel durch eine staatliche Behörde vorgenommen würden, und daß die individuelle Meinungsfreiheit am Radio und Fernsehen daher in die Programmfreiheit des Sendedienstes einmündet, wenn auch nicht einfach in ihr aufgeht.«

Er folgert daraus:

»Aus allen diesen Gründen halte ich für angezeigt, die individuelle Meinungsfreiheit für Radio und Fernsehen nicht den andern Freiheitsrechten gleichzusetzen und im künftigen Verfassungsartikel ausdrücklich zu gewährleisten, sondern sie in ihrer Abwandlung als Teilstück der Programmfreiheit zu betrachten und im übrigen, auch weil einiges noch ungeklärt ist, der Praxis zu überlassen.«

Einleuchtend ist der Satz Hubers: »So wie aus der Meinungsfreiheit, so kann auch aus der Kunstfreiheit kein Anspruch des einzelnen Kunstschöpfers oder ausübenden Künstlers auf Zulassung zu Radio und Fernsehen hergeleitet werden.«

Ein eindeutiges Recht ist auch nach Prof. Huber die Informationsfreiheit, »das verfassungsmäßige Recht auf freie und ungehinderte Unterrichtung des Einzelnen aus den zur Verfügung stehenden Quellen und auf freie Nachrichtenbeschaffung«.

Die Konzession, die der Bundesrat am 27. Oktober 1964 anläßlich der Reorganisation der SRG dieser erteilt hat, enthält im Artikel 13 den Satz: »Die Konzessionsbehörde (Bundesrat) behält sich vor, die Stellen zu bezeichnen, bei denen die zu verbreitenden Nachrichten bezogen werden müssen.«

Prof. Huber glaubt, daß damit die Informationsfreiheit nicht wirklich beeinträchtigt werde, weil wahrscheinlich eine Bevorzugung der Schweizerischen Depeschenagentur gemeint sei. Er sagt, daß bei der Depeschenagentur im Prinzip die gleichen Nachrichten bezogen werden wie anderswo. Im übrigen habe die Bestimmung lediglich einen finanziell-kommerziellen Zweck, »da damit der schmale Finanzhaushalt der schweizerischen Nachrichtenagentur, die doch auch eine öffentliche Aufgabe erfüllt, etwas gehoben und verbessert werden soll«.

Diese Begründung finde ich nicht stichhaltig. Hier soll also ein Einzelfall (über den man im übrigen noch diskutieren könnte) schuld sein für eine grundsätzliche Einschränkung der Informationsfreiheit. Auf jeden Fall gehört dieser Abschnitt 3 des Artikels 13 in der Konzession zu jenen, die deutlich darauf hinweisen, daß unser Radio und Fernsehen staatliche und nicht private Institutionen sind. Daß dieser Satz von Prof. Huber verteidigt wird, verkleinert die Hoffnung auf ein freieres Gesetz.

Eine eindeutig private Organisation ist die SRG jedenfalls nicht. Sie ist viel eher der Strohmann des Staates. Sie soll vertuschen, daß der Staat grundsätzlich jede beliebige Einflußnahme auf Radio und Fernsehen ausüben kann. So unterliegen selbst die Statuten der SRG der Genehmigung des Bundesrates. In ihnen steht zum Beispiel, daß der Zentralvorstand *vor* der Wahl des Generaldirektors die Zustimmung der Konzessionsbehörde einzuholen hat. (Ich erinnere daran, daß man es als sehr unanständig empfand, als der Papst für sich daßelbe Recht bei der Wahl des Bischofs von Basel beanspruchte.)

Von den 17 Mitgliedern des Zentralvorstandes der SRG bezeichnet der Bundesrat den Präsidenten und sieben Mitglieder, er kommt also damit knapp unter das absolute Mehr. Ebenso bezeichnet der Bundesrat einen großen Teil der Mitglieder einzelner Kommissionen, so zum Beispiel neun von 18 Mitgliedern der Fernseh-Programmkommission.

Aber auch abgesehen von dieser starken Einflußnahme auf die private SRG hat der Bundesrat mit der Konzession vorbehaltlos die ganze Kontrollmacht in den Händen. So bestimmt er in Absatz 3 von Artikel 10: »Die Aufsichtsbehörde ist befugt, aus schwerwiegenden Gründen die disziplinarische Maßregelung von Angestellten der SRG zu verlangen.« Diese Bestimmung ist jedenfalls eine direkte Einmischung in den Betrieb (das Programm) des Radios und Fernsehens, und es ist eigenartig, daß der Bundesrat, der sich bereits mit den Statuten der SRG völlig abgesichert hat, sich hier noch einmal absichern muß, letztlich also der SRG das Vertrauen, das er ihr sehr zögernd gegeben hat, wieder entzieht.

Mit dem Artikel 28 der Konzession sichert er sich dann noch einmal ab und hebt ihre Verbindlichkeit einseitig auf. Es ist der Notstandsartikel, wobei in ihm der Notstand nicht näher umschrieben ist, also jederzeit neu interpretiert werden kann:

»Die Konzessionsbehörde kann zur Wahrung wichtiger Landesinteressen gemäß Artikel 5 des Telegraphen- und Telephonverkehrsgesetzes die Konzession der SRG widerrufen, die mit der Konzession verliehenen Rechte einschränken oder die Tätigkeit der Gesellschaft überwachen lassen. Die Überweisung von Empfangsgebührenanteilen wird entsprechend eingestellt oder herabgesetzt.«

Im weiteren kann das Personal (das Personal einer privaten Gesellschaft), auch das nichtdienstpflichtige, den Militärgesetzen unterstellt werden, und schließlich können Radio und Fernsehen vom Staat beschlagnahmt oder der Militärbehörde unterstellt werden.

Verstaatlichen?

Man kann sich unter diesen Umständen ernstlich fragen, ob es nicht doch besser wäre, mit offenen Karten zu spielen, ob man nicht doch besser zum vorneherein klare Verhältnisse schaffen sollte. Das würde heißen, daß man das Spielchen mit der sogenannt privaten Gesellschaft aufgeben und Radio und Fernsehen ganz verstaatlichen würde.

Wenigstens wären dann die Verantwortlichkeiten klarer sichtbar. Es wäre feststellbar, wer die Freiheiten einschränkt und warum.

Die jetzige Regelung ist schlau und perfid; denn wenn jetzt Zensur ausgeübt wird, kann nicht festgestellt werden, ob sie vom Bundesrat direkt oder von der SRG aus Angst oder Gefälligkeit ausgeübt wurde. Das jetzige System ist ein ausgeklügeltes System des Mißtrauens. Ich brauche nicht zu sagen, an was es mich erinnert, aber jedenfalls ist es einer Demokratie unwürdig.

Die Diskussion über diese Konzession ist alt. Die Artikel, die ich herausgegriffen habe, wurden schon seit langem und mehrmals (auch in der »Weltwoche«) diskutiert.

Ich habe sie hier wiederholt, weil ich überzeugt bin, daß das Volk in ein Vernehmlassungsverfahren einzubeziehen ist, daß die Diskussion über das dem Verfassungsartikel folgende Gesetz jetzt zu beginnen hat.

Der Verfassungsartikel bildet die Grundlage zu diesem Gesetz. Er ist mit Recht sehr allgemein gehalten, und es ist an ihm nichts auszusetzen. Leider garantiert er aber nicht eine wesentliche Veränderung der Verhältnisse, er ermöglicht die Veränderungen nur. Mit ihm allein ist absolut nichts erreicht.

Sicher ist eine Gesetzgebung über Radio und Fernsehen gerade in unserem Lande nicht einfach, da das Radio hier durch die kleinen Verhältnisse fast nur eine Monopolstellung einnehmen kann und diese Monopolstellung gerade der Meinungsfreiheit zuliebe eine andere Interpretation der Meinungsfreiheit verlangt.

Aber gerade weil hier vom Verfassungsartikel aus das folgende Gesetz in keiner Weise bestimmt ist, sind weite interessierte Kreise davon überzeugt, daß sich der Bundesrat schon heute zu den beabsichtigten Neuerungen des Gesetzes äußern sollte.

Relativierungen

Das einzige Thema, das mich im Augenblick beschäftigt, ist die Tschechoslowakei.

Ich kann jetzt nicht – was ich mir kürzlich vorgenommen habe – ein gutes Wort für den Lyriker Rilke einlegen. Ich kann jetzt nicht über den »Lebensrückblick« seiner Freundin Lou Andreas-Salomé schreiben.

Ich weiß, die »Sieger« in der Tschechoslowakei und die Frohlocker bei uns, die sich mit den Russen über den Schlag gegen die Entspannungspolitik freuen, sind zur Tagesordnung übergegangen. Als letzten Sonntag, morgens um drei, in einer Festhütte die Tanzmusik zu spielen aufhörte, versuchten die Tanzlustigen mit anhaltendem Applaus die Kapelle zum Weiterspielen aufzufordern, sie skandierten zu ihrem Applaus die Worte Dubcek-Svoboda. Der Ruf faszinierte und riß eine ganze fröhliche und alkoholisierte Festgemeinde mit.

Die Ereignisse in der Tschechoslowakei sind im Festrausch nicht untergegangen, sie wurden sogar zu einem Bestandteil der Festfreude, sie wurden eingebaut in die zufällige Tagesordnung; man nennt das Bewältigung.

Ich weiß nicht, ob ich hier nicht ähnliches tun würde, wenn ich jetzt ein paar Dichterworte zitierte und sie in Verbindung brächte mit den politischen Ereignissen.

Oder soll ich es mit dem Volksmund versuchen? Am erwähnten Fest haben mir drei Personen, unabhängig voneinander, mit denselben Worten strahlend mitgeteilt: »Ihr Linken seid schön die Scheißgasse hinuntergegangen«; ein vierter begnügte sich mit der Formulierung »schön flach herausgekommen«.

Ich frage mich – und kenne die Antwort nicht –, wer hier

mit wem »flach herausgekommen« ist und wer mit wem gesiegt hat.

Unsere Anteilnahme will uns nicht gelingen, und daß wir alles so schnell als möglich einigermaßen bewältigen, in die Tagesordnung einbauen und unbeirrt überleben, damit können die Mächtigen unserer Welt jederzeit rechnen.

Aber zurück zum Thema, es sollte hier von Literatur gesprochen werden, von jenem Ressort also, von dem viele annehmen, es habe die Aufgabe, uns von des Tages Jammer und Mühsal in höhere Gefilde wegzutragen, Trost zu spenden.

Trotzdem weisen sie darauf hin, daß es Schriftsteller waren, die zur Arbeit für einen neuen Sozialismus in der Tschechoslowakei aufriefen; trotzdem schreiben sie jetzt das Wort »engagiert« vor Schriftsteller in Anführungszeichen. Bald wird wohl der ganze Schriftsteller in Anführungszeichen geschrieben; ich nehme an, daß das die Russen in der Tschechoslowakei bereits tun.

Es ist allerdings nicht die Zeit, sich über Dinge zu ärgern, die hier geschehen. Sie können in keinem Verhältnis zu dem stehen, was jetzt durch die Russen in der Tschechoslowakei geschieht.

Immerhin, es gibt die Gefahr, daß wir aus unsern Freiheiten relative Freiheiten machen könnten; daß wir Freiheiten einschränken könnten mit der Begründung, es gebe in den Diktaturstaaten überhaupt keine, unsere sei so oder so größer. Darauf dürfen wir uns nicht einlassen.

Wir haben uns vielleicht schon zu sehr an Relativierungen gewöhnt, daran gewöhnt, daß ein schreckliches Ereignis alle andern wegwischt und klein erscheinen läßt, daß der Böse durch einen noch Böseren rehabilitiert wird.

Die Leute diskutieren darüber, ob Hitler oder Stalin der Schrecklichere gewesen sei, ob der Einmarsch der Russen oder der Einmarsch der Deutschen das größere Verbrechen war.

Damit rechnen die Bösen, daß sie vor der Geschichte durch Relativierungen rehabilitiert werden.

Gespräche mit Neckermann

Die Buchmesse ist ein Thema für Feuilletonisten. Ein Artikel darüber hat mit »Jahr für Jahr« zu beginnen. Jahr für Jahr hat Frankfurt sein großes Literaturkarussell. Buchmessen unterscheiden sich nicht voneinander. Dazu kommt noch, daß seit dem letzten Jahr die Teenagermode keine Fortschritte gemacht hat und daß die Buchhändlerinnen dieselben Miniröcke, dieselben Ketten tragen. Auffällig ist nur, daß Protestknöpfe, die letztes Jahr fast ein Obligatorium waren, gänzlich verschwunden sind.

Bücher sind hier Vorwände; Vorwände für Cocktails, für Empfänge, für kalte Buffets; Vorwände für Geschäfte; wer ein Buch geschrieben hat, ist hier jemand.

Jedenfalls schwelgt man in der euphorischen Täuschung, daß es auf der Welt nichts anderes als Literatur gebe.

Man hat denn auch der Buchmesse letztes Jahr bereits ihren Tod vorausgesagt, mehr und mehr Verleger kommen zur Überzeugung, daß sie gut ohne sie auskommen könnten. Ihren eigentlichen Zweck erfüllt sie schon längst nicht mehr.

Die Demonstrationen, Teach-ins, Unruhen an der diesjährigen Messe haben ein einziges erfreuliches Ergebnis: die Buchmesse ist fraglich geworden.

Der Preis des Deutschen Buchhandels, an und für sich ein literarischer Preis, der unglücklicherweise zu einer Zeit, als man mit den Begriffen noch etwas leichter umging, den Namen »Friedenspreis« bekam, ist auch fraglich geworden.

Fraglich geworden ist das Vorgehen des SDS. Er hat seine Aktionsform gefunden, und es fällt ihm nichts Neues ein. Sein einziger neuer Einfall an der Messe war, daß er das große Polizeiaufgebot für Franz-Josef Strauß einfach stehen ließ und es ihm damit überließ, die Leute daran zu hindern, ein Autogramm des Ministers zu bekommen. Ich habe einen Polizisten gefragt, warum die Polizei hier sei. Er hat mir freundlich geantwortet: »Der Herr Finanzminister hält hier eine Rede, und wir dürfen niemanden zu ihm lassen.« Am Samstag war vom SDS ein Teach-in über Senghor in der Messe für vier Uhr angesagt. Die Polizei sperrte die Messe um zwei für alle Besucher, viele Verleger protestierten dagegen, um vier zog die Polizei endlich ab, die Versammlung wurde durchgeführt, es sprach Cohn-Bendit, es sprachen auch, ohne unterbrochen zu werden, der deutsche Verleger Senghors und sein Übersetzer. Jeder durfte reden, aber jeder hatte bereits seine feste Meinung gemacht. Die Diskussion verlief ohne Zwischenfall, denn es war hier keine Polizei anwesend – sie verlief auch ohne Ergebnis.

Die Vorwürfe an die Studenten, daß sie Senghor nicht gelesen hätten und daß sie die Verhältnisse in Afrika nicht kennen können, waren sicher berechtigt.

Fraglich ist allerdings auch, ob der Vorstand des Börsenvereins, der den Preisträger in geheimer Abstimmung bestimmt, sich eingehender mit Senghor befaßt hat.

Den meisten der erlauchten Gäste in der Paulskirche genügte bestimmt die Tatsache, daß Senghor Friedenspreisträger wurde, um von ihm überzeugt zu sein.

Ich habe früher einmal mit Begeisterung Senghor gelesen. Ich erinnere mich nicht mehr genau, aber gefühlsmäßig war ich für Senghor. Daß der Börsenverein in einer vervielfältigten Verlautbarung unter den Verdiensten Senghors ausgerechnet auch darauf hinweisen mußte, daß es ihm gelang, hart gegen die Studentenunruhen vorzugehen, war bestimmt mehr als ungeschickt.

Senghors Rede war enttäuschend. Er sprach fernab vom tristen Leben über die goethischen Griechen und was Goethe den Negern zu sagen habe. Günter Eich fand einen Titel für Senghors Rede: »Gespräche mit Neckermann«. Nun, für die Preisverleihung interessiert sich bereits niemand mehr. Die Ereignisse vor der Paulskirche sind bedeutender geworden.

Wer hier provoziert hat, ist klar: der SDS wollte die Preisverleihung an Senghor verhindern, und es war die Pflicht der Polizei, die Verleihung zu schützen und zu garantieren. Cohn-Bendit wurde verhaftet und als Wehrloser von sechs Polizisten gehalten und geschlagen. Das ist zwar ein Argument gegen die Polizei – es dürfte inzwischen bekannt sein, daß sie selbstherrlich vorgeht –, ein Argument für den SDS ist es nicht.

Um drei Uhr, als die Straßenschlacht beendet war, zog dann die Polizei vor die Buchmesse und riegelte sie für die Besucher ab. Daß das nicht nötig war, beweist die Tatsache, daß nach dem Abzug der Polizei nichts geschah. Trotzdem wurden auf dem Messegelände Verhaftungen vorgenommen. Grund: die Verhafteten hatten zur Schließung der Stände aufgefordert. Mehrere deutsche und ausländische Verleger schlossen ihre Stände und protestierten gegen die Anwesenheit der Polizei. Ein alter Verleger eines kleinen und keineswegs linken Verlages stieg auf einen Tisch und erklärte: »Ich bin mit den Methoden des SDS nicht einverstanden, aber lasse mir meinen Stand lieber von Demonstranten demolieren als von dieser Polizei beschützen.«

Am Montag endlich gelang es Verlegern und Autoren, mit

der Messeleitung zu sprechen. Die Verleger forderten die Garantie, daß auf dem Messegelände keine prophylaktischen Polizeimaßnahmen ergriffen werden, und die Garantie des freien Zugangs zur Buchmesse für jedermann. Während der Abriegelung am Sonntag wurde der Zugang nur einem einzigen gestattet, er hieß und war von Thadden.

Wie schlecht Leute des SDS sein können, bewies eine Veranstaltung des Suhrkamp Verlages, während der Günter Eich und Martin Walser lasen. Gestört wurden die Lesungen vorerst nicht vom SDS, sondern von einem Psychopathen, einem Frankfurter Einzelgänger, der, als Frau verkleidet, die Bühne vor Beginn der Lesungen eroberte, eine mehr oder weniger lustige Schau abzog und nicht bereit war, die Bühne freizugeben. Endlich gelang es, den immer unangenehmer werdenden aus dem Saal zu befördern (das sei noch nie gelungen, sagten mir Frankfurter), und die inzwischen eingedrungenen SDS-Leute forderten Diskussion über die Texte, die sie sich nicht einmal angehört hatten, wie sich dann in der Diskussion mit Martin Walser herausstellte. Die Leute benahmen sich dumm, hatten keine Argumente und gingen nicht auf Argumente ein. Martin Walser bewahrte erstaunliche Ruhe und sprach wesentlich weniger erregt als seine Gegner, die dann eher geschlagen abzogen. An Rollkommandos war man allerdings bei diesem Auftritt erinnert. Weder Günter Eich noch Martin Walser ließen sich davon beeindrucken.

Inzwischen machten im Foyer andere Leute Radau, ein Lektor des Verlages überließ ihnen das Bier, um zu verhindern, daß auch sie noch in den Saal gingen. Man hatte beim ganzen den Eindruck, daß Leute eine Diskussion fordern, die nicht bereit sind, zu diskutieren. Bestimmt war es die dritte oder vierte Garnitur – eine Entschuldigung ist das nicht, denn auf die dritten Garnituren kommt es an.

Das Teach-in zu Senghor bewies, daß es SDS-Leute gibt, die reden und zuhören können. Daß der SDS bereits fast ein Tabu geworden ist, damit wird er allerdings schwer fertig werden – er, der gegen alle andern Tabus angeht.

Es gab auch Verlage, die die Schau selbst abzogen, eine Lyrikerin liest mit entblößtem Oberkörper Gedichte; geärgert hat sich niemand darüber, und die Sensation blieb aus.

Die Verlage haschen nach Effekten, jeder will die größte Schau, selten jemand will Diskussion, ihre Bücher über Cohn-Bendit, über APO, über den SDS sind ein Erfolg, mehr wollen die meisten nicht, und wenn auch die wichtigsten Verlage gegen die Polizei protestiert haben, die wichtigen Verlage machen zwar die Buchmesse aus, sie sind aber eine Minderheit.

Ich habe die Buchmesse diesmal deprimiert verlassen. Sie wird sich ändern müssen, nicht – wie viele meinen – auf Druck des SDS, sondern um ihrer selbst willen. Immerhin, das haben die Aktionen des SDS erreicht. Vielleicht war es eine Aktion von Lesern, jenen Lesern, die den politischen Büchern zum Erfolg verholfen haben.

Die vielen Verleger werden wohl jetzt eine Messe unter Ausschluß der Öffentlichkeit fordern, die wenigen eine Messe für die Öffentlichkeit, eine Messe für Leser.

Daß der Börsenverein des deutschen Buchhandels dazu unfähig sein wird, beweist die Wahl des neuen Vorsitzenden. Gewählt wurde der Direktor des Springer-Hauses Ullstein, Herr Stichnote.

Auch vor vier Jahren hatte ich ein deprimierendes Erlebnis an der Messe. Ich habe damals gesehen, wie Polizisten stundenlang Spalier standen, um Lübke zu empfangen, wie er dann in einem Heer von Polizisten ankam, applaudiert wurde, wie er durch die Messe ging, vom Publikum bestaunt.

Ich habe damals gefragt: »Warum unternimmt denn niemand in Deutschland etwas gegen diesen Unsinn?« Inzwischen hat man etwas unternommen. War meine damalige Frage falsch?

Die Geschichte soll auf dem Papier geschehen

In einer Wirtschaft kommt ein Betrunkener auf mich zu, nimmt mich in Beschlag und erklärt mir seinen Ärger über die Eishockey-Nationalmannschaft. Er zählt Namen und Qualitäten auf, Namen, die mir erst unbekannt sind, die ich aber im Laufe des Gesprächs wiederholen kann, und ich wiederhole mit den Namen die Meinung meines Gesprächspartners. Nun läßt er mich erst recht nicht los, und das Gespräch beginnt mich zu langweilen.

Nach und nach mischen sich einige undeutliche persönliche Informationen in das Palaver über Eishockey. Ich kann mir aus diesen etwa folgende Geschichte zusammenstellen: der Mann hatte vor drei Tagen Zahltag und hat nun sein ganzes Geld versoffen. Heute muß er heimkehren zu seiner Familie, er schämt sich, er ist in einem unlösbaren Dilemma. Er braucht jetzt einen Gesprächspartner, aber er kann sein Elend nicht in Worte fassen. Er will nur Laut geben, etwas nach außen bringen, sich äußern.

Inhalt (Eishockey) und Aussage (Dilemma) sind hier also mehr oder weniger zufällig zusammengekommen. Die Rede des Betrunkenen hat fast keinen Informationswert; ihr Zweck ist nicht Information, sondern Kommunikation.

Ein Hund hat weder die Möglichkeit noch die Verpflichtung, seine Äußerungen zu konkretisieren. Er braucht seinen

Lauten keine Wörter zu unterlegen. Wau-wau ist der Ausdruck des Erschreckens, der Freude, des Schmerzes zugleich. Das Lautgeben bleibt eine ganz einfache Äußerung. Er entlastet sich damit, er schiebt damit etwas nach außen ab.

Der menschliche Laut braucht Wörter, die ihm unterlegt werden können. Unter Umständen handelt es sich auch hier um ein gewöhnliches Lautgeben, die Wörter bleiben dann Nebensache. Das Gespräch mit dem Nachbar über das Wetter enthält keine Informationen, die der Nachbar nicht bereits kennt. Das Gespräch hat keinen Informationswert. Es ist reine Kommunikation.

Etwas schreiben und etwas Zweites damit meinen (ich weiß nicht, warum ich dieses Zweite lieber Drittes nennen würde) hat etwas Literarisches.

Der Betrunkene macht damit, daß er Eishockey zur Unterlage für die Veräußerung seines Elends macht, unbewußt so etwas wie Literatur.

Das Gespräch mit ihm wird dann spannend, wenn ich entdecke, daß das Thema (Eishockey) ein Vorwand ist.

Ein sachlicher Text hingegen, in einem Fachbuch zum Beispiel, soll nichts anderes als Informationen vermitteln. Der Schreiber weiß etwas und benützt die Sprache zur Übermittlung seines Wissens. Überraschend ist aber, wie viele unnötige Adjektive gerade ein solcher Fachbuchtext aufweist, wie viele Naturschilderungen, wie viele sentimentale Einblendungen, sprachliche Schnörkel ein Fachbuch für Anstreicher enthält.

Anscheinend wird der Schreiber sogar in einem rein informativen Text zu etwas Zweitem, Drittem verführt. Er will zum Beispiel »schön schreiben«. Was er mündlich nüchtern und einfach auszudrücken weiß, wird zur Pseudodichtung, wenn er schreibt. Der Text von zwei Fachmännern über denselben Vorgang wird verschieden ausfallen. Es ist nicht möglich, mit Sprache ausschließlich den gemeinten Gegenstand oder Vorgang zu übermitteln, jeder übermittelt ungewollt gleichzeitig Persönliches.

Sicher dient die Sprache dazu, Informationen zu übermitteln. Offensichtlich versucht sie aber stets, diese Leistung nicht zu erbringen. Sie versucht Persönliches und Intimes wiederzugeben, wo Sachliches von ihr gewünscht war.

(Ich weiß zum Beispiel nicht, weshalb ich hier »gewünscht« schreibe, ich hätte auch schreiben können »gefordert«, »gemeint«, »angestrebt«. Die Wörter sagen nicht daßelbe, die Verschiedenartigkeit fällt mir auf. Trotzdem gelingt es mir nicht, meinen Entscheid zu motivieren.)

Obwohl unsere Gedanken schon in ihrem Ursprung Sprache sind, geschieht dann, wenn wir sie aussprechen oder aufschreiben, noch etwas Weiteres. Es scheint, daß die Sprache immer mehr will als wir, daß sie zu allem, was wir wissen, noch etwas Zusätzliches weiß. Sie beugt sich nicht unserer Sturheit. Sie ist die Sprache vieler (Vergangener und Gegenwärtiger) und scheint Gedanken und Wissen dieser vielen mit einzubeziehen. Ich kann deshalb etwas schreiben, was ich vorher persönlich gar nicht wußte; etwas, das die Sprache wußte, weil sie bereits auf diesen Gedanken hin geformt war.

Die Sprache ist unter Umständen selbständig und läuft neben dem beschriebenen Gegenstand her, sie kann sogar eigenwillig auf einen andern Gegenstand zulaufen.

Menschen sind im Sprechen unkontrollierter als im Tun. Mit der Frage: Wie sagen die Leute? erfahre ich mehr über sie als mit der Frage: Was tun diese Leute?

Ich kann nicht Realität aufs Papier bringen, sondern nur, was es zur Realität zu sagen gibt, was es über die Realität zu erzählen gibt.

Mich interessiert, was auf dem Papier geschieht, wenn ich

das Wort »Tisch« schreibe. Ich erwarte von diesem Wort, daß es mir weitere Wörter bringt, daß es Sätze provoziert. Es soll auf dem Papier mit andern Wörtern eine Konstellation eingehen. Der Gegenstand wird nachträglich zum Vorwand. Mir ist jeder Gegenstand recht, wenn er mich zum Schreiben bringt.

Ich wünsche nicht etwa eine Sprache, die von der Wirklichkeit losgelöst ist, aber ich möchte mit einer sprachlichen Wirklichkeit arbeiten. Ich beschreibe nicht den Tisch, sondern ich schreibe Sätze, die es über einen Tisch zu sagen gibt. »Was sagen die Leute von einem Tisch?« und nicht »Was ist ein Tisch?« Mich interessiert nicht die Wirklichkeit, sondern das Verhältnis zu ihr.

(Eben fällt mir ein, daß ich eine große Lust zum Wort »sagen« habe, ich weiß jetzt warum.)

(Ich habe einmal gesagt, ich könne kein Theaterstück schreiben, weil ich das Wort »sagen« dort zu selten gebrauchen könne. Wenn mir schon einmal ein Dialog einfällt, möchte ich auch davorsetzen können: er sagte, sie sagte. »Er sagte«, vor einem Satz in direkter Rede hat bereits etwas Verfremdendes, stellt den Satz bereits in Frage, er wird dadurch eine Wiedergabe von mir, eine Variante. Ich kann den Satz auch zurücknehmen und schreiben »oder vielleicht sagte er: ...« und eine weitere Variante anführen.)

(Das Theater ist mir zu aktiv. Es hat zu viel mit der Frage zu tun: Was tun die Leute? Es hat die Tendenz zum Außergewöhnlichen.)

Literatur muß lesenswert sein.

Bestimmt ist Außergewöhnliches lesenswert; ein Augenzeugenbericht braucht keine sprachlichen Finessen.

Ich bin kein Augenzeuge von Außergewöhnlichem, und die Phantasie, Außergewöhnliches zu erfinden, fehlt mir.

Ich will zwar schreiben, habe aber nichts Außergewöhnliches zu berichten.

Deshalb brauche ich wie der Betrunkene, der sprechen will, einen Vorwand, einen realen Hintergrund. Ich brauche eine Idee. Die Idee ist so viel wert, wie sie mich schreiben läßt.

Die Aufgabe des Stoffes ist, mich schreiben zu lassen. Der Stoff soll Sätze provozieren, die ihrerseits weitere Sätze herausfordern. Die Arbeit geschieht auf dem Papier.

Es kann genügen, wenn mir eine Idee (Geschichte) einen einzigen Satz liefert. (Außergewöhnliches liefert mir immer zu viele Sätze). Was weiter auf dem Papier geschieht, ist dann nicht mehr vor allem Sache der Idee, sondern Sache des Satzes;

(entsprechend der Ansicht, daß das Bild eines Malers mit dem ersten Strich seine Richtung bekommt. Der erste Strich allein ist völlig frei, jeder weitere Strich ist durch die bereits gemalten in seiner Freiheit eingeschränkt.)

In ihrer Konsequenz stimmt die Theorie bestimmt nicht, weil sie das vollkommene, das reine, sterilisierte Kunstwerk meint. Der Schreiber wird also nicht nur den Möglichkeiten eines Satzes folgen, er wird auch gegen diesen Satz schreiben, er wird ihm auch auszuweichen versuchen. Aus diesem Versuch entsteht sprachliche Spannung.

Immer wieder bieten mir Leute Stoffe (wahre Begebenheiten) an, von denen sie glauben, daß sie der Beschreibung wert wären. Ich bin meistens schnell davon überzeugt, daß es die Geschichte wert wäre, aufgeschrieben zu werden, mich selbst hat noch nie eine davon gereizt. Sie waren mir alle zu fertig, sie hatten alle bereits eine Richtung.

Eine Geschichte muß mich selbst während des Schreibens überraschen können, ihre Wendungen dürfen sich nicht im Modell, im Vorbild vollziehen. Ihre Wendung muß ich herstellen dürfen. Die Geschichte soll auf dem Papier geschehen.

Ich habe mit Papier zu tun. Ich fülle Papier mit Wörtern. Es ist nicht so, daß ich vorerst etwas zu sagen habe und nach Wörtern suche. Ich habe Wörter und suche nach Fakten, die ich ihnen unterlegen kann. Ich ringe nicht nach Wörtern, ich ringe nach Fakten. Die Fakten dienen mir dazu, die Wörter loszuwerden, nicht die Wörter dazu, die Fakten loszuwerden.

Die Fakten sollen mir helfen, Papier zu füllen.

(Ein Liebesbrief wird vor allem geschrieben, damit die Geliebte einen Brief erhält. Der Ausdruck der Liebe ist meist die einzige Information, die er enthält. Nun soll er aber nicht zu kurz ausfallen, das Ringen um Fakten beginnt, man sucht nach etwas, das ihn länger machen soll. Dazu genügt jeder erdenkliche Einfall, und der Brief meint nicht die Fakten. Er meint nur sich selbst, den Schreiber und die Empfängerin.)

Um Mißverständnissen vorzubeugen, muß ich darauf aufmerksam machen, daß ich von Wörtern und Sprache spreche, nicht von Stil, Form oder ähnlichem; daß ich vor allem den Beginn der Arbeit meine und weniger ihren weitern Verlauf. Denn wenn auch der Stoff zu Beginn der Arbeit zufällig sein kann, beginnt er doch sehr bald zu diktieren. Er kann die Form diktieren. Je umfangreicher ein Stoff ist, desto stärker ist sein Diktat. Ein außergewöhnlicher Stoff ist in der Regel umfangreich; er braucht mehr Raum, um sich begreifbar zu machen.

Ein gewöhnlicher Stoff ist dem Leser bekannt. Sein Diktat beschränkt sich auf Formales.

Ein Mann, der durchs Gartentor geht, braucht weniger Informationssätze zu seiner Beschreibung als ein Mann, der über die Gartenmauer klettert.

Zum Schluß: Geschriebenes ist immer für einen Leser gedacht. Im Falle der persönlichen Notiz sind Schreiber und Leser identisch, im Falle des Briefes gibt es einen Schreiber und einen Leser. Im übrigen sind die Leser meist mehrere, der Schreiber fast ausnahmslos ein Einzelner. (Wer ist im Vorteil?) Schreiben ist in jedem Fall sich äußern, etwas nach außen bringen. Ob es sich dabei um Information oder Kommunikation handelt, ändert daran nichts.

Ich schreibe für Leser. Geschriebenes muß zum mindesten für einen Leser lesenswert sein. Was macht Geschriebenes lesenswert? Warum lesen Sie?

Scharfe Munition im Jura

Vom 9. bis zum 28. September befand sich das Solothurner Infanterieregiment 11 im Wiederholungskurs im Gebiete des Juras. Wie Soldaten und Offiziere übereinstimmend feststellten, wurden sie dort sehr herzlich empfangen und hatten nicht die geringsten Schwierigkeiten mit der Zivilbevölkerung. Selbst der Regimentskommandant erklärte, daß ihm in dieser Hinsicht nichts bekannt wurde, daß er im Gegenteil von allen Einheiten von freundlichen Kontakten gehört habe.

Nun erhielt der Regimentskommandant den Befehl, daß in den Nächten vom Samstag auf den Sonntag ein Bataillon in Alarmbereitschaft gestellt werden müsse. Ich weiß nicht, ob ihm selbst die Begründung dieses Befehls offiziell bekannt war oder nicht, jedenfalls erhielten die Soldaten keine Begründung und Offiziere sprachen davon, wie schwierig es gewesen sei, den Leuten zu erklären, daß es sich hier nicht um eine militärische Schikane, sondern um einen höhern Befehl handle.

Vom 14. auf den 15. September wurde das Bataillon 49 in Alarmbereitschaft gehalten (Alarmstufe 2: einsatzbereit in eineinhalb Stunden), vom 22. auf den 23. September war es das Bataillon 51. Die Alarmbereitschaft dauerte jeweils bis am Sonntag morgen um 8 Uhr.

Die Bataillone hatten Kriegsmunition gefaßt, unter anderem auch Tränengas und Stacheldraht. Die Soldaten waren überrascht, erstmals in einem Wiederholungskurs Lautsprecherwagen zu sehen. Es gab auch Gerüchte, daß scharfe Munition an die Soldaten abgegeben wurde. Durch Befragungen konnte ich eindeutig feststellen, daß diese Gerüchte für das Regiment 11 nicht zutreffen.

Immerhin sind derart ernste Maßnahmen wie die Alarmbereitschaft eines Bataillons sehr geeignet, Gerüchtebildungen Vorschub zu leisten. So haben mir Soldaten erklärt, daß in einer Übung vom Kampf gegen innere Feinde gesprochen wurde.

Der Regimentskommandant erklärte mir diese Übung: sie ging von der Annahme aus, daß in einem benachbarten Land ein politischer Umschwung stattgefunden habe, daß ein Übergreifen dieser Armee auf unser Gebiet zu befürchten wäre und daß bereits zivile Agenten für diese Armee bei uns tätig seien. Der Oberst machte mündlich und schriftlich darauf aufmerksam, daß es sich um ausländische Agenten handle.

Trotzdem scheint dies da und dort falsch interpretiert worden zu sein, und von hier ist kein weiter Weg mehr, fälschlicherweise Zusammenhänge mit den Maßnahmen vom Wochenende zu konstruieren. Bestimmt werden die Verhältnisse in einer Milizarmee gestört, wenn man versucht, mit ihr in Friedenszeiten Geheimaufträge zu erfüllen. Jedenfalls hatte ich bei der Befragung höherer Offiziere nicht den Eindruck, daß die militärischen Stellen von diesen Maßnahmen sehr überzeugt waren.

Der Pressechef des EMD gab mündlich dazu folgende Angaben: verschiedene Drohungen hätten so ausgelegt werden müssen, daß eidgenössische Anlagen gefährdet seien – wenn vielleicht auch nur in der Art der Besetzung der Prefecture von Delsberg. So habe der Bundesrat in Übereinstimmung mit der Berner Regierung beschlossen, ständig Einheiten zum Schutze eidgenössischen Materials zur Verfügung zu halten. Selbstverständlich handle es sich bei möglichen Terroristen um Einzelne, an einen Einsatz gegen sogenannte innere Unruhen sei nie gedacht worden.

Nun, daß eidgenössisches Material, wenn es gefährdet sein sollte, geschützt werden muß, daran zweifelt niemand. Zweifelhaft können die Mittel sein, die dafür eingesetzt werden.

Was sollen Handgranaten, Tränengasbomben, Stacheldraht, Lautsprecherwagen gegen einzelne Terroristen? Was soll ein ganzes Bataillon, das zudem überhaupt nicht dafür geschult ist, gegen sie?

Man weiß, daß im Einsatz gegen Zivilisten geschulte Polizisten die Nerven verlieren. Was geschieht, wenn das ungeschulten Soldaten passieren sollte?

Offensichtlich hat man lediglich an eine Einschüchterungsmaßnahme gedacht. Offensichtlich war in keiner Weise ein Einsatz der Truppen geplant.

Was würde geschehen, wenn sie trotzdem durch Ungeschicklichkeit, durch einen mißverstandenen Befehl, durch einen übereifrigen Offizier zum Einsatz kämen. Der Offizier würde wahrscheinlich nachträglich bestraft, und bestimmt würde die Bestrafung am entstandenen Chaos nichts ändern. Wie gefährlich durch Übereifer der Entscheid des Bundesrates werden könnte, zeigt das Beispiel des Panzerregimentes 8.

Ein Panzerbataillon dieses Regiments, das sich damals im WK befand, wurde am Wochenende des 7., 8. September (in Delsberg fand das 21. Fête du peuple jurassien statt) zurückbehalten und in Alarmbereitschaft gestellt, der Urlaub wurde auf Montag und Dienstag verschoben.

Es wurde unter den Soldaten davon gesprochen, daß 40 000 Schuß scharfe Munition, 999 Handgranaten und 832 Tränengasbomben gefaßt wurden. Vorgesetzte beruhigten die Soldaten damit, daß sie erklärten, es handle sich um eine gewöhnliche WK-Dotation.

Am Freitag wurden die Kader des Bataillons von einem Berner Polizeikommissar orientiert. Er sagte unter anderem: »Auch wenn meine Polizisten für Demonstrationen geschult sind und wir nicht jeden unseres Korps für eine so heikle Aufgabe einsetzen können, so bleibt doch unser oberster Grundsatz: keine Schußwaffe auf Mann!«

Er erklärte auch ausdrücklich, daß die Truppe auf keinen Fall zum Ordnungsdienst, sondern ausschließlich zum Schutze von Bundeseigentum eingesetzt werde.

Am Freitag, 6. September ab 16 Uhr ist das Panzerbataillon in Alarmbereitschaft. Um 20 Uhr wird ein Alarm ausgelöst und das Bataillon begibt sich in Bereitschaftsräume.

Jeder Soldat faßt 96 Schuß Munition, abgefüllt in vier Sturmgewehrmagazine.

Drei Wochen nach dem Vorfall weiß das EMD noch nichts von dieser Abgabe scharfer Munition an die Soldaten. Diese Auskunft des EMD ist glaubwürdig, denn ich weiß, daß sich alle Stellen ernsthaft um eine Klärung des Vorfalls bemühen. Eine Untersuchung darüber ist im Gange.

Die Abgabe von Munition an die Soldaten scheint ein Befehl des Regimentskommandanten des Panzerregiments 8 zu sein. Es ist eine Interpretationsfrage des Reglements, ob dieser Befehl in seiner Kompetenz lag.

Immerhin erscheint der Befehl nicht als Zufall, wenn man hört, daß dieser Oberst in seiner Ansprache anläßlich der Fahnenübergabe unter anderem sagte: »Die Bevölkerung im Jura hat die Proportionen verloren, es liegt an uns, ihnen diese wieder beizubringen.«

Ein Korporal hat die Annahme der Munition verweigert. Er wurde – erst zehn Tage später – zu fünf Tagen Arrest verurteilt. Der Korporal sieht ein, daß er seine Weigerung hätte melden sollen. Er hat das nicht getan und akzeptiert seine Strafe, wenn sie wegen des Unterlassens der Meldung ausgesprochen worden ist.

Er verweigerte die Annahme der Munition, weil ihre Abgabe nicht begründet wurde. (Auch den Soldaten des Infanterieregiments wurde nicht mitgeteilt, weshalb sie zurückbehalten werden.)

Der Regimentsarzt forderte den Korporal später auf, einen Psychiater zu nennen, der ein Gutachten über ihn abgeben soll: falls er eine zivile psychiatrische Untersuchung ablehne, werde er von der Truppe weg militärisch vom Psychiater begutachtet, dies sei dann einiges unangenehmer.

Der Regimentsarzt versuchte den Korporal davon zu überzeugen, daß er ein Dienstverweigerer aus Gewissensgründen sei. Das bestreitet der Korporal.

Es wäre allerdings eigenartig, wenn jeder Soldat mit Gewissen zum Dienstverweigerer aus Gewissensgründen würde.

Die Beantwortung der Frage, ob die Abgabe von scharfer Munition am 6. September gewissenlos war, muß der gegenwärtigen Untersuchung überlassen werden.

Wenn es sich um eine Befehlsüberschreitung eines höhern Offiziers handeln sollte, ist dann nicht zu befürchten, daß im Einzelfalle auch Soldaten die Befehle überschreiten könnten?

Ein Offizier mutmaßte, daß man den Soldaten des Infanterieregiments den Grund des verkürzten Urlaubs nicht mitgeteilt habe, um nicht Einzelne von ihnen unnötigerweise gegen die Bevölkerung aufzubringen.

Diese Begründung hat etwas für sich. Vermutungen über die Alarmbereitschaft haben die Soldaten aber angestellt, und

Vermutungen sind für das Aufkommen von Mißstimmungen gefährlicher.

Eigenartig ist, daß diese Maßnahme, die schon älteren Datums ist, bis heute sozusagen geheim bleiben konnte. Es ist also möglich, mit unserer Milizarmee in Friedenszeiten Geheimaktionen durchzuführen, sei es, weil kein Soldat davon erzählt, sei es, weil die Öffentlichkeit diese Maßnahmen voll und ganz akzeptiert.

Einige Fragen werden wohl ungeklärt bleiben: es wäre wichtig zu wissen, ob der Bundesrat (wie eine erste Version sagt) in Übereinstimmung mit der Berner Regierung oder (die zweite Version) auf Ersuchen der Berner Regierung den Beschluß faßte.

Auch ist begreiflich, wenn bereits Vermutungen laut werden, daß die Maßnahme nicht nur mit dem Jura zu tun habe. Immerhin wurde im Zürcher Stadtrat anläßlich der Unruhen beschlossen, von militärischer Hilfe abzusehen – es wurde also davon gesprochen.

Wie gesagt – und das muß hier deutlich wiederholt werden –, ich bin überzeugt davon, und meine Befragungen haben mich in dieser Überzeugung bestärkt: die Maßnahme war höchstens als Abschreckungsmittel gegen einzelne Terroristen gedacht.

Es ist bekannt, daß die Armee gegen außen vor allem auch eine abschreckende Wirkung hat. Im innern Einsatz scheint sie mir als Abschreckungsmittel eindeutig zu gefährlich. Hier wird das Mittel zum Spiel mit dem Feuer. Mit einem Mittel abzuschrecken, das im Einsatz unverantwortlich wäre, ist mehr als unpsychologisch.

Es wäre traurig, wenn die Regierung mit einer ungeschickten Politik die Armee in Mißkredit bringen würde.

Es wäre traurig, wenn Terroristen daraus Kapital schlagen könnten.

Eine Stadt wie ...

Beschreibungen von Einzelnem können – auch wenn sie völlig der Wahrheit entsprechen – ein falsches Bild des Ganzen geben, ein günstigeres oder ein ungünstigeres. Reiseprospekte profitieren oft von dieser Erkenntnis. Sie beschreiben zum Beispiel ein Fest, von dem sie behaupten, es sei typisch für die Stadt; in Wirklichkeit wird es nur einmal im Jahr und ausschließlich für die Fremden durchgeführt.

Immerhin, ich habe mir sagen lassen, daß es in Paris Dinge gibt, die so sind, wie man sich Paris vorstellt; daß die Carnaby Street wirklich aussieht wie die Carnaby Street.

Nun, vor einer Woche erlebe ich in einer Stadt folgendes:

Ich komme zufällig in ein Restaurant. An meinem Tisch sitzen einige junge Leute. Der eine trägt ein zottiges Schaffell, Haare und Bart eines Yogis, trägt Ketten, zitiert auch Marcuse, aber auch Hegel, auch Aristoteles, er kann die Odyssee griechisch zitieren, dann singt er sogar Stellen daraus. Ihm gegenüber sitzt ein ähnlicher, der ab und zu die Gesänge kommentiert. Einer ist da, der viel weiß über Science Fiction, aber auch über alles, was irgendwie damit zusammenhängt, Volksbräuche, Magie, Sagen, Legenden, Mythen und Mythenbildungen. Ein Schwarzer ist dabei, er spricht die Sprache der Gegend. Am Nebentisch sitzt ein Spanier, stimmt seine Gitarre, beginnt zu spielen, spielt Flamencos; man achtet nicht besonders darauf, ist es gewohnt. Er spielt zu seinem Spaß, ist weder vom Wirt, noch vom Verkehrsverein engagiert.

Man spricht von einem Beatkonzert, das heute irgendwo stattfinden soll. Man spricht von einer literarischen Lesung in einem Keller. Ich gehe dahin. Der kleine Keller ist halb gefüllt. Zwei junge Autoren lesen Gedichte. Vielleicht sind sie gut, vielleicht schlecht. Sie werden jedenfalls angehört und diskutiert. Einer liest aus einer Dokumentation über Zusammenstöße Jugendlicher mit der Polizei. Mitten in der Lesung wird die Tür aufgestoßen. Der Schaffellzottige stampft in den Keller. Sein erstes Wort ist: »Ich möchte auch etwas sagen.« Der Lesende unterbricht sein Gedicht, übergibt ihm den Stuhl, der Zottige setzt sich, singt wieder in einer sehr fremden Sprache; vielleicht ist es wieder die Odyssee, ich weiß es nicht. Ein Zwischenruf verlangt etwas in einer verständlichen Sprache. Er zelebriert ein unheimlich pathetisches, improvisiertes Gedicht. Man freut sich darüber, weil er sich selbst freut und sich nicht zu ernst nimmt.

Jemand verläßt den Keller.

Die Schau des Zottigen ist zu Ende, er steht auf, verabschiedet sich wie der Sankt Nikolaus, brummig und freundlich, und die Lesung nimmt ihren Fortgang. Sie verteilen Flugblätter. Nach der Lesung sucht man ein Lokal, in dem man weiterdiskutieren könnte. Aber die Lokale sind am Freitag überfüllt. Man landet bei einem Beatorchester, findet aber auch hier keinen Platz. Einer der Mitziehenden trägt einen Geigenkasten unter dem Arm, man fordert ihn auf, hier auf der Straße zu spielen. Er sagt, er hätte deshalb schon eine Buße bezahlen müssen. Man einigt sich, eine allfällige Buße untereinander zu teilen. Er stellt sich auf eine Treppe, man setzt sich um ihn herum, und er spielt phantastisch artistische Zigeunerweisen. Einige Leute bleiben stehen, die meisten gehen weiter...

Nun, das alles ist in dieser Stadt an einem Abend geschehen; nur eben, das alles hat mit dieser Stadt nichts, gar nicht zu tun: und die Prospekte zählen mit Stolz langweiligere Sehenswürdigkeiten auf.

Und worüber andere Städte vielleicht stolz sind, auf Keller, in denen diskutiert wird, auf junge Leute, die bereit sind, der Stadt etwas Farbe zu geben – darüber ärgert man sich hier.

Ich weiß nicht, soll ich jetzt schreiben: »Diese Stadt will das nicht«, oder soll ich schreiben: »Diese Stadt verdient das nicht.«

Vielleicht lasse ich es bewenden mit: »Diese Stadt heißt Bern.«

»Häbet Sorg zum Jura«

Die Bernische Kommission der 24 (12 Vertreter des Juras und 12 Vertreter des alten Kantonsteils) hat in der letzten Woche ihren Bericht veröffentlicht. Er ist zu einem umfangreichen, großformatigen Buch von 250 Seiten geworden. Erstmals besitzt man nun hier eine Sammlung von statistischem Material, das zur Beurteilung der Frage notwendig ist.

Sollte das Material nicht mehr beweisen, als daß die Frage sehr kompliziert ist, wäre das schon viel; man hat es sich auf beiden Seiten lange Zeit zu einfach vorgestellt. Erfreulich ist jedenfalls die Arbeitsleistung der Kommission. Bestimmt ist das Material unvollständig; bestimmt wird es vom Rassemblement abgelehnt, so wie es eine Kontaktnahme mit der Kommission abgelehnt hat.

Das Rassemblement wird sich durch den Bericht nicht beirren lassen, es ist wohl nach wie vor für eine »einfache« Lösung. Es beharrt mehr und mehr darauf, aus jedem erdenklichen Problem ein Juraproblem zu machen; das ist zwar sein Recht, dient aber doch immer wieder seinen »Gegnern«; zum Beispiel, wenn es dem Rassemblement gelingt, eine grundsätzliche Diskussion über den Einsatz von Truppen gegen Zivilisten zu verhindern.

Ich persönlich bekomme den Verdacht einfach nicht los,

daß die Bereitschaft der Truppen nicht ausschließlich mit dem Jura zu tun hatte.

Das interessiert das Rassemblement wenig, denn dieser Verdacht hat mit ihrer These von der »Besetzung des Juras« nichts zu tun.

Sicher freuen sich die betroffenen Stellen diesmal über die heftige Reaktion der Separatisten, denn sie lenkt ab. In diesem Sinne bildet die Sturheit des Rassemblements wirklich eine Gefahr für das politische Leben der Schweiz.

Der Bericht der Kommission bemüht sich ernsthaft um Objektivität; das verhindert zwar nicht, daß er doch als Bericht der regierungsrätlichen Seite aufgefaßt werden muß, wenn auch viele Zahlen nicht zugunsten des alten Kantonsteils sprechen und Argumente der Separatisten begreiflich machen.

Der Bericht kann in seinem ersten Teil nicht mehr sein als eine Zusammenstellung der offiziellen Zahlen, der Maßnahmen und der entsprechenden Gesetze. Hie und da will er zwar mehr, dann geht es oft und zum mindesten sprachlich schief, zum Beispiel etwa so:

»Im letzten Jahrhundert hatte die Freisinnige Partei sowohl im Jura als auch im alten Kantonsteil die Mehrheit. Sie vereinigte in ihrem Schoße Bürger aller Gegenden, Sprachen und Konfessionen und wirkte daher auf kantonaler Ebene als wichtiger Faktor des Zusammenhaltens.«

Es ist ein eigenartiges Verhalten von Demokraten, dem alten Einparteiensystem nachzutrauern, und einige Zeilen später heißt es dann auch: »Die Freisinnige Partei verlor ihre beherrschende Stellung und *mußte* die Verantwortung mit den neu aufkommenden Kräften teilen.« Das tönt etwa wie »Wie war es doch in Köln vordem mit Heinzelmännchen so bequem«.

Es gibt auch offensichtliche Lücken im Bericht, wenn zum Beispiel im Kapitel »Die anerkannten Landessprachen« nicht erwähnt ist, daß der Große Rat des Kantons Bern einen jurassischen Vorstoß, der Hochdeutsch als Verhandlungssprache einführen wollte, abgelehnt hat; wenn hier nicht erwähnt wird, daß es im Großen Rat keine Simultanübersetzung gibt.

Es ist zwar peinlich, wie sehr die Separatisten auf dem Begriff *ethnie* (Volkstum) herumreiten, bestimmt war es hier aber eine berndeutsche *ethnie*, die kein Verständnis für den verständlichen Wunsch der Jurassier aufbrachte.

Was der Bericht nicht erfassen kann, ist das persönliche Verhalten von Magistraten und Beamten. Immerhin, der Beweis, daß sich der Kanton nicht einfach um das Problem futiert hat, gelingt.

So gibt es heute im Jura nur noch drei öffentliche und drei private deutsche Schulen. Im letzten Jahrhundert waren es 78, über 60 davon wurden vor 1919 aufgehoben. Bern hat also bereits sehr früh den deutschsprachigen Kolonialismus abgebaut.

Es ist hier im weitern nicht möglich, auf alle Statistiken einzugehen. Auf jeden Fall wird man von nun an bei Diskussionen die Dokumentation zur Hand nehmen.

Etwas weniger fruchtbar ist der zweite Teil des Berichts ausgefallen. Er ist vor allem ein Vernehmlassungsverfahren über die verschiedenen Fragen. In das Verfahren wurden die politischen Parteien, das Rassemblement (das die Antwort verweigerte), antiseparatistische Gruppen, wirtschaftliche Organisationen, kulturelle Vereinigungen und die Kirchen einbezogen.

Im ganzen findet man die Äußerungen von zirka 50 Organisationen. Beim größten Teil ist neben einer schriftlichen Stellungnahme auch ein Bericht von einer Sitzung mit der Kommission abgedruckt.

Die Antworten klären allerdings nicht sehr viel, sie charakterisieren oft eher die Organisationen als ihre Stellung.

Es gibt darin etwa Sätze wie: »Erstens muß das Verhältnis zwischen den ›Völkern‹ als ›Daueraufgabe‹ ständig gepflegt werden, vorab durch eine gute, verständnisvolle Politik nach den Worten eines freisinnigen Regierungsrates: ›Häbet Sorg zum Jura‹.«

Dieses »Häbet Sorg« muß nicht unbedingt etwas Humanes meinen, das kann auch die Sorge um einen Prestigebesitz sein.

Immerhin, die Antworten der Organisationen zeigen, daß der Großteil doch einsichtiger ist als jener anonyme Herr K. Bärtschi, der 1966 eine antiseparatistische Hetzschrift unter dem Titel »Los von Bern! Wohin?« herausgegeben hat.

Es ist nun zu hoffen, daß man es mit dieser Dokumentation nicht bewenden läßt. Bis zum Frühling 1970 soll auch auf eine Anregung der Kommission die Zusammenstellung der Petitionen der Bevölkerung des Juras seit 1831 und ein Gutachten über die Staatsfinanzen und dem Anteil des Juras erstellt werden.

Man kann den Kanton Bern zu dieser Dokumentation beglückwünschen; er könnte jetzt seine Großzügigkeit unter Beweis stellen, wenn er neben dem sozusagen neutralen Gutachten auch die Mittel für zwei engagierte zur Verfügung stellen würde, eines von den Separatisten, eines von den Antiseparatisten.

Mit Parolen jedenfalls wird nichts mehr erreicht werden, und es scheint, daß Diskussionen zwischen den Gruppen sinnlos sind, solange nicht restlos alles Material zusammengetragen ist.

Der Bericht der 24 ist höchstens ein kleiner Anfang, aber ich glaube, daß man vor dieser Fleißarbeit Respekt haben muß, denn nur Arbeit wird Probleme lösen können.

Verzweiflung und Vermessenheit

Prag, Olympische Spiele, amerikanische Wahlen; aus einer Perspektive zum mindesten fallen sie zusammen und sind weitgehend daßelbe, aus der Perspektive des Fernsehzuschauers. Er bekommt die Ereignisse auf das Format eines Bildschirmes zugeschnitten ins Haus, und dieses immer gleiche Format scheint ihm eine Ordnung vorzutäuschen.

Prag, Olympische Spiele und amerikanische Wahlen sind vor allem auch Fernsehereignisse. Sie finden vorerst einmal in der gemütlichen Stube statt und können deshalb nicht sehr erschrecken. Auf dem Bildschirm haben all diese Ereignisse wie die Olympischen Spiele ein Ende, und sie können von dieser Sicht aus keine Folgen haben. Die Direktsendungen ins traute Heim vermitteln die Illusion, daß man Zeitgeschichte als unbeteiligter Zuschauer erleben kann. Wenn wir auch wissen, daß die Sache jetzt und im Augenblick geschieht, es wird uns nie ganz bewußt, daß sie auch irgendwo und real geschieht. Schließlich finden die Ereignisse im Fernsehen statt, und was auch geschehen wird, hier bekommt es seine harmlose Ordnung durch Grautöne, Bildbegrenzung und Kommentar.

Bei einzelnen allerdings breitet sich trotzdem nach den amerikanischen Wahlen Unbehagen aus, in der Erkenntnis, daß diese Wahl mehr Einfluß auf unser Leben haben wird als die Wahl eines Schweizer Bundesrates, in der Erkenntnis, daß uns die Souveränität nicht unabhängig macht; Unbehagen darüber, daß die Amerikaner mit ihrer Wahl auch über uns bestimmen. Wesentlich mehr Wähler als die gesamte Bevölkerung der Schweiz wollten Wallace wählen. Einzelne erschreckt das; doch der Bildschirm strömt Behaglichkeit aus; für den Fernsehbürger hat kein Ereignis Folgen, da sich die

Ereignisse der Fernsehordnung unterziehen, können sie nicht außerordentlich sein.

Und wer mit Unbehagen auf die Vorgänge reagiert, verstößt gegen die Ordnung. Wer von Gefahren spricht, so sagen die Leute, beschwört sie herauf. Deshalb wohl wünschen diese Leute keine Diskussion über den Ausgang der Wahlen. Sie haben sich bereits an Nixon gewöhnt, und ich frage mich, ob es nicht ebenso wenig brauchen würde, sich an Wallace zu gewöhnen.

Wir haben uns damit abzufinden, sagen die Behaglichen vor dem Fernsehen, und sie nehmen es den andern übel, wenn sie versuchen, sich nicht damit abzufinden. Politik ist für sie so unbeeinflußbar geworden wie der Ausgang eines Hürdenlaufs bei den Olympischen Spielen. Nachdem Unbehagen nichts nützt, haben sie sich für die Behaglichkeit entschieden, das Unbehagen der andern muß sie – die vorschnell Versöhnten – stören, und sie können jene nicht begreifen, die verzweifelt darum kämpfen, beteiligt zu sein.

Wenn sich anfänglich Behagen und Unbehagen gegenüberstanden, dann stehen sich jetzt plötzlich selbstverständliche Zufriedenheit und hilflose Verzweiflung gegenüber.

In der Theologie gilt die Verzweiflung als Sünde gegen den Heiligen Geist. Sie ist die schuldhaft freie Aufgabe der Hoffnung. Ihr Gegenteil, und ebenfalls eine Sünde, ist die Vermessenheit, das unsachliche und übertriebene Vertrauen auf sich selbst oder auf Gottes Hilfe.

Aus dem Unbehagen kann Verzweiflung entstehen und aus dem Behagen Vermessenheit. Das ist die Verhärtung der Fronten, und die Zusammenstöße sind Auseinandersetzungen zwischen Vermessenen und Verzweifelten.

Die Unpolitischen, die Unbeteiligten gehören immer der radikalen Gruppe der Vermessenen an, letztlich sind sie es, die für Radikalisierungen verantwortlich sind, sie bringen die Kritischen zu Verzweiflung.

Wir empfehlen

Über die Fraglichkeit von Bestseller-Listen hat man sich schon oft und immer wieder unterhalten, mit eben der Erkenntnis, daß Bestseller-Listen fraglich sind.

Ihre Fraglichkeit kann ich für mich an etwas anderem kontrollieren, an den Ranglisten der Fußball-Nationalligen. Obwohl ich mich nicht sehr für Fußball interessiere, suche ich die Rangliste jeden Montag ganz bewußt in der Zeitung und interessiere mich vor allem für den Stand von Solothurn. Ich habe diese Mannschaft noch nie spielen sehen, aber es ist die Mannschaft meiner Stadt, also Interesse für Ranglisten ohne besonderes Interesse für die Sache. Bestseller-Listen werden wohl auf ähnliche Weise das Interesse der Uninteressierten erreichen.

Bücher sind jedenfalls in Tabellen nicht erfaßbar. Mit »sehr lesenswert«, »lesenswert« und »nicht lesenswert« ist über sie gar nichts gesagt, und es gibt Bücher, die man empfehlen möchte, ohne sich mit ihnen zu identifizieren. Ich denke zum Beispiel an ein Buch von Régis Debray über die Taktik der Revolution, dessen Form mir nicht entspricht, das aber gerade deshalb so viel über die Haltung der Guevara-Leute sagt, daß es mir lesenswert erscheint. Dieses Buch könnte ich jedenfalls ohne Kommentar nicht empfehlen.

Es ist auch fraglich, ob die Maulwürfe ohne »weil« zu empfehlen sind. Ich habe sie empfohlen und sehe nun auf der Liste auffallend viele Empfehlungen dieses Buches. Ich möchte gerne wissen, weshalb die andern dieses Buch empfehlen. Sicher, weil sie es wie ich gut finden, »lesenswert« oder »sehr lesenswert«, aber was heißt das?

Oder eine andere Schwierigkeit: ich bin jung, männlichen Geschlechtes und verheiratet, was zur Folge hat, daß die drei Kategorien »Freund«, »Freundin«, »junger Mensch« zusammenfallen; immerhin, vielleicht strengt man sich für die imaginäre Freundin doch etwas mehr an.

Unter »ein älteres Buch« hätte ich gern die »Wahlverwandtschaften« von Goethe empfohlen. Ich habe diesen »nouveau roman«, dieses »pop art«-Buch, oder wie die Strömungen, denen dieses Buch entspricht, auch immer heißen, mit Begeisterung gelesen. Wenn ich es jetzt empfehle, führt das mit Recht zu Mißverständnissen. Man wird es mir als Snobismus, als gewollt originell oder als Opportunismus interpretieren, weil ich nicht erwähnen kann, daß das einzige, was mich an diesem Frankfurter interessiert, sein Handwerk ist.

Ich fürchte also, daß mich jemand falsch interpretieren könnte und bin entsprechend vorsichtig.

Was bleibt, ist ein Spielchen. Es heißt: Wer empfiehlt was und mutmaßlich weshalb?

Tendenzen sind ablesbar, die erfreuliche Tendenz zum Beispiel, daß es der größte Teil der Autoren und Mitarbeiter notwendig findet, ein politisches Buch zu empfehlen; erfreulich auch, daß dies vor allem in der Spalte »für einen jungen Menschen« geschieht. Als Geschenkratgeber für Weihnachten ist unsere alljährliche Tabelle aufgezogen, weil nächstens Weihnachten ist, steht sie da.

Zu hoffen ist, daß niemand in diese Liste so viel Vertrauen hat, daß er blind schenkt, denn so wie der Leser der »Weltwoche« die Empfehlung mit dem Empfehlenden identifizieren wird, so wird der Beschenkte das Buch mit dem Schenkenden identifizieren; oder es sei denn so, daß auch er es nicht liest, daß auch er es als Schmuck seines Zimmers empfindet.

Die Empfehlungen in unserer Zeitung sind auf Autor, Titel und Verlag beschränkt; wenn es dabei bleibt, ist das eine Liste für Snobs, sie werden sich mit diesen Titeln eine annähernd repräsentative Bibliothek zusammenstellen können, und ihre Besucher werden staunen.

Viel spannender wird das Spielchen für Leser, und auch ein Buch, das nur selten genannt ist – »Der Glasberg« von Clemens Mettler zum Beispiel – ist lesenswert.

Betroffenheit

Unsere Umfrage »Was mich 1968 betroffen hat« löste, wie die Antworten zeigen, Verlegenheit aus. Bestimmt würde sich keiner der Antwortenden darauf festlegen lassen, daß ihn das von ihm beschriebene Ereignis mehr als alle andern betroffen hat. Es gibt kein Bewertungssystem nach Punkten für Ereignisse, und es gibt keine Ereignisse, die allein und für sich stehen und losgelöst von andern betrachtet werden könnten.

Immerhin, man versucht Ende Jahr Bilanz zu ziehen; man sucht den Fußballer des Jahres, den Film des Jahres, das Auto des Jahres.

Aber Jahresereignisse gibt es nicht, es gibt nur die Ereignisse des Tages, und weil sie von den Ereignissen des nächsten Tages weggewischt werden, kann es uns nicht mehr gelingen, sie zu bewältigen.

Die Ereignisse des Tages werden vorschnell zu geschichtlichen Ereignissen. Die Attentate auf Dutschke und Robert Kennedy sind bereits Geschichte, sie sind früher einmal geschehen, und es gelingt uns nicht einmal mehr, sie zu datieren. Sie geschahen beide in diesem Jahre 1968. Sie sind geschichtliche, unaktuelle Ereignisse geworden, noch bevor die Täter vor Gericht stehen.

Es ist vorstellbar, daß ihre Prozesse mit einer ähnlichen Distanz geführt werden wie ein Prozeß des Judas oder ein Prozeß des Brutus auf der Bühne. Wir haben uns daran gewöhnt, uns mit Ereignissen so schnell als möglich zu versöhnen, um für das nächste bereit zu sein.

Wir bereiten uns auf Ereignisse vor. Wenn alles wie geplant vor sich geht, werden noch dieses Jahr drei Astronauten den Mond umkreisen. Ich erinnere mich an eine Diskussion mit Schulkameraden im Jahre 1947. Auf dem Umschlag einer Jugendzeitschrift war eine Rakete abgebildet, die zum Mond flog; der Titel dazu hieß »Im Jahre 2000«, und wir alle waren davon überzeugt, daß das erstens nicht so bald und zweitens überhaupt nicht sein kann.

Nun, heute im Jahre 1968, habe ich das bevorstehende Ereignis schon bewältigt; ich weiß bereits, daß mich der Erfolg der Astronauten nicht besonders beeindrucken wird – also Bewältigung der Zukunft in einer Zeit, in der die Vergangenheit nicht bewältigt werden kann und die Gegenwart zu schnell Vergangenheit wird.

Die Antworten auf unsere Umfrage stammen von Mitarbeitern des Kulturteils. Wir haben bei der Fragestellung an kulturelle Ereignisse gedacht. Es ist verständlich, daß es einzelnen nicht möglich war, in diesem Jahr von einer Theateraufführung, von einem Film, einem Buch betroffen zu sein. Die Gegenwart ist so kurz, daß keine Zeit für Abbilder der Gegenwart bleibt.

Wenn ich heute ein Buch über die Maiunruhen in Paris lese, erscheint es mir aus zwei Gründen bereits historisch. Erstens weil das Ereignis lange zurückliegt, und zweitens, weil das Buch vielleicht im August geschrieben wurde und die Erkenntnisse des Septembers, Oktobers, Novembers nicht berücksichtigen konnte: vergleichbar mit einem Buch über die Französische Revolution, das irgend einmal im 19. Jahrhundert geschrieben wurde. Die Gegenwart versucht sich damit zu behaupten, daß sie alles so schnell wie möglich in die Vergangenheit drängt, und die Bewältigung dieser Vergangenheit ist nicht möglich, weil sie zu sehr im Zusammenhang mit der Zukunft steht.

In diesem Sinne hat es das Jahr 1968 als Gegenwart gar nicht gegeben. Die Gegenwart ist ein derart kurzer Augenblick geworden, daß sie nicht mehr erkennbar und erfaßbar ist.

Der Augenzeuge spielt in unserer Zeit fast keine Rolle mehr; er sieht meistens weniger als der Unbeteiligte; und für den Unbeteiligten spielt meistens fast alles keine Rolle.

Was uns fehlt, ist die Möglichkeit, uns an die Gegenwart zu engagieren. Wer heute noch vom Attentat auf Dutschke sprechen würde, käme in den Verdacht, ein Kohlhaas zu sein. Wer heute noch von der Gegenwart des Jahres 1968 spricht, von der Gegenwart der Attentate zum Beispiel, gilt als Querulant.

Was zählt, ist die Zukunft; sie ist die freundlichste Zeit, weil wir glauben, wir hätten sie bereits bewältigt, weil wir wissen, was auf uns zukommt, ein Mondflug zum Beispiel, oder in naher Zukunft des Jahres 1972 die Olympischen Spiele.

Fraglich bleibt nur, ob man ohne Gegenwart eine Zukunft haben kann.

Abschied von den Waldläufern

Ein Schweizer ist etwas, das durch den Wald flüchtet, verfolgt von seiner Einsamkeit, von seinem Glück, von seiner Freundin, von einem Gangster.

Die Filmtage in Solothurn haben wiederum einen Überblick über das junge Filmschaffen in der Schweiz gegeben. Sie haben gezeigt, daß die Arbeit der Schweizer Filmleute ernst zu nehmen ist, daß Filme wie »Fifteen« von Seiler, »Quatre d'entre Elles« von Champion, Reusser, Sandoz und Yersin viel mehr als nur interessant sind, daß ein sauber gemachter Dokumentarfilm, wie »Yvon Yvonne« von Champion, der ohne Mätzchen die Sache zeigt, ein interessiertes und begeistertes Publikum findet.

Doch zurück zum schweizerischen Waldläufer, zu den unbedeutenden Filmen der Filmtage. Man ist versucht aus all diesen Filmen ein Bild der gegenwärtigen Schweiz zusammenzustellen und kommt dann nach einer Anhäufung von Wäldern zur Überzeugung, daß wir immer noch die alten Naturburschen sind, die allein in Dachkammern wohnen, und die, wenn sie sich überhaupt bewegen, dies am Sandstrand, im Wald und in öden Heiden, Kornfeldern usw. zu tun pflegen.

Schlechte Filme werden überall gemacht; daß unsere Produktion klein ist, bringt es mit sich, daß man die schlechten an den Filmtagen auch zu sehen bekommt, und abgesehen davon, daß sie langweilen, zeigen sie – weil sie die Filme von Nachahmern sind –, was sich bei uns inzwischen durchgesetzt hat. Sie zeigen, wie weit Sexualtabus angeschlagen sind, sie zeigen, daß die Haschisch-Snobs die Schweiz erreicht haben.

Ihre Vorstellungen haben diese Filmleute nicht aus der Beobachtung ihrer Umwelt, sondern aus dem Betrachten von Filmen, sie machen nicht mit den Erfahrungen aus ihrer Umwelt einen Film, sondern sie suchen ihre Vorstellung vom Film in die Schweizer Umwelt zu setzen. Sie suchen die Landschaft Lelouchs in der Nähe von Bümpliz, das Zimmer Godards im Ferienhaus von Onkel Jakob und Chicago in den Straßen Berns.

Wenn das Filmleuten passiert, so ist anzunehmen, daß ähnliches dem Publikum passieren muß. Der Film hat einen Grad von Realität erreicht, der die wirkliche Umwelt verdrängt. Einen großen Teil unserer Erfahrungen beziehen wir (beziehe ich) aus dem Film. Wenn, was bei den schlechten offensichtlich geschieht, der Filmmacher seine Erfahrungen ebenfalls nur aus dem Film bezieht, kommen wir in einen Hexenkreis, der uns betrügt.

Das ist dann auch der Grund dafür, daß junge experimentelle Filmleute, die formal vortäuschen, alles Überlieferte über Bord geworfen zu haben, inhaltlich mindestens so sentimental sind wie ein alter französischer Film, wenn auch nicht gerade so verlogen wie die »Kummerbuben«; das ist der Grund, daß ihre Aussage ästhetisierte Traurigkeit bleibt. Ich erschrecke darüber, daß die Filmfachleute von solchen Filmen sagen, sie seien »zu literarisch«. Ich erhoffe auch von der Literatur mehr.

Nun, diese Filme fielen in Solothurn nicht sehr ins Gewicht. Sie waren zwar da, aber sie hatten keinen Erfolg. Die Zahl der wirklich guten Filme war erstaunlich. Einzelne, ich habe drei davon erwähnt, könnten zu Vorbildern werden, wobei ich viel weniger an Vorbilder für nachahmende Filmmacher denke, sondern an Vorbilder für das Publikum; sie könnten einem Publikum Möglichkeiten vorzeigen, wie es sich mit seinen Umwelterfahrungen ein Bild seiner Umwelt formen könnte.

Diese Umwelt ist groß geworden und bestimmt nicht nur national. Es geht nicht nur darum, mit dem Film die Stimme der Schweiz im Ausland hörbar zu machen, sondern darum, daß die Schweiz ihre Stimme beiträgt.

Man kann heute auch nicht mehr einfach von Förderung von Talenten sprechen, denn es gibt ausgewachsene Könner unter ihnen. Der Film kann seinen Beitrag an die Präsenz der Schweiz in der Welt leisten. Er bekommt aber vom Bund nur gönnerhafte Prämien, und man ist nicht bereit, ihn dem Käse gleichzustellen und ihm echte Subventionen zu geben. Ich jedenfalls wäre froh, als Schweizer im Ausland auf die Namen Champion, Reusser, Sandoz, Yersin, Seiler, Murer, Stürm, Radanovicz usw., und nicht immer gleich auf Emmentalerkäse angesprochen zu werden.

Emotionskonventionen

Bei Paul Valéry gefunden, gefunden nach einem ganzen Tag vor meinem Büchergestell, eine leichte Grippe veranlaßte mich, Lesestoff zu suchen, und jedes Buch löste nichts anderes aus als kurze Begeisterung, dann stellte ich es wieder weg.

Von Raymond Chandler habe ich schon alles mehrmals gelesen, andere Kriminalromane sind mir in der Regel zu riskant, weil sie selten auf der ersten Seite beginnen.

Dann hielt ich einen Band von Joseph Conrad in der Hand, ich verehre ihn, ohne eigentlich je etwas von ihm richtig gelesen zu haben, ich bestaune seine Sätze, ich nehme mir wieder vor, ihn bald einmal zu lesen. Dann einige Sätze Ludwig Hohl, drei Geschichten aus Tausend-und-einer-Nacht und wieder »Gourrama« von Friedrich Glauser.

Gegen Abend dann bei Valéry ein kurzes Stück mit dem Titel »Dialog« gefunden:

»Wie war Ihnen damals zumut?« »Wie einem Menschen, der nicht weiß, was man empfinden soll. Oder vielleicht empfand ich, daß ich nicht empfand, was man hätte empfinden sollen, sodaß mein Zustand an nichts erinnerte und ich recht eigentlich niemand war.«

Valéry beschreibt den Zustand eines Menschen, der vor einem Gegenstand, vor einem Ereignis die entsprechenden Emotionen nicht aufbringt.

Die Emotionen sind festgelegt. Touristen wissen, wie sie sich vor der Gioconda im Louvre zu verhalten haben, die Leute wissen, daß eine Oper Stirnrunzeln und eine Operette Lachen erfordert, und dort, wo Emotionen noch nicht festliegen, werden stille Konventionen geschlossen und durch die Presse verbreitet. Bei Kriegen weiß man, mit welchen Kindern auf welcher Seite man Erbarmen haben muß.

Die Tagesschau des Fernsehens verlangt Reaktion, Geistesgegenwart, ohne Emotionskonventionen würde man sie als Betrachter nicht durchstehen können. Nur Emotionen gestatten mir, jedes Bild augenblicklich aufnehmen und einordnen zu können, im richtigen Augenblick verwundert, begeistert, überrascht und traurig zu sein, Mitleid, Schadenfreude oder Haß zu empfinden.

Den Massenmedien fehlt die Zeit, mehr als Emotionen zu übermitteln und auszulösen, die Ereignisse haben stets Vorsprung, ihre Häufigkeit scheint mit dem Ausbau der Massenmedien zuzunehmen. An Stelle des Aufklärens tritt das Aufrütteln. Bereits wirft man den Leuten vor, sie seien gefühlsarm, lethargisch, und man zieht daraus den Schluß, daß die Auslösungssignale für Gefühle stärker werden müssen. Man erteilt sozusagen Befehle zum Weinen, Befehle zum Lachen, Befehle zur Mißbilligung und Befehle zum Einverständnis.

Traurig wird es, wenn Einrichtungen, die auf Vernunft angewiesen sind und aus Vernunft entstanden, auf diese Emotionen angewiesen sind, die Entwicklungshilfe oder die Altersfürsorge zum Beispiel, zu einem großen Teil aber auch das Bildungswesen.

Und immer, wo Leute aufstehen, die bereit sind, diese Frage in der Gesellschaft und mit ihr vernünftig zu lösen, kommt gleich von der andern Seite das Argument der Privatinitiative; das Argument, daß der Mensch privat die Möglichkeit haben müsse, wohltätig zu sein, also seinen Emotionen entsprechend zu handeln. Das sind unter anderem die Argumente gegen einen weitern Ausbau der AHV und gegen eine großangelegte staatliche Entwicklungshilfe.

Wir haben uns daran gewöhnt, unsere Umwelt mit Emotionen zu bewältigen, Erbarmen an Stelle von Hilfe, Ärger an Stelle von Aktion. Denen, die daran interessiert sind, daß sich nie etwas ändert, dienen wir damit, und wir werden nach und nach zu privaten Emotionsbündeln, zu unvernünftigen Idioten.

Idiot bedeutet im Griechischen Privatmann, ein Idiot war ein Mann, der sich nicht um die Polis, die Gesellschaft kümmerte. So können an und für sich lobenswerte menschliche Rührungen eine vernünftige Gesellschaft verhindern.

»Geistige Landesverteidigung«

Abschied von 1939

Der ehemalige Generalstabschef Annasohn äußerte 1958 in einem Interview mit der Radio-Zeitung: »Ich glaube, daß der Zweck der geistigen Landesverteidigung darin besteht, schon im Frieden die seelische Vorbereitung des Volkes und der Armee auf den allfälligen totalen Krieg zu treffen.« So einfach sieht es der *spiritus rector* des »Forum Helveticum«, Nationalrat Peter Dürrenmatt, bestimmt nicht. Auch hatte er bereits bei der ersten Kontaktnahme mit Dachverbänden auf die Unzulänglichkeit des Begriffes »geistige Landesverteidigung« aufmerksam gemacht. Inzwischen sind viele Ersatzvorschläge gemacht worden: »Standortbestimmung«, »Die Schweiz heute« usw. Sie vermochten die »geistige Landesverteidigung« nicht zu verdrängen.

Am 2. April 1964, bei der ersten Konferenz des vorbereitenden Ausschusses mit Vertretern von Dachorganisationen, sagte Nationalrat Dürrenmatt: »Hauptvoraussetzung (für unsere Aufgabe) ist die Überzeugung, der geistige Existenzkampf der Schweiz sei abermals so aktuell wie 1914 und 1939, und die Zeitläufte zwängen uns dazu, das schweizerische Selbstbewußtsein zu stärken, die zukunftswilligen Kräfte zu fördern, die Freude am Wagnis der Konfrontation zu mehren.«

Lassen wir es, das Vokabular des Redners zu überprüfen. Bei der Aussprache an dieser ersten Konferenz wurde es bereits von einzelnen Votanten getan; und Peter Dürrenmatt bat dann, die Sache nicht an einzelnen Formulierungen aufzuhängen, sondern das Ganze im Zusammenhang zu sehen.

Aber die beiden Daten (1914, 1939) werden hier mit einer fast sehnsüchtigen Wehmut ausgesprochen, und das Ganze erinnert mich an Aussprüche von Zahnärzten: »Wie hatten doch die Kinder während des Krieges so gute Zähne«, oder an mein Erlebnis des Krieges (ich bin 1935 geboren): Wir trugen unsere Klassenmatches auf der Hauptstraße Olten – Aarau aus; das störte zwar ab und zu die Velofahrer, im übrigen war es ungefährlich. An die Drohung des Polizisten, der uns verwarnte, erinnere ich mich noch genau: »Wartet nur, Buben, bis Frieden ist!«

Nun, inzwischen sieht es so aus, daß es uns entschieden leichter fiel, uns an den Frieden zu gewöhnen, als den Erwachsenen.

1945 hörte für Europa endlich der Krieg auf; für die Schweiz die Landesausstellung von 1939.

Das ist ein böser Satz; ich nehme ihn zurück; nur jemand, der die Bedrohung jener Zeit nicht realisieren konnte, kann einen solchen Satz aussprechen. Es stimmt, ich habe als Vier- bis Zehnjähriger nicht realisieren können, was damals geschah. Ich habe gejubelt, als die Milch rationiert wurde, weil ich Milch nicht gern hatte, und ich sah die Bitterkeit erst ein, als die Mutter sagte, für Birchermüesli brauche man auch Milch.

»Altes Brot ist nicht hart ...«

Ich konnte die Bedrohung nicht erkennen. Immerhin habe ich meine ersten vier Schuljahre im Zeichen der geistigen Landesverteidigung verbracht. Mein Lehrer und meine Eltern schulten mich so. Sätze wie »Durchhalten«, wie »Altes Brot ist nicht hart, aber kein Brot, das ist hart«, wie »Wer nicht schweigen kann, schadet der Heimat«, waren mir selbstverständlich. Ich erinnere mich an die Stimme Hitlers, ich erinnere mich an die Melodie von Lili Marleen, und die Stimme von J.R. Salis war mir bekannt. Ich durfte General Guisan die Hand drücken, und ich machte meinen Eltern dauernd Vorwürfe, weil ihr Schlafzimmer nicht dem Heimatstil entsprach.

Ich habe nach dem Krieg, als ich im Bernbiet in den Ferien

war, gesehen, wie ein Kolonialwarenhändler eine ganze Kiste eines Produktes, dessen Hersteller auf der Liste der Zweihundert war, in die Ilfis warf, und wir Kinder haben gejubelt; inzwischen wird der Händler das Produkt wieder ohne Gewissensbisse verkaufen. Ich habe es wirklich erlebt, wir waren damals ein einig Volk, ein rechtschaffenes und stolzes. Wir hatten einen Grund, einen eigenen Blut- und Bodenglauben zu leben, um uns vor der fremden Blut- und Bodentheorie zu schützen.

Als die Bedrohung beseitigt war, begann unsere Abwehr allerdings mehr und mehr der fremden Theorie zu gleichen. So heißt es denn in den Thesen des Landesverteidigungsrates vom 4. Juli 1962, die der »Vorbereitende Ausschuß für Fragen der geistigen Landesverteidigung« 1964 den Vertretern der Dachorganisationen vorlegte: »Stellung bezogen werden muß gegen den Einfluß einer gewissen Literatur und eines gewissen Intellektualismus, die in Skeptizismus, Nihilismus und Defätismus hineinführen.«

Ich erwähne den Satz hier nicht, um noch einmal die Urheber in Mißkredit zu bringen, sondern um die erfreuliche Tatsache erwähnen zu können, daß in der Umfrage vom 11. Mai 1964 erstaunlich vielen Organisationen dieser Satz auffiel, und daß er von ihnen kritisiert wurde, nämlich vom Schweizerischen Aufklärungsdienst (der sich inzwischen vom »Forum« distanziert hat), vom Lehrerinnen-Verein, von der Vereinigung Schweizer Hochschuldozenten, vom Bund Schweizer Frauenvereine, vom Evangelischen Frauenbund, Katholischen Frauenbund, Israelitischen Gemeindebund, von der Sozialdemokratischen Partei, Freisinnigen Partei, Katholisch-christlichsozialen Partei, vom Landesring, von der Evangelischen Volkspartei.

Ich erwähne diese Organisationen, um den Verdacht zu

entkräften, die Kritik sei von irgendwo links und von »Gewissen« gekommen, und um aufzuzeigen, daß immerhin mehr Leute immer noch wachsam sind gegen faschistische Tendenzen, als man sich oft vorstellt. Daß diese den Geist vor den geistigen Landesverteidigern verteidigen müssen, läßt mich allerdings erschrecken.

Spätestens am 11. Mai 1964 hätte der Vorbereitende Ausschuß des Landesverteidigungsrates sein Projekt als gescheitert betrachten können, die Antworten der meisten Angefragten waren so unbegeistert und abwartend wie heute.

Nur die Schweizerische Offiziersgesellschaft beschränkte sich auf einen restlos zustimmenden Satz: »Die Gesellschaft erklärt, daß die Thesen ihrer eigenen Betrachtungsweise entsprechen.«

Im Dezember 1966 präsisierte dann auch die Offiziersgesellschaft ihre Betrachtungsweise von der geistigen Landesverteidigung. Das fiel so suspekt aus, daß sich der Bundesrat auf Anfragen hin von der Offiziersgesellschaft distanzieren mußte und sie als absolut private Einrichtung bezeichnete. Immerhin ist darauf hinzuweisen, daß die Forderungen der Schweizerischen Offiziersgesellschaft weitgehend auf den Thesen des Landesverteidigungsrates basieren und daß diese Kommission vom Bundesrat eingesetzt wurde.

Der Tonfall jener Thesen war unglücklich. Das wissen wohl inzwischen auch die Leute des »Forums«. Weil sie aber doch so etwas wie eine Geburts- oder eher Zeugungsurkunde sind, werden sie wohl für immer am »Forum« hängenbleiben.

Gefährdete Schweiz

Wenn dies die Ausdrucksweise von Schweizern ist, dann ist unser Land allerdings gefährdet; ich zitiere aus den Thesen des Landesverteidigungsrates:

»Diese Kader bedürfen der Tuchfühlung und der Unterstützung. Es ist ihnen heute oft nicht mehr möglich, genügend im klaren zu sein über die Gefahren, die unser Land bedrohen, oder über die Wirksamkeit jener Einflüsse, die unsere moralische Widerstandskraft gefährden. Sei es, daß sie zusammenhangslos auf sich allein gestellt und ohne ausreichende Unterstützung handeln, sei es, daß sie sogar selbst vom Zweifel oder von gewissen, unseren Grundwerten feindlich gesinnten Einflüssen bereits erfaßt sind, sei es endlich, daß jene, die sich für die geistige Landesverteidigung einsetzen, über einen allzu begrenzten Einfluß verfügen.«

Dem Fremdarbeiterproblem zum Beispiel wird in den Thesen ein Satz gewidmet, er heißt:

»... bei den ausländischen Arbeitskräften das Verständnis für die Grundlagen und Einrichtungen des öffentlichen und privaten Lebens der Schweiz zu wecken und zu fördern.«

Die Schuld an den Schwierigkeiten liegt also offensichtlich bei den Fremdarbeitern, und daß ein Verständnis für ihre Probleme bei den Schweizern geweckt werden müßte, ist den Verfassern bestimmt unverständlich.

Die Demokratie heißt in den Thesen »wahre Demokratie«, sehr wahrscheinlich damit man von vornherein demokratische Vorgänge, die nicht in den Kram passen, als unwahr bezeichnen kann.

Das war 1962; im November desselben Jahres faßte der Bundesrat den Beschluß, eine Landeskonferenz für geistige Landesverteidigung zu gründen und ernannte den erwähnten Vorbereitenden Ausschuß.

Am 30. Januar 1968 wurde dann mit Vertretern von 44 Organisationen das »Forum Helveticum« gegründet. Über seine Aufgaben sagen die Statuten:

»1. Die Schweizerische Landeskonferenz für geistige Landesverteidigung verfolgt laufend die geistige Entwicklung der Schweiz in einer sich wandelnden Welt.
2. Sie fördert und koordiniert die Bestrebungen, die sich um die Klärung des schweizerischen Standpunktes in der Gegenwart sowie um die Stärkung des schweizerischen Selbstbewußtseins bemühen.
3. Sie begünstigt die Information und die abklärende Diskussion zu kritischen Fragen, insbesondere zu jenen, die ohne offene Aussprache Gefahr laufen, sich zu allgemeinem Unbehagen auszuwachsen.«

Die Zielsetzung des »Forums« hat damit wenigstens eine saubere Formulierung gefunden, und es wäre gegen sie eigentlich nichts einzuwenden, wenn man nicht Anlaß hätte, zu befürchten, daß bei der Interpretation der Statuten wieder auf die alten Thesen zurückgegriffen werden könnte.

Aber viel mehr als lange Reden, Leitsätze und Lehrsätze ist vom »Forum Helveticum« kaum zu erwarten. Es ist ganz eindeutig nur in Erinnerung daran entstanden, daß die geistige Landesverteidigung und mit ihr eine nationalistische Politik bessere Zeiten hatten.

Präsenz durch Leistungen

Die Leute des »Forums« machen immer wieder darauf aufmerksam, daß die Abwehr von kommunistischen Ideen nicht die einzige Aufgabe sein könne. Sie sprechen aber doch dauernd von den Problemen des Osthandels, der Ostkontakte usw., und die Beteuerung, daß es nicht nur um Antikommunismus gehen könne, läßt vor allem darauf schließen, daß der Antikommunismus von den Werbern so sehr ausgenützt wurde, daß er viel von seiner Werbewirksamkeit eingebüßt hat.

In einem Punkt hat das »Forum Helveticum« völlig recht: mit zwanzigtausend Franken wird man keine geistige Landesverteidigung betreiben können, aber auch nicht mit vierzig- oder sechzigtausend. Dazu sind Millionen und Milliarden nötig, denn ein Land wird heute nur durch seine Leistungen eine Präsenz in der Welt haben können, durch seine Schulen, seine Sozialpolitik nach innen und außen, seine Wirtschaft, vielleicht durch seine Kultur.

Fremdarbeiter zum Beispiel (denn Gastarbeiter sind sie leider nicht) werden unser Land verstehen können, wenn wir bereit sind, sie in unser Land zu integrieren, sie als Partner aufzunehmen.

Mit Sätzen jedenfalls ist kaum mehr etwas zu erreichen, und eine Sonderstellung unseres Landes innerhalb der Welt kann nicht mit Sätzen, sondern nur mit Sonderleistungen erklärt und begründet werden.

1964, als der Vorbereitende Ausschuß zum ersten Mal an die Öffentlichkeit trat, fand auch die Landesausstellung EXPO in Lausanne statt. Sie ist bei Leuten, die überzeugt sind, daß Landesausstellungen an und für sich der Vergangenheit angehören, auf heftigen Widerstand gestoßen.

Immerhin unterschied sie sich in vielem deutlich von der Landi 1939, und in einigem war sie genau daßelbe. Der Vorbereitende Ausschuß scheint dieses »einige« mit Begeisterung zur Kenntnis genommen zu haben.

Es ist traurig, daß man heute vor Leuten warnen muß, die während des Kriegs als Warner unserem Land Dienste geleistet haben. Sie sehen heute ihr damaliges Werk gefährdet, und man kann ihnen das nicht übelnehmen. Sie sind geprägt von einem großen nationalen Erlebnis, vom geistigen Widerstand während des Weltkrieges.

Was für sie noch Gegenwart ist, ist für uns Jüngere schon Geschichte, und wenn sie oder wir Gegenwart sagen, meinen wir etwas anderes.

Deshalb kann es verständlich sein, daß sie daran zweifeln, daß wir Schweizer sind.

Im zweiten Punkt der Statuten wird denn auch mit den Begriffen »Standpunkt« und »Selbstbewußtsein« angetönt, daß es darum geht, festzustellen, was die echte Schweiz und was ein echter Schweizer ist.

Es interessiert uns ganz einfach nicht.

Die Schweiz und der Schweizer sind in der Bundesverfassung definiert. Was nach der Verfassung legal ist, ist schweizerisch; das paßt auch mir nicht immer, aber ich muß mich damit abfinden.

Diese Verfassung ist revisionsbedürftig. Nationalrat Peter Dürrenmatt hat 1966 einen entsprechenden Vorstoß im Parlament unternommen.

Es ist zu hoffen, daß die neue Verfassung weniger verbal wird als die Äußerungen des »Forum Helveticum«, daß sie nicht patriotisch pathetisch, sondern ganz einfach brauchbar wird.

3

Texte und Kolumnen im Sonntags-Journal/Zürcher
Woche 1966-1970

Äpfel sind nämlich meistens grün oder gelb

Ich habe den Eindruck, Tell kam eher von links und Gessler – später – eher von rechts. In der Mitte stand eine Stange, auf der Stange war ein Hut, den sollte man grüßen, das ist bekannt.

Ich habe den Eindruck, daß Gessler einen ganz bestimmten Platz für seine Stange wählte, einen Platz nämlich, der ohne große Schwierigkeiten zu umgehen war, d.h. daß jeder Punkt in Altdorf von jedem Punkt aus erreichbar war, ohne daß die Überquerung jenes Platzes dringend notwendig gewesen wäre.

Trotzdem Gessler den Urnern eine Möglichkeit nahm, die Möglichkeit nämlich, über den Platz zu gehen, gab er ihnen auch eine Chance: die Chance, auf die Möglichkeit über den Platz zu gehen, freiwillig zu verzichten. Das taten sie denn auch, und die Schweiz war neutral.

Nun war einer, der hieß Tell, und wäre er witzig gewesen, hätte er nicht so geheißen. Der kam nun – eher von der linken Seite – über den Platz, und hier muß ich den Lauf der Handlung unterbrechen.

Das mit dem Hut, das weiß man, war eine Falle. Eine bewußt schlecht angelegte: man sah sie von weitem, und sie war zu umgehen.

Gessler muß also gewußt haben, daß einer sie nicht umgehen wird, und ich habe den Eindruck, daß er auch wußte, wer dieser eine sein werde, nämlich Tell, weil er nicht witzig usw.

Er muß also zum voraus etwas gegen Tell gehabt haben. Das ist nachträglich schwer zu begreifen, weil uns Tell inzwischen sympathisch geworden ist; aber es besteht die Möglichkeit, daß er für damalige Verhältnisse sein Haar zu lang trug oder zu kurz, seinen Bart zu kraus oder seine Kapuze zu keck; vielleicht gehörte er doch irgend etwas an, dem man nicht angehören sollte.

Nun gibt es immer Dinge, gegen die der Staat etwas hat und gegen die ihm keine Gesetze helfen, und immer wieder macht er das dann so, daß er an einem Weg, wo nur dieser eine mit dem Ding (das der Staat nicht mag) vorbeigehen muß oder will usw.

Tell also, in der Rechten, der wehrhaften, seine Waffe; an der Linken, der vom Herzen, seinen Walter – grußlos, Arretierung und Gessler (der war ja überraschend schnell zur Stelle) und Apfelschuß und Frage und Pfeil und neuerliche Arretierung und See und Sturm usw.

Man erzählt sich, daß auch das Volk schnell zur Stelle war, sozusagen gleichzeitig mit Gessler, ich mag mir nicht ausmalen, von welcher Seite es kam, aber man kennt das ja – und es hat gemunkelt, andere erzählen, gemurrt. Und einer – ich glaube, es war der Schwiegervater, wußte nichts Besseres, als auszurufen, daß man sich auch nach einigen Jahren dieses Schusses erinnern werde; ich glaube, er rief: »Das war ein Schuß« usw.

Übrigens ist mir auf dem gestrigen Markt aufgefallen, daß die meisten Äpfel gelb oder grün sind, daß ich mir den Walterschen Apfel aber rot vorstelle. Doch hat das mit der Sache nichts zu tun, weil man sich Äpfel eigentlich immer rot vorstellt.

Daß das spätere Zentrum einer Schützenscheibe schwarz wurde und nicht rot, ist Beweis genug, daß es noch andere schießende Völker gibt, daß also obige Scheibe keine schweizerische Erfindung sein kann. Im übrigen wäre ja rot falsch, weil die meisten Äpfel grün oder gelb sind, ganz rund sind die auch nicht.

Doch je mehr ich mir all das überlege, desto mehr komme ich zur Überzeugung, daß es den Tell gegeben haben muß, daß doch irgendeiner, irgend einmal, auch bei uns usw.

Während ich das schreibe, chlöpft es ständig. Hier findet das solothurnische kantonale Schützenfest statt.

Als Kind sah ich einmal so etwas wie einen Kronleuchter aus Tell; das muß in der Innerschweiz gewesen sein, denn in Luzern bin ich geboren. Den Kronleuchter möchte ich besitzen. Er hat mir gefallen, und ich würde ihn nicht für lustig aufmachen, sondern für richtig.

Ist es übrigens noch allgemein bekannt, daß der Schöpfer des Telldenkmals in Altdorf ein Solothurner aus Wolfwil war, und Kissling hieß?

Notizen zum Tage

Der Belgier Henri Michaux, 1899 in Namur geboren, gehört bestimmt zu den bedeutendsten französischen Autoren. In deutscher Übersetzung sind bis jetzt nur kleinere Sachen und Auswahlen bei Bechtle und im Limes Verlag erschienen. Als Suhrkamp Tausenddruck erschien vor Jahren einer von Michaux' Mescalinberichten, ein klinisch sachlicher Bericht über Eigenexperimente, nicht mehr als ein Protokoll, stur und exakt geschrieben, ambitionslos und scheinbar ohne Anspruch. In den Walterdrucken erschien 1965 »Wind und Staub«, eine Art Erzählungen, eine mögliche und einleuchtende Art von Erzählungen.

Nun hat der Fischer Verlag den ersten Band einer auf drei umfangreiche Bände angelegten Auswahl aus Michaux' Werk herausgebracht. Der Herausgeber ist Paul Celan, der deutsche Lyriker, der in Paris lebt. Zu ihm kann man Vertrauen haben;

Vertrauen zu seiner Auswahl, Vertrauen zu seiner Übersetzungsarbeit, in die er sich mit Kurt Leonhard geteilt hat.

Ich habe einmal, ohne mir dabei viel zu denken, behauptet, daß Michaux in der deutschen Übersetzung seinem Wesen näher komme als im Original; etwa so, als schiene der Originaltext eine gute Übersetzung aus dem Deutschen zu sein.

Das ist bestimmt nicht haltbar und ich beharre nicht darauf, ich verstehe zu wenig davon. Doch ist es reizvoll, die Behauptung an dieser zweisprachigen Ausgabe zu überprüfen. Jedenfalls ist die alte Sache von der Unübersetzbarkeit im Falle Michaux nicht ins Feld zu führen.

Bestimmt ist hier die Übersetzung nicht nur Notbehelf für Leute, die zu wenig Französisch verstehen. Zwischen dem Original und der Übersetzung entstehen Wechselwirkungen, das Werk gewinnt durch die Übersetzung an Aspekten. Übersetzung und Original sind in diesem Falle mehr als das Original allein. Die Ausgabe ist auch einem perfekten Kenner des Französischen und gerade ihm zu empfehlen.

Zurück zu Michaux. Er ist ein Mann, der schreibt. Nicht ein Dichter, der Ansichten und Erlebnisse in Sprache kleidet, sondern ein Mann, der schreibend lebt. Er schreibt Protokolle; Protokolle über Empfindungen, Gedankengänge, über Gesehenes, über Gehörtes. Und seine Texte riechen nach Werkstatt, sie sind gezimmert, gehobelt und geleimt.

Hier erfährt man vor allem etwas über das Schreiben.

Daß die Texte des 28jährigen sich von denen des 43jährigen (der erste Band enthält Arbeiten aus den Jahren 1927-42) stilistisch wenig unterscheiden, überrascht vielleicht den, der gewohnt ist, literarhistorisch einzuordnen. Ihn mag es vielleicht interessieren, was Michaux z.B. den Leuten des Nouveau Roman vorweggenommen hat. Anderen ist diese Erscheinung vielleicht Zeichen für die Besessenheit Michaux',

Zeichen dafür, daß es ihm mehr ums Schreiben als um Literatur geht.

Was bei ihm letztlich auf dem Blatt steht, das gilt, das ist Realität geworden. Daraus erklärt sich auch, daß selbst seine Ausflüge in einen scheinbaren Surrealismus realistisch, einfach und gewöhnlich wirken. Eigentlich gibt es bei ihm nichts anderes als Notizen zum Tage; Notizen über sich selbst.

Nebenbei sei bemerkt, daß Michaux auch ein faszinierender Zeichner ist; ein Kritzler, manisch davon besessen, weißes Papier mit Federstrichen zu bedecken.

Ich kenne keine Photos von Michaux: ich weiß nicht, wie er aussieht. Ich stelle ihn mir so vor: Ein Mann mit einer Feder und einem Blatt Papier.

Endlich ein Gammler verurteilt

Von Jossif Brodskij weiß man in unserer Gegend vielleicht, daß er 1963 in einem Schauprozeß verurteilt wurde. Protokolle über die Verhandlungen gelangten damals in den Westen und wurden auch veröffentlicht. Wer in Moskau verurteilt wird, gilt in unserer Gegend als sympathisch. Verurteilt wurde aber nicht eigentlich der Dichter, sondern der Gammler und »Arbeitsscheue«. Übrigens träumt eine recht große Zahl von Leuten bei uns davon, Gammler zu Zwangsarbeit verurteilen zu dürfen (Erhard, Madariaga).

Was dieser Brodskij schreibt, interessierte vorerst nicht. Man hatte zwar nach den Protokollen eine gewisse Vorstellung und (wie jetzt kontrollierbar ist) eine eindeutig falsche.

Brodskij ist 1940 geboren, die vorliegenden Gedichte schrieb er zwischen 1959 und 1963, ein – wie das heißt – junger Lyriker also. Er wurde in dem Prozeß nach Archangelsk verbannt, bald darauf aber wurde er wieder freigelassen und das Urteil aufgehoben. Einflußreiche und namhafte Künstler (Anna Achmatowa, Dimitri Schostakowitsch) hatten sich für ihn eingesetzt. Der größte Teil der westlichen Zeitungen betrachtete aber die Rehabilitation Brodskijs für ihre Leser von weit weniger großem Interesse als die Verurteilung und ließen es denn auch sein, darüber zu informieren.

Was dieser Brodskij schreibt, interessierte überhaupt niemand. Wir wissen sehr wenig von sowjetischer Kunst, von junger sowjetischer Kunst sozusagen nichts.

Wir wissen zum Beispiel wenig davon, daß es an bildender Kunst kaum etwas anderes gibt als scheußlichsten Naturalismus, peinlichen monumentalen faschistischen Kitsch. Unsere lieben Antikommunisten versprechen sich davon wohl keinen propagandistischen Wert; sehr wahrscheinlich, weil ihnen diese Kunst gefällt oder weil sie befürchten, sie gefalle unsern Lehrern landauf landab.

Wir wissen wenig von junger russischer Literatur, können uns nicht vorstellen, daß sie sich zum Beispiel an Hemingway, an Böll, ja sogar an Salinger geschult hat.

Anderseits ist man dann immer wieder überrascht, wie die Russen (im Unterschied etwa zu den Polen und Tschechen) hartnäckig traditionalistisch sind; überrascht, wie sie in den Kurzgeschichten, thematisch, vielleicht auch stilistisch (ich wage auf Grund der Übersetzung keine Behauptung) noch auffallend nahe an Tschechow sind.

Der bekannteste junge russische Poet dürfte bei uns Jewtuschenko sein. Bei ihm fällt in Haltung und Stil, in seinem politischen Engagement eindeutig die Beziehung zum Meister der modernen russischen Poesie, zu Majakowski auf; direkt und prägnant in der Formulierung, durchsetzt mit Lehrsätzen, mit Aufrufen, geschrieben um etwas zu bewegen.

Auf den ersten Blick ist Brodskij der konventionellere. Oft werden seine Gedichte zu fast klassischen Höhenflügen, und er scheint mir auch der weniger geschickte zu sein, der komplexere. Ein Gedicht ist bei ihm nicht auf Gelingen angelegt. Er läßt die Dinge in Ruhe, beschäftigt sich viel mehr mit sich selbst als mit andern; vor allem auch in den Gedichten, in denen er sich an einzelne Freunde wendet; und er beschäftigt sich in seinen Gedichten immer wieder mit dem Geschäft des Gedichteschreibens (Definition der Poesie, die Verben). Er erzählt in Gedichten, oft lange, oft eigentlich uninteressante Geschichten. Wären nicht da und dort naive Bildungsfetzen oder etwas dilettantisch moderne Welt eingefügt, würde man sich Brodskij sehr bald als älteren, abgeklärten Autor vorstellen. Der junge und arrivierte Schriftsteller Aksjonow strahlte über das ganze Gesicht, als man ihn kürzlich im Westen nach Brodskij fragte, und sagte: »Er ist mein bester Freund«, dann kniff er plötzlich die Augen zu, versuchte etwas zu formulieren und beschränkte sich darauf, zu sagen: »– aber er ist ein sehr schwieriger Mensch.« Man kann also auch in Rußland unpolitisch und schwierig zugleich sein. Man kann also auch da der Gesellschaft mit Gedichten über den Juli, über den Garten, über einen Gärtner Sorgen bereiten.

Und die Gesellschaft reagiert sogar darauf.

Jenseits von Steinbeck

Der Nobelpreisträger John Steinbeck ist in Vietnam. In den Zeitungen erschien ein Photo, auf dem man ihn im Heldenkostüm in einem Helikopter sieht. Nun sind auch seine ersten Berichte zu lesen, so in der »Tat« vom 16. Februar unter dem Titel »Dichtung und Wahrheit über Vietnam«. Er endet mit den Sätzen: »Sie sehen, warum ich mir ruhige und einsichtige Schriftsteller hierherwünsche. Manchmal, wenn ich im Lichte von dem, was ich hier mit eigenen Augen gesehen habe, Berichte in amerikanischen Zeitungen und Zeitschriften zusammen mit Reden von Wahlkandidaten lese, glaube ich, verrückt zu werden. Hier wird Geschichte geschrieben, aber bei der Übermittlung wird sie so umgeschrieben, daß sie unverständlich ist.«

Ruhige und einsichtige Schriftsteller wünscht sich John Steinbeck nach Vietnam und er gibt selbst das Beispiel dafür, was er unter ruhig und einsichtig versteht. Er gibt einen stillen, einfachen Bericht von dem, was er in Vietnam gehört hat, was ihm hohe Offiziere erzählten; denn derart Prominente leben im Felde unter Offizieren. Er nennt ruhig und einsichtig die Zahlen: 50 000, 20 000. Die Zahlen stehen für Menschen, wobei »Menschen« hier eine Sorte ist wie Kilogramm, Liter oder Meter. Seine Ruhe überzeugt. Dem alten Mann gelingt es, die Ruhe zu bewahren, es beruhigt ihn, an einem Ort zu sein, wo – wie er sagt – Geschichte geschrieben wird.

An seinem Bericht ist wenig zu bemängeln. Ich nehme an, die Zahlen stimmen. Um den Vietcong steht es schlecht: 50 000 Gefallene, 20 000 Überläufer im letzten Jahr, Hunger, Krankheiten, schlechter Nachschub. »Sie können sich zwar noch von ein bißchen Fisch und Reis ernähren«, und »schließlich sind diese Leute höchst anfällig gegen Tuberkulose.«

Das ist ein Argument gegen den Vietcong, daß er anfällig ist gegen Tuberkulose. Das setzt ihn eindeutig ins Unrecht.

Aber ich mißdeute Steinbeck, er meint es bestimmt nicht so, denn er schreibt nicht über Vietnam, sondern über einen Krieg, der ihm Eindruck macht, der ihm gefällt. Dieser Krieg könnte irgendwo stattfinden.

John Steinbeck ist Kriegsberichterstatter. Er wird schlußendlich recht behalten, so oder so. Für Steinbeck ist Vietnam eine militärische Angelegenheit. Er verzichtet auf Schlagworte wie Freiheit, Westen, Osten. Er schreibt davon, daß »unsere« Truppen am Siegen sind und daß die Presse die Stärke des Vietcongs überschätzt.

»Ruhige und einsichtige Schriftsteller, scharfe Beobachter, die diesen Ereignissen ohne durch Vorurteile geblendet zu sein mit noch nicht festgelegten Meinungen begegnen können«, wünscht Steinbeck nach Vietnam.

Meint er damit Schriftsteller, die ein Herz für Krieg haben, die sich nicht blenden lassen durch die Voraussetzungen dieses Krieges, Schriftsteller, die vorurteilslos schreiben, was sie hören?

Weshalb ist Steinbeck in Vietnam? Kein Satz seines Artikels hätte nicht auch in Amerika oder Europa geschrieben werden können.

Steinbeck ist alt und müde. Er lebt gegenwärtig ruhig und einsichtig in einem warmen Land des Fernen Ostens. In dieser Gegend trifft er viele Landsleute und kann sich mit ihnen unterhalten; denn zufälligerweise findet eben in diesen Tagen in jener Gegend eine Veranstaltung statt, an der viele Landsleute beteiligt sind. Abends, wenn sie von der Veranstaltung kommen, wissen sie von Erfolgen zu erzählen.

Die Gegend heißt Vietnam.

Die Veranstaltung heißt Krieg.

Der große Untalentierte

Ich war einmal in Den Haag und es gefiel mir da, und ich machte von dort einen Ausflug nach Delft und fand es schrecklich.

Ludwig Hohl ist umgekehrter Meinung. Er findet Delft schön und hat etwas gegen Den Haag.

Es wäre nun einfach, zu sagen, ich mag Ludwig Hohl nicht, weil er anderer Meinung ist, denn wer bei Hohl Meinungen sucht, wird nie etwas begreifen.

Ludwig Hohls Sätze sind nicht Meinungen, es sind Feststellungen. Sie sind nur begreifbar, wenn man sie anerkennt als die eigene oder die andere Front.

Der Streit darum, ob Den Haag oder Delft besser ist, mag lächerlich erscheinen, er ist es nicht. Gut, es ist nur ein Übungsstreit, ein geistiges Manöver sozusagen, aber Hohl hat ein Anrecht darauf, daß ich seinem guten Satz über Delft einen guten Satz über Den Haag entgegensetze.

Das kann ich nicht, weil Den Haag und Delft bei Hohl nichts anderes ist als Sprache (sie werden auch nicht beim Namen genannt, ich vermute sie nur), nichts anderes als die Unterscheidung zwischen Gut und Böse, eine Folge des Apfels vom Baum der Erkenntnis.

Denn Hohl ist ein Moralist, und er beschämt mich. Sprache ist bei ihm nicht ein Mittel der Versöhnung. Er gehört nicht zu jenen, die sich irgend etwas vom Leibe schreiben, er belastet sich selbst mit seinen Sätzen; denn Ludwig Hohl ist nicht ein Talent; er ist der Untalentierteste unter den Großen.

Er schreibt, weil er es nicht kann, und nichts ist den Lesern so unangenehm wie der Untalentierte. Sie hören nicht gern von sich selbst und möchten vom Schriftsteller nichts anderes als den Beweis, daß es Göttliche gibt, daß es sich auf der Welt erfolgreich leben läßt.

Sie wollen vom Autor die Demonstration des Bewältigens und Versöhnens.

Ludwig Hohl ist erfolglos, nicht nur – was eine Nebensache ist – vor den Lesern, sondern vor sich selbst. Daß die Gesellschaft Hohl ablehnt, ist verständlich. Denn sie drängt zum Erfolg, der Erfolglose ist ihr ein bitteres Ärgernis.

Und mag es noch so viele Autoren geben, die düster waren und doch zum mindesten nach ihrem Tod Erfolg hatten, Ludwig Hohl unterscheidet sich von ihnen. Ihm wird auch nach dem Tod nicht passieren, was Kafka oder Joyce oder Musil passiert ist. Wer ihm eine Renaissance prophezeit, verharmlost ihn. Seine Sätze gefallen mir heute nicht besser als vor zehn Jahren, und sie werden mir – das weiß ich – in zehn Jahren noch mehr Mühe machen.

Es wird ihm erspart bleiben, daß gebildete Damen von Situationen sagen: »Das ist wie Hohl«, in der Art, wie man sagt: »Das ist wie Kafka.«

Und es wird ihm erspart bleiben, daß man sein Werk »kennt«, ohne es gelesen zu haben.

An ihm gemessen ist Kafka Unterhaltungsliteratur, das heißt, Kafka versteht es, für kurze Zeit dem Leser ein gewisses Hochgefühl zu vermitteln, denn es tröstet, daß Kafka das Leben so sieht wie wir und daß er Bögen sieht und Zusammenhänge.

Was bei Kafka zu einem Riesengemälde der verwalteten Welt wird, bleibt bei Hohl ein Streit zwischen Den Haag und Delft, ein absolut undämonischer Streit, ein kleinlicher, sturer und deshalb menschlicher.

Und was bei Kafka zu einer molekülähnlichen, kristallähnlichen Konstruktion wird, wird bei Hohl zur Verstrickung.

Das Detail bringt ihn um.

Der Moralist Hohl zeigt sich immer wieder in seiner zwangshaften Auseinandersetzung mit dem Detail. Ihm gelingt kein Weltbild, sein Weltbild mißlingt so, wie ein Leben mißlingt, wie jedes Leben mißlingt.

Die »Notizen« sind vor langer Zeit entstanden, zwei dicke Bände mit dem Titel »Von der unvoreiligen Versöhnung«, sie sind bis heute nicht selbstverständlich geworden, sie bleiben unversöhnt und mühsam, weil unvoreilige Versöhnung nicht Versöhnung mit dem äußern Umstand, sondern Versöhnung nach innen meint.

Die »Notizen« sind eine Auseinandersetzung mit sich selbst. Sie tragen das Prinzip, das Widerstände auslöst, in sich – deshalb wird die Zeit an ihnen nichts ändern, und deshalb ist bei ihnen kein Trost für die Zeit zu erwarten.

Sie werden deshalb das bleiben, was sie sind; sie werden in Jahrzehnten noch überraschen und ärgern, und sie brauchen wohl nie einen zeitgeschichtlichen Kommentar; nicht etwa weil sie unaktuell wären, sondern weil ihre Aktualität echt ist.

Ludwig Hohl ist in den letzten Jahren in die fatale Situation des Geheimtips geraten. Die Leute glauben, daß seine Größe in seiner Verkanntheit liege. Sie halten den Umstand, daß Hohl weniger Erfolg hatte als andere, für einen perfiden Zufall und den Zufall für einen Beweis seiner Größe, und das Vaterland hat sich wieder einmal zu schämen.

Allerdings, die Leute, die Hohl als Geheimtip verkaufen wollen, tun ihm einen schlechten Dienst. Meist bieten sie Anekdoten über Alkohol und Keller, über Boheme und Genie herum und machen aus einem Schweizer etwas Exotisches, aus einem mühsam Arbeitenden ein junges originelles Talent. Wenn ich irgendwo den Namen Hohl erwähne, kommt unweigerlich die Frage: »Ist das der, der im Keller lebt.« Ich habe mir angewöhnt, über die Frage erstaunt zu sein und zu sagen: »Davon weiß ich nichts, und ich müßte es doch wissen, da ich ihn kenne.«

Hohl ist nicht einer, der im Keller lebt, sondern einer, der schreibt. Hohl ist nicht einer, über den es viel zu sagen gibt, sondern einer, der etwas zu sagen hat. Hohl als Legende zu verkaufen ist gemein. Man drängt ihn damit unter jene Autoren des 19. Jahrhunderts, deren Biographie mehr Gewicht hat als ihr Werk. Man liefert damit der Gesellschaft ein Argument mehr, ihn nicht zu lesen, denn Hohl-Anekdoten reichen aus, das literarische Gespräch im Salon einen Abend lang zu füttern.

Geheimtip-Jäger machen aus der Literatur ein Wettgeschäft, sie sind daran interessiert, daß der Außenseiter ein Außenseiter bleibt, und daß sie zu den wenigen gehören, die den Tip kennen.

Ich verehre Hohl und mag seine Verehrer nicht. Ich beanspruche ihn für mich selbst. Ich käme mir als lächerlicher Zwerg vor, wenn ich ihn verteidigen und propagieren müßte.

Die Schweiz 1938

»Seit es eidgenössische Fahnen gibt, erscheint auf ihnen, in fast vermessenem Anspruch, das heiligste Symbol der Menschheit. In diesem Zeichen ist der Schweizer Bund geschlossen, beginnt der Wortlaut der Verfassung, tagen unsere Volksvertreter, und mit vertauschten Farben geht das Schweizerkreuz hinaus in die Welt, um den Leidenden Hilfe zu bringen. Unsere kleine Völkerfamilie, die ein solche Fülle verschiedener Naturbegebenheiten vereinigt, bekennt sich in ihrer Gesamtheit zu einer bindenden Idee, die nicht aus den Kräften des Bodens und des Blutes allein hervorgeht: es ist die Idee der Freiheit, die über die Triebmächte der Erde siegt – im Namen Gottes des Allmächtigen.«

Das sind die Schlußsätze des Vorwortes zu einem Photobuch, das ich kürzlich auf dem Monatsmarkt antiquarisch erstanden habe. Es ist 1938 erschienen und es interessiert mich, weil ich mich an die Aufnahmen dieses Buches erinnere. Mein Primarlehrer hat es offensichtlich besessen, und das Bild der Schweiz, das darin dargeboten wird, ist genau jenes Bild, das mir als Schüler übermittelt wurde. Gut, das Buch ist dreißig Jahre alt, ein sehr altes Buch also. Immerhin, ich bin auch dreißig und zähle zu der jungen Generation. Weil anzunehmen ist, daß nicht nur mein Lehrer dieses Bild der Schweiz vermittelte, ist das Buch doch von großer Wichtigkeit. Zudem ist mein damaliger Lehrer nur 15 Jahre älter als ich, und er wird sich bestimmt noch nicht zu den Alten zählen.

Nach diesem Buch sieht die Schweiz von 1938 etwa so aus:

Von 200 Bildern zeigen 186 Landschaften und Baudenkmäler, auf ganzen 11 Bildern sind Menschen zu sehen und 3 Bilder können bei großzügiger Interpretation unter den Begriff Technik eingeordnet werden.

Das wäre weiter nicht schlimm, wenn nicht das Vorwort eindeutig von einer politischen Schweiz, von einer industrialisierten Schweiz, von ihren Menschen sprechen würde.

In der Abteilung Mensch erscheinen folgende Themen:

Zweimal Bauern beim Pflügen, die Landsgemeinde in Glarus, eine Alpauffahrt, Frauen in Trachten, Uhrmacher (die mit Geräten arbeiten, die damals schon historisch waren), ein

Alphornbläser, Schwinger, ein Älpler beim Käsen (der aus einem Wachsfigurenkabinett stammen könnte) und zwei Aufnahmen von malerischen Prozessionen. Bilder schweizerischer Kultur nennt sie der Autor.

Von den Baudenkmälern ist ein einziges in diesem Jahrhundert entstanden (die Antoniuskirche in Basel).

Im ganzen Buch ist kein Auto zu sehen, keine Fabrik, keine belebte Stadt. Städte erscheinen nur als trauliche Winkel, außer auf den elf erwähnten Bildern gibt es auf keinem Bild Menschen, es sei denn, ganz zufällig und im Hintergrund.

Das ist es denn auch, was ich in der Schule von der Schweiz gehört habe: nämlich, daß sie schön sei, ein Geschenk Gottes.

Wenn ich das Vorwort zu diesem Photoband »Die Schweiz« lese, erkenne ich die Sätze wieder, die ich genau so gehört habe: »Da wo sich der Wall der Alpen am höchsten auftürmt und die Länder Europas trennt, liegt die Schweiz.«

»Von tausend Gipfeln und Gletschern rieselt und rauscht und stürzt es herab; es sammelt sich in den kleinen, klaren Bergseen...«

»Der Alpenwall ist nicht nur der Hort der Quellen, Zuflucht und Abwehr, er ist auch steile Brücke zwischen den Völkern und Kulturen. Die Alpen, Schutz und Schirm der Schweiz, bestimmen ihre Bewohner zu Beschützern der Alpenpässe.«

»Der höchste Ruhm der Schweiz ist nicht Menschenwerk. Er besteht in der unvergänglichen Schönheit der Natur, die ihr geschenkt wurde, in der trotzigen Majestät ihrer Berge und der lieblichen Fülle ihrer Täler.«

In letzter Zeit sind verschiedene Bücher über den Nationalsozialismus in der Schweiz erschienen. Ich lese sie mit Entsetzen, mit Angst.

Das Buch, von dem ich spreche, ist nicht nationalsozialistisch, aber es zeigt mir, daß der Boden für das Gedankengut der Frontisten bei uns vorhanden war. Ich staune darüber, daß sich eine derart unpolitische Schweiz aus dem Zweiten Weltkrieg heraushalten konnte. So gesehen müßte ich es als Zufall betrachten. Weniger zufällig wird sein, daß jene Generation, die diese Zeit bewußt erlebte, hartnäckig daran festhält, daß die Schweiz keine andere Aufgabe habe als schön zu sein. Sie ist wohl davon überzeugt, daß sie damit Erfolg hatte.

Ihnen wird es unverständlich bleiben, daß eine jüngere Generation den Begriff Schweiz nicht mit »Alpenwall« und »Hort der Quellen«, mit malerischer Landsgemeinde und primitiver Käseherstellung verbindet; unverständlich, daß eine jüngere Generation von Politik spricht, weil sie eine Schweiz möchte, die »Menschenwerk« ist.

Von Menschen geformte Dinge

Ich lebe in einer Welt von Dingen. Ich habe wohl mehr mit Dingen zu tun als mit Menschen, und in meinem Zimmer ist die Gesellschaft, in der ich lebe, durch Dinge repräsentiert. Auf dem kleinen Raum meines Arbeitstisches liegen Gegenstände, an deren Herstellung und Vermittlung wohl bereits einige tausend Menschen beteiligt waren.

Mein eigenes Körpergewicht ist ein sehr kleiner Teil des Gewichtes von all jenen Dingen, die ich zu meinem Leben nötig habe, die ich mit mir schleppe, die ganz zu mir gehören und mich ausmachen.

Die Angst vor einem Umzugstag bei einem Wohnungswechsel entsteht denn wohl auch aus der Einsicht, daß nicht das Körpergewicht allein das Gewicht eines Menschen ist.

Existenzangst kann seine Ursache auch in der bedrohlichen Größe unseres Ballastes haben.

Die Tendenz, ein größeres und stärkeres Auto zu kaufen als man nötig hat – die Tendenz zum Stationswagen zum Beispiel – hat ihre Ursache bestimmt in der Illusion, damit beweglicher zu werden, damit annähernd seinen Plunder und sich selbst bewegen zu können.

In diesem Sinn kann der Mensch schon längst nicht mehr zu Fuß gehen, tut er es trotzdem, bewegt er eigentlich nur einen Teil seiner selbst.

Es wäre interessant, einmal in diesem Sinne das Durchschnittsgewicht eines Menschen auszurechnen, dieses Durchschnittsgewicht eines Europäers mit dem eines Asiaten oder eines Afrikaners zu vergleichen, zu vergleichen auch mit der Abmachung der Fluggesellschaften, als Gewicht eines Menschen sein Körpergewicht plus 20 kg anzunehmen.

Vielleicht ist das eigenartige Bedürfnis des Menschen, Originale zu besitzen, nicht nur eine Sache des Wertes – es muß ja andere Gründe haben, denn ein Wert ist immer eine Folge von etwas –, sondern der Versuch, die unheimliche Präsenz von Tausenden von Herstellern in unserem Zimmer auf möglichst wenige zu reduzieren.

Wenn es auch vom Standpunkt eines Ökonomen selbstverständlich ist, ist doch die Tatsache überraschend, daß ein Gegenstand, den mehrere herstellen, billiger ist als einer, der von einem einzelnen hergestellt wird.

Der Drang nach einem Original hat jedenfalls damit zu tun, sich möglichst von der menschlichen Gesellschaft zu distanzieren, der Besitz eines Originals spiegelt mir vor, daß ich – weil ich als einziger es besitze – ein Individuum sei und von der Gesellschaft der andern unabhängig.

Originale sind also auch in diesem Sinne unsozial und wenn auch der Originalkäufer davon überzeugt ist, daß er damit Menschlicheres einkaufe, tut er im Grunde genommen das Gegenteil: er versucht, allgemein Menschliches damit auszuschließen, daß er einen Gegenstand haben will, der nur von einem und nur für einen gemacht ist. Er betrachtet sich und den Hersteller als Individuen und versucht, sich darüber hinwegzutäuschen, daß er viel mehr der Teil einer Gesellschaft ist als ein Einzelwesen.

Noch einen Schritt weiter gehen all diejenigen, die nach Antiquitäten rennen. Sie selbst sprechen zwar immer wieder von der besonderen Menschlichkeit dieser Dinge (eines alten Bügeleisens, eines Blasbalgs, eines verwitterten gotischen Engels), sie sprechen von echtem Handwerk echter Meister, aber sie meinen etwas ganz anderes:

Was sie im Grunde genommen um sich herum haben wollen, ist ein Stück Natur. Der rauchgeschwärzte Balken, das unbrauchbar gewordene Bügeleisen, der abgegriffene Blasbalg oder der verwitterte Engel erscheinen ihnen als Naturprodukte und das meinen sie auch, wenn sie sie als echt bezeichnen.

Wenn ich ein Beispiel aus der Literaturgeschichte erwähnen darf: Wenn einzelne Literaturhistoriker behaupten, daß die Werke der Antike oder der Klassik dadurch geheiligt seien, daß Jahrhunderte über sie hinweggegangen sind, dann meinen sie genau dasselbe. Sophokles und Goethe werden dadurch Naturereignisse, sie werden dadurch göttlich, und sie werden leider – was sie nicht verdient haben – unbrauchbar, aber verehrungswürdig, göttlich, aber unmenschlich.

Der Mensch scheint es nötig zu haben, daran zu glauben, daß die Natur vernünftig und gut sei. Deshalb sollen die Gegenstände, die er um sich haben will, ein Stück Natur sein, von Menschen scheinbar unbeeinflußt. Er hat zu den Gegenständen ein Verhältnis wie der Rohköstler zu biodynamischem Gemüse.

Die Idealvorstellung eines Gegenstandes tendiert bei ihnen auf die Möbel, Werkzeuge und Maschinen des Mr. Flintstone (Familie Feuerstein) in der Zeichentrickfilmserie des Fernsehens.

Die Leute glauben nach wie vor an die sogenannte unberührte Natur. Sie glauben, daß ein Naturereignis – sei es das Matterhorn, der Rheinfall oder die Gioconda – direkt auf uns einwirken könne. Sie verleugnen, daß erst menschliche Reflexionen aus diesen Ereignissen gemacht haben, was sie sind; daß die Sahara eben ein Karl-May-Erlebnis ist, daß das Matterhorn selbst Kitsch werden kann, weil man es kitschig dargestellt sah, bevor man den wirklichen Berg erlebte.

Es gibt keine unberührte Natur, selbst der Mond ist schon längst berührt, berührt und verändert nämlich durch den menschlichen Geist. Der Mond hat sich in den letzten zehn Jahren durch unser Denken verändert, er ist etwas anderes geworden.

Zurück zu den Dingen und zu Ihnen – den Designers, den Berührern. Sie geben einem Produkt die Formen, in denen es mir begegnet.

Ich weiß, es gibt oder gab auch unter Ihnen Leute, die wie der Antiquitätensammler davon überzeugt sind, daß sie in einem Gegenstand ein Stück Natur natürlich zu formen hätten, davon überzeugt sind, daß die Funktion einer Sache die äußere Form bis zur Farbgebung bestimme und daß Unterschiede in der Gestaltung nur auf menschlichen Fehlern und Unzulänglichkeiten beruhen könnten.

Das würde dann heißen – um auf den Anfang zurückzukommen –, daß sie versuchen, die Dinge zu entmenschlichen, aus Dingen Naturereignisse herzustellen.

Ich glaube, Sie haben eine andere Aufgabe, nämlich die des dauernden Berührens und damit des Veränderns; die neue Form hat nicht nur den Zweck, richtig und funktionell zu sein, sondern auch mir den Gegenstand neu vorzuführen, mir damit den Gegenstand bewußt zu machen, mein Bewußtsein zu verändern.

Es ist selbstverständlich, daß mir ein Gegenstand in einer möglichst seiner Funktion entsprechenden Form eher bewußt wird als in barocken Verschnörkelungen.

Dies vor allem auch, weil die Funktion, das Funktionieren einer Sache nicht nur praktisch ist, sondern auch Lust bereitet; so ist zwar ein elektrischer Büchsenöffner zur Vereinfachung eines Vorgangs, einer Arbeit gedacht, in Wahrheit kann er wesentlich mehr Zeit beanspruchen als ein manueller Büchsenöffner, eben weil sein Funktionieren Spaß macht, weil man mit ihm zu spielen beginnt und ihn öfters braucht als nötig wäre.

So wird mich ein guter Stuhl nicht nur sitzen lassen, sondern auch zum Sitzen einladen, ein Haus mich nicht nur wohnen lassen, sondern Spaß am Wohnen machen.

Noch haben zumeist die Gegenstände, die Sie formen, Snob-appeal – damit müssen Sie sich vielleicht abfinden und darüber dürfen Sie sich ärgern. Der Käufer von Miller-Möbeln wird diese noch nicht als selbstverständlich empfinden, sondern eben vor seinen Gästen genüßlerisch die Bezeichnung Miller-Collection oder den Namen Eames hinwerfen. Ihr Abnehmer läßt sich von seiner Liebe zum Original nicht gern abdrängen. Die Bezeichnung »echt« (echt Miller, echt Eames) ist ihm lieber als die Bezeichnung »Serie«.

Vielleicht könnte man darüber diskutieren, wie sehr Sie selbst an diesem Umstand mitschuldig sind, wie sehr Sie selbst einen Geschmackssnobismus fördern und damit die Serie lächerlich machen, weil sie zur Serie einer kleinen auserwählten Gruppe wird, damit auch zur sinnlosen teuren Serie.

Solange Ihre Gegenstände nur meinen eigenen Geschmack und nicht sich selbst bestätigen, fürchte ich mich vor ihnen wie vor einer Frau, die dauernd Komplimente fordert. Ich kann nicht in Gegenständen leben, die ich dauernd loben muß.

Neuester Fall von deutscher Innerlichkeit

Unter diesem Titel schreibt Peter Hamm in der letzten Ausgabe des »Konkret« über Peter Handke. Ich übernehme den Titel, weil er nach meiner Meinung eher auf Hamm zutrifft als auf Handke.

»Handke«, so schreibt Hamm, »versteht es, als Außenseiter aufzutreten – ohne einer zu sein; wäre er einer, fände er gewiß kein Forum für seinen Auftritt.«

Das tönt überzeugend, ich habe auch ähnliches schon oft gehört, in ähnlichen und anderen Zusammenhängen. Nur heißt das zugleich auch, daß es keine Außenseiter gibt, denn bevor man sie als solche bezeichnen kann, muß man sie als solche erkennen, und sobald man sie erkennt, sind sie wohl keine mehr, denn der Außenseiter gilt in der Gesellschaft viel.

Hamm hat sich auch immer wieder daran beteiligt, Außenseiter-Images aufzubauen, er ist ein Geheimtipjäger, ein Romantiker also, der sich den Dichter immer noch als frierend und mit einem eingefrorenen Tintenfaß vorstellt und sich auf die einfache Doktrin zurückzieht: Der Erfolgreiche muß schlecht sein, denn hätte er etwas zu sagen, würde ihm wohl niemand außer Peter Hamm zuhören, und Peter Hamm hört niemandem zu, dem andere zuhören.

Der Angriff auf Handke war zu erwarten, denn die literarische Linke ist programmiert, sie wird kaum mehr überraschen, sie hat ihren Mechanismus gefunden und sieht nicht einmal, wie sehr dieser vom Mechanismus des Establishments abhängig ist, die Etablierten diktieren, von was zu reden ist.

So wurde der Auftritt Handkes bei der Gruppe 47 (den Hamm, vielleicht nicht ganz zu Unrecht, als Farce darstellt) vom selben »Konkret« vor drei Jahren gefeiert, und Handke wurde zum bösen tapferen Mann gestempelt.

Er hat es unterlassen, die entsprechenden Konventionen zu unterschreiben; er war nicht bereit, für den Stempel zu zahlen.

Nun wird er betrieben, und es wird ihm vorgerechnet, was er der Linken für Propagandakosten und Begeisterung zu bezahlen habe.

Die Rechnung sieht etwa so aus (ich zitiere Hamm):

– »Handke ist sich seiner Stellung im Produktionsprozeß so wenig bewußt, wie das etwa Karl Kraus war...« (dann folgt ein »immerhin« für Karl Kraus und ein sehr sehr langer Satz).

– »Daß Handke freilich die Klassenfrage in keinem seiner Texte stellt oder auch nur andeutet, beweist eben die Herkunft seiner Art von Klischeejägerei aus dem, was Karl Marx die ›deutsche Ideologie‹ nannte ...«

– »Daß es vielleicht möglich wäre, gesellschaftliche Verhältnisse zu schaffen, aus denen eine andere Sprache resultiert, ist bei ihm jedenfalls nirgends zu erfahren.«

– »Wie früher Literaten das Bürgertum ästhetisch ausbeuteten (was diesem immerhin adäquat ist, lebt es doch selbst von Ausbeutung), beutet heute der Literat Handke ästhetisch

›die ganz Gewöhnlichen‹ aus (obwohl sie doch schon im Produktionsprozeß ausgebeutet werden).«

– »... wenn Handke eine Paraphrase zu Kafkas ›Prozeß‹ schreibt und dabei versäumt, was allein sie legitimieren könnte und was etwa Andy Warhol mit seiner Mona Lisa gelang, nämlich Bedeutung auszuräumen, statt sie noch einmal zu reproduzieren.«

Besonders interessant ist hier das Wort »versäumt«, es erinnert mich an säumige Zahler, die betrieben werden, an »Schulversäumnis« usw.

Es erinnert mich an das »Richtig und Falsch« des Lehrers, der seinen Schülern eine Aufgabe gibt, deren Lösung er zum voraus ganz genau kennt. (Abgesehen davon, daß Andy Warhol, wäre er ein Außenseiter usw. usw. – er wird bald an der Reihe sein.)

Immerhin (wir wissen es), das Establishment hat sehr wenig Kunstverstand und – wenn schon – ein rein snobistisches Kunstbedürfnis.

Und ich wäre nach Hamms Aufsatz fast bereit, diese Trottel dem fürchterlich sensiblen Hamm vorzuziehen, der fast weinerlich Benjamin, Marx, Gorki, Barthes und Bloch zitiert, so unreflektiert wie Fritzli in der Schule, der ausruft: »Herr Lehrer, Herr Lehrer, der Peterli Handke hat das erste Gebot mißachtet.«

Hamm spielt das treue Erzengelchen der Revolution, und die Rolle steht ihm gut – ein Fall von deutscher Innerlichkeit.

Der Landesverteidigungsstaat

Anläßlich einer vielbeachteten Fernsehdiskussion vor längerer Zeit hat einer der älteren Teilnehmer – sozusagen zum Trost – geäußert, daß die Diskussion über Universitätsreform bereits sehr alt sei, und daß er sich erinnere, daß zu seiner Studienzeit bereits über ähnliches diskutiert wurde.

Kürzlich ist mir eine Nummer der Zeitschrift »Schweizerland« vom November 1917 in die Hände gekommen. Als Mitarbeiter dieser Zeitschrift zeichneten unter vielen anderen Jakob Bosshardt, Francesco Chiesa, Heinrich Federer, Simon Gfeller, Hermann Hesse, Alfred Huggenberger, Paul Ilg, C. A. Loosli, C. F. Ramuz, Josef Reinhart, Carl Spitteler, Lisa Wenger, Ernst Zahn.

Unter drei Artikeln über Hochschulprobleme gibt es einen mit dem Titel »Reorganisierung der Studentenschaft und Demokratisierung der Hochschule«. Darin fällt mehrmals das Wort »Mitbestimmung«, ein Begriff also, der heute oft als Modewort abgetan wird. Man will damit den Eindruck erwecken, daß der Begriff erst kürzlich aus dem Ausland eingeschleppt wurde und der vielgerühmten Tradition entbehre.

Gustave Kullmann, so heißt der Autor des Artikels, schildert die Unfähigkeit der heutigen (schon damals heutigen) Universität mit folgenden Sätzen:

»So verlassen denn viele akademische Bürger die Hochschule, ohne daß ihre Studien zum freudigen Geisteserlebnis von dauerndem Werte geworden wären. Und was diese Menschen in ihrer Jugend an den Hochschulen versäumten, das werden sie ihr ganzes Leben lang nicht mehr nachholen. An der Hochschule waren sie kleinliche Fachleute und Streber, sie werden es auch späterhin bleiben. Sie schaden dadurch sich selbst, sie schaden aber auch der Allgemeinheit ...«

Nach seinen Forderungen nach Mitbestimmung und Selbstbestimmung faßt der Autor zusammen:

»Schließlich wird diese Neuregelung der Studentenverhältnisse ein gutes Stück Genossenschaftswesen. Während in der bisher geschilderten Organisation der Student lediglich ein Mitwirkender war an der Lösung der Hochschulfragen, wird er auf dem Gebiet der Selbstverwaltung sein eigener Herr.«

Optimistisch schließt der Artikel mit der Feststellung: »Das eben geschilderte Reformprogramm ist auf dem besten Wege, sich an der Zürcher Universität in die Wirklichkeit umzusetzen ... Das freudige Entgegenkommen vieler Professoren verbürgt den Initianten eine rasche und wohlwollende Behandlung ihres Entwurfes von seiten der Hochschulbehörden.«

Wenn schon offensichtlich »Mitbestimmung« kein neues Modewort ist, so fehlte dem Autor damals doch die Einsicht in den sogenannten »Modebegriff« Repressive Toleranz. Freudiges Entgegenkommen wurde von ihm noch fromm und freudig begrüßt.

Das wäre also das Beispiel für das, was an jener Fernsehdiskussion geäußert wurde, ein Trost ist es allerdings nicht; denn es zeigt das absolute Scheitern unserer Diskussionsdemokratie auf. Was ein Jahr vor dem Generalstreik diskutiert, »freudig« entgegengenommen und »wohlwollend« behandelt wurde, ist vermodert und vergessen.

Der neue Anstoß kommt – das entspricht der Wahrheit – aus dem Ausland; er erscheint als Drohung, und die jetzige Einsicht der Behörden ist eine scheinbare; sie ist nichts anderes als eine Abwehrmaßnahme; so wie auch Sozialisierungen nicht vor allem durch die Diskussionsbeiträge der Schweizer

Sozialisten gewährt wurden, sondern fast nur als Abwehrmaßnahme gegen den drohenden Kommunismus. Die Sprache hat in unserer Demokratie kein Gewicht mehr. Was man vermodern lassen will, überläßt man der Diskussion und behandelt es wohlwollend.

Was uns übrig bleibt ist der Druck aus dem Ausland. Das entspricht allerdings einer alten schweizerischen Tradition, wenn man an die deutschen Liberalen, an die deutschen Sozialisten und ihren Einfluß auf unser Staatswesen denkt.

Wäre der Vorschlag von 1917 mehr als wohlwollend behandelt worden, hätten wir wohl die Möglichkeit einer schweizerischen Lösung gehabt. Aber die Chancen auf Selbständigkeit werden bei uns dauernd verpaßt. Nur die Drohung von außen veranlaßt uns zu Politik – wir sind ein Landesverteidigungsstaat.

Die SEP

Es ist bekannt, wir sind mit unserer Neutralität gut gefahren, und seither hat der Begriff – in welchem Zusammenhang er auch angewandt wird – einen guten Klang. Wer in einer Diskussion mit der Neutralität argumentiert, hat gewonnen. Sie leuchtet ein.

Sie leuchtet (leider) ein im Zusammenhang mit dem Beitritt zur UNO; weil man nicht aufgeben will, was sich bewährt hat, und weil die Neutralität so etwas wie die Lebensversicherung des Staates ist – eine Lebensversicherung, von der man zudem annimmt, sie sei prämienfrei.

Der Begriff Neutralität wird aber nicht nur im Außenpolitischen verwendet, mehr und mehr gewinnt er im Innern an Boden, und es wird nicht mehr lange dauern, bis Neutralität zur allgemeinen Bürgerpflicht erklärt wird, vielleicht etwa in der Formulierung: »Nur die Neutralität des Bürgers kann die geistige Freiheit garantieren.«

Aus der politischen (außenpolitischen) Neutralität wird sehr schnell eine geistige Neutralität abgeleitet.

Ein Regierungsmann – davon sind wir überzeugt – hat sich neutral zu verhalten. Mit seinem Eintritt in die Regierung wird er sozusagen Passivmitglied seiner alten Partei und aktives Mitglied der SEP, der Schweizerischen Einheitspartei.

Um es etwas emotionsloser betrachten zu können, ein ausländisches Beispiel dafür: Dem neuen deutschen Bundespräsidenten Heinemann wurde kurz nach seiner Wahl vorgeworfen, er habe sich in einem Interview nicht neutral verhalten. Heinemann hatte (sehr milde) das Selbstverständnis der Bundeswehr kritisiert.

Sein Vorgänger Lübke, behauptet man, habe sich stets neutral verhalten. Das stimmt zwar nachweisbar nicht, aber es gibt Gründe, die zu dieser Ansicht führen. Lübke hat sich – wenn er sich geäußert hat – stets im Sinne der CDU, im Sinne der Mehrheit geäußert.

Heinemann nun gehört einer Minderheit an, nämlich der SPD. Wenn von ihm nun Neutralität verlangt wird, meint man damit nichts anderes als einen geistigen Übertritt zur Mehrheit; die CDU begreift sich als Bundesdeutsche Einheitspartei, wer von ihrer Meinung abweicht, wird als Unneutraler bezeichnet.

Deshalb ist der Begriff »neutral« im Geistigen überhaupt nicht brauchbar. Es gibt keine neutralen Meinungen, man meint mit dieser Bezeichnung nichts anderes als die Meinung der Mehrheit.

Jedenfalls wird ein bürgerlicher Bundesrat in einer Rede sozusagen auf nichts Rücksicht nehmen müssen, denn seine persönliche Meinung deckt sich mit der Mehrheit, und nur ein sozialistischer Bundesrat wird mit Skrupeln die sogenannte Neutralität seiner persönlichen Meinung vorziehen müssen; das heißt dann, daß wir von beiden Seiten die bürgerliche Meinung zu hören bekommen.

In einer Antwort an den in diesem Sinne neutralen Nationalrat Broger, der in einer Anfrage die Verwendung von UPI-Meldungen im Nachrichtendienst des Radios kritisierte, erklärte der Bundesrat unter anderem: »Dem Bundesrat obliegt die Pflicht, darüber zu wachen, daß der Nachrichtendienst eine völlig unabhängige und unverkennbar schweizerische Stimme im Konzert der zahlreichen nationalen Nachrichtendienste bleibt.« Er bezieht sich dabei auf den Artikel 13 der Konzession von 1964, der ihm das Recht gibt, »die Stellen zu bezeichnen, bei denen die zu verbreitenden Nachrichten bezogen werden müssen«.

Ich kann mir unter »unverkennbar schweizerischer Stimme« nichts vorstellen. Wäre sie zu bestimmen, wer würde es tun? Unabhängigkeit aber ist ein Wort, das allein nichts heißt, es bekommt seinen Sinn erst, wenn ausgesagt wird, wovon oder von wem man unabhängig ist.

So wie es hier steht, bleibt es ein Schlagwort und heißt so viel wie geistig neutral, was in diesem Zusammenhang etwa das Herkömmliche, Landläufige und Überlieferte bedeutet. Die Forderung nach Neutralität des Radios ist lediglich die Forderung nach einem betont konservativen Radio. Mit »unverkennbar schweizerischer Stimme« kann nur die Stimme einer SEP, einer Schweizerischen Einheitspartei, gemeint sein. Ob wir sie wollen oder nicht, es gibt sie schon.

Nun liegt sie auf dem Mond

Wenn Wörter nicht ausreichen, beginnt das Pathos. In der Nacht auf den Montag haben wieder einmal mehrere Hunderte von Radio- und Fernsehleuten ohne großen Erfolg versucht, sich auf das ihnen angemessen scheinende Emotionsniveau zu bringen. Neben Wörtern wie phantastisch, wunderbar und unglaublich fiel auch immer wieder das Wort Frieden. Was es in diesem Zusammenhang zu suchen hat, weiß ich nicht.

U Thant hat den Astronauten auf einer Karte die Präambel der UNO-Charta mit auf die Reise gegeben, nun liegt sie auf dem Mond, nun liegt sie auf dem Mond, nun liegt sie auf dem Mond; wenn das eine symbolische Handlung sein soll, Symbol für was?

Man hat die Mondlandung ein historisches Ereignis genannt, Wochen bevor sie geschah, die Aktualität des Ereignisses ist ohne Bedeutung, von Bedeutung ist nur das Spätere: »Wir waren dabei!«

Der Tour-de-France-Sieg von Eddy Merckx – dies zum Vergleich – ist ein aktuelles Ereignis (kein historisches), wenige Menschen werden davon profitieren, keine darunter leiden.

Nun haben wir in der Zeit der Zeitalter ein Zeitalter mehr, neben dem Zeitalter der Jugend und dem Zeitalter der Chirurgen, dem Zeitalter der Technik und dem Atomzeitalter nun auch noch ein Mondzeitalter. Festredner und Parlamentssprecher werden für die Bereicherung der Zeitalterauswahl dankbar sein. Schon in der nächsten Sitzung des Nationalrates wird diese zum voraus veraltete Formel: »Meine Herren, im Zeitalter des Mondes ...« zu hören sein.

Eine Woche vor der Mondlandung hat Bundespräsident von Moos bereits eine Mondzeitaltermusterrede geliefert. In seiner Rede am schweizerischen Schützenfest in Thun fiel der Satz: »Mitten in unsern Tagen der vorwärtsstürmenden Technik und des Ringens um den Weltraum, des Ringens auch um den Wohlstand unseres Volkes, bewegen manche Zweifel, manche Frage unser Volk und unsere Jugend.«

Das ist ein uralter Satz, er fiel im Zusammenhang mit dem Zeppelin, mit dem Automobil, im Zusammenhang mit der Dampfmaschine auch. Der Bundespräsident unterschiebt dem Volk und der Jugend, daß es sich wegen der »vorwärtsstürmenden Technik« nicht mehr so recht zurechtfinde, daß die Unruhe wohl den Mond und nicht Vietnam meine, daß sie den Mond meine und nicht Bührle und Nigeria.

Unsere Welt ist voll schwieriger und fast unlösbarer Probleme. Nun hat man endlich eines gefunden, das sehr, sehr schwierig ist, schwieriger als alle andern scheinbar, aber es ist lösbar.

Was nun auch alles unlösbar bleibt, Vietnam und vorderer Orient, Rassenhaß und Armut, Gewässerverschmutzung, Verkehrschaos, AHV – wir haben doch (wir, diese Welt – wir, die Menschheit) das schwierigste aller Probleme gelöst – der völkerverbindende LSD-Trip endete auf dem Mond.

Bringt euch um, ihr Armen; verzweifelt, ihr Unterdrückten – mit der Menschheit könnt ihr nicht mehr rechnen, sie lebt im Rausch, in der Euphorie, sie hat gesiegt und wird die Besiegten vergessen.

Die Besiegten sind weder die Russen noch die Chinesen; die Besiegten sind all die Menschen, die unter der Menschheit zu leiden haben. Die Menschheit hat vielleicht wieder einmal mehr auf Kosten der Menschen gesiegt.

Der Mond ist ein Thema für die Leitartikler und Kolumnisten, nun können wir alle mit Sprache salbadern, kein Körnchen Wissen, kein Körnchen Verstand ist nötig für eine Mondkolumne. Die Sätze zu diesem Ereignis liegen seit Jahrzehnten bereit. Ein Kolumnist zu Jules Vernes Zeiten hätte das Ereignis so gut bewältigt wie wir, Goethe wäre um Worte so wenig verlegen gewesen wie Adolf Portmann. Und so gesehen kommt das Ereignis viel zu spät, und deshalb können wir es nicht bewältigen und nicht etwa weil es zu früh kommt.

Vielleicht wäre es zu einer Zeit, als Rassenhaß und Armut, Kolonialismus und Unterdrückung noch nicht als Probleme erkannt wurden, ein weniger gefährliches Ereignis gewesen.

Die Gefahr des Ereignisses liegt im Rausch, in der Festrede. Das einzige, was uns bleibt, ist, daß wir uns möglichst schnell an den Mond gewöhnen und seine Eroberung als ganz gewöhnlich und selbstverständlich nehmen, und daß wir besorgt sind dafür, daß die Präambel der UNO-Charta zurückkommt zur Erde, wo sie hingehört.

Das Lampion mit dem Mondgesicht

»Die Frauen der Mondfahrer«, so sagte der amerikanische Präsident nach der Wasserung und so übersetzte Bruno Stanek, »sind die drei größten und tapfersten Frauen der Welt.«

So einfach ist Größe und Tapferkeit, und wenn schon den Männern ein Rekord gelang, dann macht man sozusagen mit der linken Hand gleich einen zweiten Rekord, den Weltrekord in Größe und Tapferkeit für Frauen.

Immerhin sagte das der Präsident eines Landes, dessen Frauen Väter, Söhne und Brüder in Vietnam verlieren, der

Präsident eines Landes, in dem es Mütter gibt, die ihre Kinder mit Mühe und Not in Slums am Leben erhalten.

Immerhin sagte er es nur, und irgend etwas Bedeutendes mußte er ja den drei Astronauten und der Welt mitteilen. Es ist auch unwahrscheinlich, daß jemand nach Punkten den drei netten Frauen ihren Rekord streitig machen wird.

Am Abend des ersten Augusts wird an den Feuern, die an Stauffacher, Melchtal, Fürst und Schiller erinnern sollen, auch von Größe und Tapferkeit gesprochen werden. Bestimmt wird auch vom Mond gesprochen. Das läßt sich nicht vermeiden, und es absichtlich nicht zu tun, wäre schon fast eine Masche.

Das Thema Mond könnte allerdings die Augustredner dazu führen, daß mehr von internationaler Solidarität als von winkelriedischer Wehrhaftigkeit gesprochen würde. Das wäre erfreulich – zu erwarten ist es leider nicht.

Denn der schweizerische Übersetzer des Präsidenten, Bruno Stanek, Fachmann für Raumflüge und versierter technischer Kommentator des Fernsehens, hat auch noch einen eigenen Satz beigesteuert. Er, der kühl und sachlich berichtete, technische Daten erläuterte, erwärmte sich dann während der Wasserung doch noch zu einem herzlichen Bekenntnis: »Die vielen Nestbeschmutzer, die Amerika hervorgebracht hat, werden wohl jetzt einsehen müssen, daß Amerika zu solchen Leistungen fähig ist. – Pfarrer Abernathy war ja auch sehr begeistert vom Start der Apollo 11.«

Den Amerikanern ist es gelungen, durch geschickte Kommentare ihren Mondflug als Mondflug der Menschheit darzustellen. Nicht Amerika hat den Mond betreten, sondern die Amerikaner stellvertretend für die ganze Welt.

Und diese ganze Welt (wenn auch unter Ausschluß der

Chinesen) nimmt diese großzügige Stellvertretung dankbar an. Das wird Folgen haben, und die Amerikaner werden versuchen, ihren Stellvertretungsanspruch weiter auszubauen, sie werden nicht nur technische Stellvertreter sein wollen, sondern auch politische, sie werden auch die Vertretung Stauffachers, Melchtals und Fürsts übernehmen. Wenn der Satz Bruno Staneks heute abend bei den Augustfeiern Schule macht, ist es bereits geschehen: internationale Solidarität wird dann zur Solidarität der Antinestbeschmutzer, zur Solidarität jener Leute, die jederzeit und schnell mit dem Satz zur Stelle sind: »Ihr seht immer nur das Negative.« Sie frohlocken darüber, daß wir »nun einsehen müssen, daß Amerika zu solchen Leistungen fähig ist«.

Das heißt, Amerika ist fähig, stellvertretend für uns Großtaten zu begehen.

Es ist noch nicht fünf Jahr her, daß die Schweizer Presse auch Vietnam als Stellvertretungstat bezeichnete. Ich erinnere mich an den Satz eines Leitartiklers, der damals schrieb: »Sie holen für uns in Vietnam die Kastanien aus dem Feuer, denn wir sitzen alle im selben Boot.«

Der erste August – das ist nun einmal so – stimmt mich national. Das hat mit Kindheitserlebnissen zu tun. Ich trug damals stolz mein rotes Lampion mit dem Schweizerkreuz zur Bundesfeier. Ich hatte vom Krieg gehört und daß wir stolz unser Land verteidigen. Und ich erinnere mich daran, daß ich dann doch einmal ein Lampion mit einem Mondgesicht haben wollte, erinnere mich daran, wie meine Mutter sagte: »Ein richtiger Schweizer hat ein Lampion mit einem Schweizerkreuz – ein Mondgesicht gehört nicht an den ersten August.« So trug ich denn mein rotes Lampion und hatte für die Mondgesichter nur Verachtung übrig.

Heute allerdings würde es mich nicht verwundern, wenn ein allzu eifriger Gemeindepräsident auf die Idee käme, am Feuer mit der Schweizerfahne auch die amerikanische zu hissen, wo doch Amerika auch für uns Schweizer den Mond erreicht hat.

Mein Hauptmann Defregger

Vor einigen Wochen in Prag auf dem Hradschin gesehen: Aus einem Haus laufen Soldaten mit umgehängten Maschinenpistolen, ein Unteroffizier ruft zwei, drei Befehle, die Soldaten bilden eine Viererkolonne und marschieren rassig weg, an der Seite der Kolonne der Unteroffizier, der ab und zu kameradschaftlich über die Reihen schaut. Die Worte des tschechischen Unteroffiziers verstand ich sofort, und ich hätte sie wörtlich übersetzen können. Es waren dieselben, die ich als Soldat auf deutsch gelernt habe. Das Strahlen des Unteroffiziers war daßelbe wie das meines Korporals, und ich erkannte in den Reihen meine Dienstkameraden, den Streber, den Lustigen, den Komplizierten usw. Ich hätte mit meiner Ausbildung als Soldat hier mitmachen können ohne ein Wort zu verstehen.

Und ich erinnerte mich an die mahnenden Worte unserer Offiziere vor dem Ausgang oder dem Urlaub: »Das Wichtigste ist diszipliniertes Verhalten, überall in den Straßen gibt es ausländische Touristen, die euch genau beobachten und die Wehrbereitschaft der Schweiz an eurem Verhalten messen.« Ich habe diesen Satz immer wieder von meinen Offizieren gehört, und man sah es den Gesichtern dieser tschechischen Soldaten an, daß auch sie den Satz in sich trugen, daß er auch ihnen dauernd eingeprägt wird, und nun trugen sie ihre frisch-fromme Wehrhaftigkeit an den Touristen vorbei, um dann irgendwo stundenlang steif an der Sonne zu stehen und wiederum den Touristen Disziplin zu demonstrieren.

Es war haargenau dieselbe Armee, der auch ich angehöre. Den Militärs aller Staaten ist die einzige wirkliche Internationale gelungen.

Und das sinnlose Tun dieser tschechischen Soldaten – nämlich irgend etwas zum Schein zu bewachen und dabei so steif zu stehen, daß sie ohnehin nichts sehen könnten – dieses Tun würde bei den Offizieren aller Staaten seine Verteidiger finden. Repräsentation und Disziplin wären die Argumente. Und für die Folgen dieser Disziplin ist dann auch letztlich diese Internationale verantwortlich.

Man spricht von Hauptmann Defregger. Seiner Treue und seinem Gewissenskonflikt sind 17 Menschen zum Opfer gefallen. Das beschäftigt uns, und Erbarmen mit den Opfern zu haben ist leicht. Ihre Hoffnung war wohl, daß der Hauptmann einmal von der Gerechtigkeit erreicht wird.

Die 17 waren zufällige Opfer, und es ist vielleicht doch sinnlos, zu versuchen, sich mit einem Zufall zu identifizieren. Defregger kenne ich besser, und ich habe mehr Anlaß, mich mit ihm zu identifizieren; denn ich gehöre auch einer Armee an, und es ist leider nicht auszuschließen, daß auch für mich einmal ein Defregger denkt und mir meine Verantwortlichkeit abnimmt.

Ich werde bei meiner nächsten Achtungstellung daran denken müssen, bei meiner nächsten sinnlosen Disziplindemonstration. Was zum vorneherein klar ist: Ich werde die Achtungstellung nicht verweigern, ich will nicht wegen einer Lappalie Schwierigkeiten bekommen.

Aber ich nehme mir fest vor, von nun an in jedem Offizier

jeder Armee Defregger zu suchen, den siegreichen, den treuen, den erfolgreichen Defregger. (Denn die Treuen werden nicht trotzdem Bischof, sondern wegen, nicht trotzdem Bundeskanzler, sondern wegen, nicht trotzdem Nationalrat, sondern wegen – nämlich nicht trotz ihrer jeweiligen Treue, sondern wegen ihrer jeweiligen Treue. Der Mord an 17 Leuten ist nicht ein Hindernis, sondern ein Grund zur Bischofsweihe.)

Und ich werde vor dem jeweiligen Defregger meine Achtungstellung machen und mich dabei mehr und mehr an den Gewissenskonflikt gewöhnen.

Meine Achtungstellung verbindet mich mit den Soldaten der ganzen Welt, es ist die Achtungstellung der Naziarmee, es ist die Achtungstellung der Russen in Prag, die Achtungstellung der Amerikaner, der Griechen – ich habe keinen Anlaß, ausgerechnet für die Schweiz eine Ausnahme machen.

Defregger bittet die Angehörigen der Opfer um Verzeihung für seine Tat. Ich bitte um Verzeihung für meine Achtungstellung, ich bin zu schwach, sie zu verweigern, ich bitte meinen Offizier um Verzeihung, daß ich vor ihm die Achtungstellung der Militär-Internationale, die Achtungstellung der Großdeutschen Wehrmacht mache und ihm damit in Ohnmacht meine Verachtung ausdrücke.

Anstand oder Widerstand

Hans Albers war wohl der faszinierendste der absolut untalentierten Schauspieler. Ein Schmierentragöde erster Klasse, der eigentlich nichts anderes zu geben hatte als einen guten Kopf, eben den Kopf eines Schmierenschauspielers. Das Fernsehen zeigte am vergangenen Sonntag seinen »Münchhausen«. Ich habe mich über den Film gefreut.

Im Fernsehprogramm wird dazu geschrieben: »Münchhausen ist noch in der Zeit des Zweiten Weltkrieges, 1943, entstanden. In diesem abenteuerlichen Possenspiel für Erwachsene, das Josef von Baky mit manchen frivolen Scherzhaftigkeiten in Szene setzte, drückte sich jene Flucht aus der Wirklichkeit aus, die im Hitlerdeutschland immer dringlicher wurde ... (er) ließ das Kinopublikum in eine Welt der Phantasie und des Spaßes entkommen, machte aus Wunschträumen für Augenblicke Wirklichkeit. Zugleich aber redete er, versteckt und etwas hintenherum, der Ironie das Wort: Neben dem Lügenbaron mußten auch die lautesten Großmäuler des Dritten Reiches mit ihrer ›Hoppla, jetzt komm ich‹-Mentalität verblassen.«

Ich habe diese Zeilen erst nach dem Film gelesen, erst nachdem ich ein ungutes Gefühl hatte beim Gedanken, daß der Film in einer Zeit gedreht wurde, wo Wenigerfröhliches geschah.

Kiesinger – so nehme ich an – wird heute nicht bestreiten, daß er von Hans Albers wußte, vielleicht hat er damals den Film gesehen; von vielem anderen – so behauptet er – wußte er nichts. Und sicher lag das auch im Willen der Machthaber – nämlich, daß die Leute von Hans Albers und Münchhausen mehr wußten als von anderem. Dieser Film mag dazu beigetragen haben, die Leute bei Moral zu halten, sie von der Verzweiflung abzulenken.

Es gab im Dritten Reich eine zentrale Filmstelle. Sie wird gewußt haben, weshalb sie den Film herstellen ließ.

Das läßt sich aber heute mit ein paar Worten verfärben, eben damit, »daß die Flucht aus der Wirklichkeit immer dringlicher wurde« (z. B. auch die Flucht aus der Wirklichkeit des Widerstandes!) – oder damit, daß man nun nachträglich politische Ironie in den Film hineininterpretiert.

Man erklärt nun, daß durch »Münchhausen« die Großmäuler des Dritten Reiches lächerlich gemacht wurden und übersieht dabei, daß Münchhausen eine sympathische Figur ist und in diesem Film kein Lügenbaron, sondern ein phantastischer Held.

Der Text verniedlicht auch politisches Geschehen, indem er Hitler, Goebbels, Göring, Himmler fast liebevoll nichts anderes als »Hoppla, jetzt komm ich«-Mentalität vorwirft.

Nun, es gibt einen Grund, bei »Münchhausen« an einen Film des Widerstandes zu denken: Der unerwünschte Erich Kästner hat unter einem Pseudonym das Drehbuch zum Film geschrieben. Ihn es schreiben zu lassen, war mutig und gefährlich. Und das Drehbuch Kästners ist anständig und keineswegs nationalsozialistisch. Es ist nichts dagegen einzuwenden, daß der Film heute wieder gezeigt wird.

Wenn man aber nun nachträglich versucht, ihm einen Hauch des Widerstandes anzudichten, dann macht man auf seine Gefährlichkeit aufmerksam, dann sucht man eine Entschuldigung, wo es keine gibt, vielleicht keine braucht.

Denn »Münchhausen« erfüllt voll und ganz das, was die Politiker aller Zeiten und jeder politischen Färbung von der Kunst verlangten: Er ist positiv, er fischt nicht im Trüben, er wühlt nicht in der Gosse, er tröstet, er »läßt das Publikum in eine Welt der Phantasie und des Spaßes entkommen«.

»Münchhausen« ist ein Unterhaltungsfilm, lassen wir ihn, und betrachten wir ihn im Bewußtsein, daß zu seiner Zeit Wenigerfröhliches geschah.

Anschließend und unabhängig davon zeigte das Fernsehen

die Aufnahme einer Mozart-Symphonie, und ich mußte nun beim Anhören daran denken, daß wohl auch sie in Deutschland 1943 gespielt wurde. Vielleicht hätte man von ihr im Programm ebenso schreiben können: »Mozart war ein starker Pfeiler des Widerstandes, mußte doch vor der zeitlosen Größe seiner Werke die Scheingröße der Großmäuler verblassen.«

Wir wissen, daß sie das nicht taten, daß sie im Gegenteil die holde, hehre, reine Kunst liebten, daß sie zum Argument wurde, das ihnen unrein Erscheinende auszumerzen; denn die Politiker fordern immer von der Kunst das Positive, das Reine, es dient ihnen.
 Und es ist nicht Mozarts Schuld, daß er das Sonntagskleid des Bösen geschneidert hat – es ist Mozarts Ohnmacht.

Außerhalb der Weltgeschichte

Die Frage der aus den Ferien Zurückgekehrten heißt: »Was ist inzwischen geschehen?« Und die Antwort der Hiergebliebenen: »Nichts Besonderes!«
 »Wir haben keine Zeitung gelesen, kein Radio gehört«, ergänzen die Zurückgekehrten, und nun sagt ein müder Witzbold vielleicht: »Die Amerikaner sind auf dem Mond gelandet.«
 Doch, davon haben sie gehört, und auf dem Zeltplatz gab es einen Fernsehapparat. Aber sie möchten doch noch mehr wissen über die Aktualität, denn stückweise ist sie doch zu ihnen gedrungen, in Form von Titeln in der Auslage eines Kiosks, in Form von einigermaßen verständlichen oder interpretierbaren Fetzen aus einem fremdsprachigen Radio:

»Da war doch etwas in Israel, da war doch etwas in Nordirland, was war mit Adorno?« »Adorno ist gestorben«, diese Antwort löst nichts mehr aus, da haben sie nun doch an der Costa Brava an der Aktualität vorbeigelebt. Das müßte man sozusagen als erster am Radio gehört haben, um es weiterzubieten, um andere damit zu überraschen, um andern Gelegenheit zu geben, andere damit zu überraschen.

Dazu ist es jetzt zu spät.

»Was ist alles passiert?«

»Nichts Besonderes, eigentlich immer daßelbe oder daßelbe noch einmal.«

»Wie ist das mit Israel, gibt es Krieg?«

»Eigentlich nicht, eigentlich immer noch daßelbe.«

»Nordirland, große Zerstörungen, haben wir gehört.«

»Ja, richtig, große Zerstörungen, wir (wir Zurückgebliebenen) haben es am Fernsehen gesehen.«

Die verspätete Aktualität wird für die Zurückgekehrten fad, sie sind ein wenig von ihrem fast heldischen Entschluß enttäuscht, in den Ferien auf Zeitungen und Radio zu verzichten. (Ausgerechnet jetzt, wo sie's taten, ist nichts geschehen.)

Und das wenige, was sie als Bruchstücke mitbekamen, ist nun – inzwischen – auch für die Daheimgebliebenen nicht mehr.

Nur inzwischen – denn als es geschah, verfolgten sie es am Fernsehen doch selbst als heiße Aktualität. Nun ist es so etwas wie Geschichte geworden, die Schlagzeilen genügen bereits.

In einigen Wochen (für steinreiche Spätheimkehrer zum Beispiel) ist es kaum mehr erwähnenswert.

Was sich die Ferienmacher bei ihrer Frage gedacht haben, war nichts anderes, als daß sie sich vorgaukelten, sie hätten drei sonnige Wochen außerhalb der Weltgeschichte verbracht; und sie nehmen nun an, daß die Zurückgebliebenen die ganzen drei Wochen in der Weltgeschichte verbracht hätten.

Sie kehren sozusagen den bekannten Satz um, und meinen: Wenn einer daheimgeblieben ist, so kann er was erzählen.

Vielleicht auch sind sie gereist, um ihr Domizil wieder neu zu sehen; sie sagen auch, wie sehr sie sich immer wieder auf die Rückkehr, auf eigene vier Wände usw. freuten. Sie tun so etwas wie Kinder, die die Augen schließen, um, wenn sie sie wieder öffnen, ein Wunder zu sehen.

Aber eben, sie haben die Augen gar nicht richtig geschlossen, sondern vom meisten irgend etwas gehört, und das Irgendetwas ist nun zu ihrer Enttäuschung das Alles. Sie glauben, außerhalb gelebt zu haben, und beweisen mir, dem Daheimgebliebenen, daß ich nicht innerhalb gelebt habe. Daß wir nicht in der Weltgeschichte leben.

Literaturhistoriker pflegen zeitgenössische Literatur mit dem lächerlichen Maßstab zu prüfen, was wird bleiben und in der Literaturgeschichte Bestand haben.

Solche Maßstäbe werden an die Zeitereignisse nicht gelegt – glücklicherweise nicht. Wenn es ab und zu mal geschieht (bei einer Mondlandung zum Beispiel), kommt erst recht der menschliche Wille zum Ausdruck, innerhalb der unsterblichen Geschichte zu leben; erst recht zum Ausdruck, wie schlecht das in der Regel gelingt.

Als letztes Jahr die Ferienleute zurückkamen, geschah der Einmarsch der Russen in die Tschechoslowakei.

Es wäre Sarkasmus, an dieses Ereignis die Frage zu stellen, die den Literaturhistorikern so geläufig ist – nämlich: Wird es Bestand haben vor der Weltgeschichte?

Die drei Niederlagen des Denkers

Ich habe kürzlich im Bahnhofbuffet einen Denker gesehen. Er trug einen Kopf – und er trug ihn wirklich und hatte ihn nicht nur –, der überall ein wenig aus der Form ging, vor allem quoll die Stirn weit aus seinem Schädel. Sie gab ihm das Aussehen eines Denkers, aber keineswegs das eines brillanten Begreifers; dazu schien sein Hirn zu groß, und ein Denkvorgang, der bei andern in kleinen Windungen erstaunlich schnell vor sich geht, brauchte bei ihm doch offensichtlich einige Zeit, um die weitausladenden Kurven hinter sich zu bringen. Er war ein älterer Bahnarbeiter, es war zwischen sieben und acht Uhr – Feierabend.

Er trank sein Bier.

Ihm gegenüber ein junger Mann, fünfundzwanzig, clever, von seiner Intelligenz überzeugt. Kaugummi kauend, Taucheruhr, offensichtlich seit wenigen Minuten der zufällige Tischnachbar des Denkers.

Kunstschlosser sei er, sagte der jüngere, wohl die Frage des älteren beantwortend, die ich noch nicht gehört hatte; und der ältere musterte ihn und legte sich dabei seine Gedanken zurecht, setzte seinen Kopf in Bewegung, diesen Denkapparat, der fast so stark vergrößert war, daß der Denkvorgang, hätte man hindurchsehen können, sichtbar geworden wäre.

Ich erwartete denn auch, daß nun sehr langsam und stotternd vielleicht die Antwort käme; doch sie hatte bei dem umständlichen Vorgang eine endgültige Form gefunden:

»Kunst ist sehr schwer!«

Das war nun dem jüngeren offensichtlich zu dumm, er grinste, spielte einige Posen durch und entschied sich für ein Schulterzucken.

Inzwischen hatte der Denker seinen nächsten Satz beisammen, genutet, geleimt und verschraubt:

»Kunst ist eigentlich so schwer, daß man sie heute überhaupt nicht mehr lernen kann.«

»Ich habe es gelernt«, sagte der jüngere, »also kann man's noch lernen«, und er fügte dem Satz – wie auch allen andern – ein »Oder« bei.

Und der Denker nahm das »Oder« ernst, überlegte und sagte dann nicht, daß er es nicht so, sondern anders gemeint habe, sondern er sagte:

»Das stimmt!«

Immerhin, seine Niederlage schien ihm doch nicht ganz richtig und er versank wieder in Gedanken, aber seine Rehabilitierung gelang ihm nicht.

Und nun zog er eine Zehnernote umständlich aus dem Portemonnaie, das er umständlich aus seiner Gesäßtasche gezogen hatte. »Weißt du«, fragte er den Kunstschlosser, »weshalb Gottfried Keller ein so trauriges Gesicht macht?«

Schulterzucken.

»Weil er nicht mehr im ›Löwen‹ in Glattfelden ist.«

Dann ein Strahlen des Denkers und mehrmals der Satz: »Gib zu, daß du es nicht gewußt hast!«

Der Einwand des andern war berechtigt, er sagte: »Du hast so gefragt, daß ich es nicht wissen konnte, auch wenn ich es gewußt hätte, denn der Keller kann ja auch wegen anderem traurig sein.«

Lange Pause. Dann sagte der Denker: »Das stimmt!«

Und etwas traurig über seine Niederlage fügte er hinzu: »Aber vor zwanzig Jahren habe ich drei Wochen in Glattfelden gearbeitet, und da hing im ›Löwen‹ ein Bild von Keller an der Wand.«

Etwas später sagte dann der Denker in irgendeinem Zusammenhang: »Wie man liegt, so bettet man sich.«

»Du meinst«, sagte der andere, »wie man sich bettet, so liegt man.«

»Ja«, sagte der Denker, »das meine ich, aber ich kann es auch so sagen, wie ich es gesagt habe.«

»Nein, so ist es falsch, weil zuerst das Betten kommt und dann das Liegen.«

Nun schloß der Denker die Augen, sagte lange, lange nichts, formte mit den Lippen den Satz mehrmals, einmal so und einmal umgekehrt, begleitete sein Denken mit einem leisen Brummen und sagte endlich:

»Das stimmt – man kann den Satz nicht drehen.«

Der Kunstschlosser bezahlte, faltete die Noten des Herausgeldes längs, schob sie in die Tasche und ging lächelnd.

Wie er an meinem Tisch vorbeikam, blinzelte er mir zu und machte eine abschätzige Bewegung mit dem Kopf in Richtung des Denkers; er mußte bemerkt haben, daß ich Zeuge seines Sieges war.

Und wirklich, daran gab es nichts zu ändern, der Denker war dreimal unterlegen – dies sei zu des Denkers Ehre gesagt.

Parteiprogramme

Versucht man ausländischen Freunden die politische Schweiz zu erklären, erkennt man schnell – was man sich sonst nicht gern eingesteht –, daß sie nicht nur eine Sache von Fakten ist, sondern auch von Stimmungen, von Atmosphäre, von undefinierbaren Strukturen, und jedesmal, wenn der andere etwas zu begreifen scheint, zwingt er uns ein neues »aber« auf.

Die Bundesverfassung jedenfalls wird ihn unkommentiert nicht über die Schweiz orientieren.

Ich suche seit Jahren das Buch, das mir die mühsamen Erklärungsversuche abnimmt, ein Geschichtsbuch, eine Staatsbürgerkunde oder etwas ähnliches.

Nun ist kürzlich ein Buch erschienen, das wohl wie kein zweites geeignet ist, ein Bild der politischen Schweiz zu entwerfen. In seinem Stichwortregister findet man Alkohol und Alpwirtschaft, Arbeit und Beerenobst, Atomwaffen, Ausländer, Bauern, Familie, Feind, Ferien, Forschung, Geburtenregelung, Geflügel, Gute Dienste, Klassenkampf, Lebensraum, Sauberkeit, Sonntag, Vielfalt, Weltmächte, Werbung, Zahnpflege unter sehr vielen andern.

Auf 190 Seiten steht hier sozusagen alles über die Schweiz – nicht unbedingt auf den Zeilen, aber sicher dazwischen. Das Buch ist im Sinwel-Verlag in Bern erschienen und hat diesem wohl fast keine Arbeit gemacht. Es ist lediglich die Sammlung »Schweizer Parteiprogramme«, unkommentiert aneinandergereiht.

Ich habe lange darin herumgeblättert, einzelne Sätze gelesen und mich nicht jedesmal darum gekümmert, aus welchem Programm die Sätze stammen. Ich habe mit Freunden ein Spiel daraus gemacht; einer liest die Sätze, die andern haben zu raten, aus welchem Programm sie sind. Zur Auswahl stehen BGB, Demokratische Partei, Evangelische Volkspartei, Freisinnig-demokratische Partei, Konservativ-Christlichsoziale Volkspartei, Landesring, Liberal-demokratische Union, Liberalsozialistische Partei, Partei der Arbeit und Sozialdemokratische Partei.

Hier eine Auswahl von falschen Antworten; nicht von der

BGB stammt der Satz: »Wir sind erfüllt von einem großen Glauben an die gesunde Kraft, den geraden Sinn und die politische Einsicht unseres Volkes.«

Nicht vom Freisinn der Satz: »Ohne große Worte darüber zu machen, ist der Schweizer mit seiner Heimat aufs engste verbunden, und wenn es not tut, steht Mann für Mann zur Fahne.«

»Allen Bürgern ein würdiges Dasein zu verschaffen und den Schwachen den nötigen Schutz zu gewähren«, stammt nicht von Sozialisten.

Und nur das Programm der PdA ist für Quizfragen ungeeignet, man nehme denn den Satz: »Den Sozialismus errichten kann man nur im Einverständnis und zusammen mit der breiten Masse des Volkes; er kann weder von einer Minderheit noch von oben noch von außen her erzwungen werden.«

Ihn der PdA zuzuordnen, braucht schon differenziertere Kenntnisse über Parteistrategie, die zur Erkenntnis führen würden, daß die Formulierung »Sozialismus errichten« den Sozialisten zu gefährlich wäre.

Immerhin, auch das Parteiprogramm der Sozialdemokraten ist zu Überraschungen fähig, es enthält wirklich den Satz: »Für die Dienstverweigerer aus Gewissensgründen ist eine menschlich befriedigende Lösung zu finden, insbesondere durch Schaffung eines Zivildienstes.« Ob ihm eine Mehrheit der Sozialisten im Parlament zustimmen würde?

Aber lassen wir vielleicht die einzelnen Parteien weg, denn was mich an dem Buch fasziniert (und erschreckt), sind nicht die einzelnen Programme, sondern ihre Übereinstimmungen, sie ergeben wirklich das Bild einer großen Koalition – von kleinen Querschlägern abgesehen, abgesehen von der PdA als Ganzes.

Eine offensichtliche, rein sprachliche Übereinstimmung besteht in den stets leicht bis deutlich pathetischen Formulierungen zur Militärpolitik:

»Die bewaffnete Neutralität der Schweiz bleibt eine Staatsdevise, an der nicht zu rütteln ist.«

»Die Partei hat konstruktiv und führend ihren Beitrag zur Militärpolitik geleistet. Auf sie ist auch in Zukunft Verlaß.«

»Höchste Anspannung aller Kräfte zur Erhaltung und Mehrung der Wehrkraft.«

Kühler und differenzierter werden Wirtschafts- und Sozialfragen behandelt:

»Die sozialistischen Verstaatlichungstendenzen lehnt sie ab.«

»Die Bürger sind immer noch zahlreich, die bei ehrlicher Arbeit kein menschenwürdiges Auskommen haben«, schreibt eine bürgerliche Partei.

Eine andere Partei »stellt das Wohl der Gesamtheit über die Sonderinteressen einzelner Volksschichten, Wirtschaftsgruppen und Konfessionen«, schreibt dann aber später: »Sie lehnt den Klassenkampf ab, weil er undemokratisch ist, soziale Fortschritte hemmt ... « Böse interpretiert heißt das, daß sie Klassen befürwortet, und nur den Kampf unter ihnen ablehnt.

Immerhin, keine Partei lehnt Sozialmaßnahmen ab, und wenn sie es tut, dann begründet mit »Drei-Säulen-Theorie«, mit Privatinitiative, mitunter auch mit ein bißchen schlechtem Gewissen.

1936 schrieb eine Partei: »Gesundes Familienleben gedeiht am besten in naturverbundenen ländlichen Eigenheimen.« Der Satz kann kaum bestritten werden, für wenige wird das Eigenheim erreichbar sein, denn Eigenheime stehen auf Boden und für viele hat der Satz vielleicht sogar etwas Zynisches.

»Wir lieben spektakuläre Interventionen auf dem Gebiete der Sozialpolitik nicht«, bekennt eine Partei, der Satz kann richtig oder falsch sein, je nach Betonung und Interpretation. Er ist – das muß hier deutlich gesagt sein – wie alle andern Sätze aus einem Zusammenhang herausgerissen, erstens aus dem Zusammenhang seines Programms und zweitens vor allem aus dem Zusammenhang aller andern Programme; denn keines dieser Programme steht allein für sich, sondern in einem freundlichen oder kritischen Verhältnis zu andern. Deshalb sind sie als Sammlung geeignet, ein Bild der Schweiz abzugeben.

Nicht ausschließlich die Eigenart schweizerischer Parteiprogramme wird es sein, daß das Eigenschaftswort in der Regel den Zweck hat, abzuschwächen und oft ein wenig zu vertuschen oder gar das Gesagte gegenstandslos zu machen.

So unterstützt man »den Gedanken einer vernünftigen Entwicklungshilfe«. Ob mit vernünftig gemeint ist »mäßig«, »zurückhaltend«, »großzügig«, »vermehrt« ist nicht gesagt; aber die Tendenz wird vielleicht damit angedeutet, daß man nicht die Entwicklungshilfe unterstützt, sondern vorerst einmal den Gedanken.

Auch in der Kulturpolitik kann man Eigenschaftswörter einsetzen: »Jede echte Begabung ist großzügig zu fördern.« »Erhaltung von wertvollem Brauchtum.« »Gewährung von Stipendien an begabte, aber unbemittelte Künstler.«

Auffallend ist, daß die Kulturpolitik nur die milde Einschränkung durch Adjektive kennt. Auf keinem Gebiete sind die Parteien so eindeutig genau gleicher Meinung. Die Bedenken, die auf andern Gebieten zu Einschränkungen führen, sind finanzieller Natur; also muß fast angenommen werden, daß Kultur für die Leute nichts Teures ist; daß ein Bekenntnis zu ihr keine finanziellen Folgen hat. Das Bekenntnis ist gratis.

Ein Gegensatz jedenfalls, der mich sehr interessiert und der mir nicht unwesentlich erscheint, ist folgender: »Die Demokratie steckt uns im Blute« und »Das Bedürfnis nach Freiheit ist dem Schweizer angeboren«, schreibt die eine Partei; die andere sagt: »Die Freiheit ist kein Produkt der Natur; sie ist ein Wert, nach welchem die vereinten Kräfte der Bürger streben und den sie nach und nach erringen müssen.« Ich habe mich für die zweite Version entschieden und finde die erste mehr als gefährlich.

Ich habe Freunden die beiden Sätze vorgelegt und die beiden Parteien genannt. Sie alle haben die Sätze falsch zugeordnet. So schlecht kennen wir unsere Parteien, und so schnell wählen wir die falsche.

Zu dem Satz: »Die Partei bekämpft Auswüchse im Wirtschaftsleben« oder zu dem einer andern Partei: »In Staat und Wirtschaft haben sich Unsauberkeit und Mißbräuche eingeschlichen«, kann ich mich bekennen, nur nennen mir beide die Auswüchse und die Mißbräuche nicht, und es besteht sogar die Möglichkeit, daß sie sich genau in dieser Sache bekämpfen.

Es wäre sinnlos, die Parteien nach ihren Programmen zu beurteilen, und man würde es ihnen damit auch zu leicht machen; denn eigenartigerweise gibt diese Sammlung eher Auskunft über die allgemeine politische Stimmung in der Schweiz als über einzelne Parteien.

Der Ausländer, von dem ich am Anfang gesprochen habe, wird unsere Parteien anhand ihrer Programme kaum erkennen können, aber vielleicht die Art und die sentimentale Herkunft unserer Politik; denn diese Programme sind ja nicht die Pflichtenhefte unserer Politiker, sie sind vielmehr Werbeschriften, die dem Mann aus dem andern Lager einleuchten sollen, ihm die Möglichkeit geben sollen, seine Stimme zu investieren. Wollte man von ihnen mehr verlangen, müßten sie geheim sein; und wären sie geheim, wären sie undemokratisch.

Das ist vielleicht einer der Hexenkreise der Demokratie, die – schon Tocqueville hat es vorausgesagt – zu einer Nivellierung aller Parteien führen muß, schlußendlich zur Einheitspartei. Die Entwicklung scheint ihm recht zu geben.

Es wird die Aufgabe der Demokratie sein, die Erfüllung seiner Prognose zu verhindern. Die Parteiprogramme jedenfalls genügen dazu nicht; und es erscheint mir doch sehr fraglich, ob der Klassenkampf – wie ein Programm sagt – wirklich undemokratisch ist und ob nicht gerade das dauernde Vertuschen und voreilige Nivellieren die Demokratie gefährdet.

Dessen ungeachtet betrachte ich die Sammlung »Schweizerischer Parteiprogramme« als eines der wichtigsten Bücher der letzten Jahre. Es gehört eigentlich in die Hand jedes Politikers – nicht nur, damit er die Programme der andern kennenlernt, sondern damit er vielleicht sein eigenes wieder einmal durchliest und sich beim Vergleich mit den andern etwas denkt.

Sollten zum Beispiel einige Nationalräte nach dieser Lektüre zu einer andern Partei übertreten, wäre einiges für die Klärung der Fronten, wäre einiges für den Fortbestand der Demokratie getan.

15 Fragen an einen schweizerischen Telefonabhörer

1. angenommen, Sie erleben einen völligen Nervenzusammenbruch eines Ihrer Abgehörten und wissen aus irgendeinem Grunde, daß dieser auf einem Mißverständnis beruht. Was tun Sie da?
2. angenommen, Sie hören auf Ihrem Band, daß die Familie eines Abgehörten schuldlos in fast unüberwindliche Schwierigkeiten geraten ist. Was tun Sie da?
3. angenommen, Sie werden Zeuge eines Erpressungsversuchs von Unbekannten gegenüber dem Abgehörten und Sie hätten die Möglichkeit, ihm zu helfen. Was tun Sie da?
4. angenommen, Ihre Frau telephoniert dauernd mit einem der Abgehörten. Was tun Sie da?
5. angenommen, einer der Abgehörten nennt zufälligerweise und zu Unrecht im Zusammenhang mit einem Skandal Ihren Namen, und irgend etwas ist vielleicht doch daran, wenn Sie auch schuldlos sind. Was tun Sie da?
6. angenommen, in einem Kreis von Freunden wird über die Telephonabhörerei gesprochen (ich weiß, Sie verkehren nicht in solchen Kreisen, aber angenommen). Was tun Sie da?
7. angenommen, Ihre Familie möchte nicht nur wissen, wo Sie arbeiten, sondern auch was. Was tun Sie da?
8. angenommen, einer der Abgehörten erzählt eine wirklich lustige Geschichte. Erzählen Sie die Geschichte Ihren Freunden? Und wenn die nach der Herkunft des Witzes fragen, was tun Sie da?
9. angenommen, Ihr Vorgesetzter, der Sie zwar braucht, verachtet Sie ein bißchen, weil Sie ein Abhörer sind. Was tun Sie da?

10. angenommen, die Abhörer würden mit Henkern verglichen, also mit Leuten, die die schmutzige Arbeit eben tun müssen, weil der Staat sie braucht. (Es gab eine Zeit, in der auch die Schweiz das Todesurteil kannte.) Henker sind etwas anrüchig, aber Staatsangestellte. Also angenommen, was tun Sie da?
11. angenommen, es findet ein internationaler Kongreß der Abhörer statt. Ich weiß, daß Sie nicht daran teilnehmen würden, wenn auch Abhörer aus der DDR, aus der CSSR und Rußland da wären; aber angenommen, die griechischen und portugiesischen wären da. Was tun Sie da?
12. angenommen, die westlichen Geräte wären doch denen aus dem Ostblock technisch unterlegen. Was tun Sie da?
13. angenommen, Sie hören auf Ihrem Band, daß Ihr Abgehörter vor wenigen Stunden starb. Wenige kannten ihn so gut wie Sie. Was tun Sie da?
14. angenommen, Sie kämen zur Überzeugung, daß Ihr Vorgesetzter längst nicht mehr nur für die Sicherheit der Schweiz arbeitet, sondern für »höhere« Interessen. Was tun Sie da?
15. Sind Sie ein unmäßiger Raucher? Wie steht es mit Ihrem Alkoholkonsum? Ist Ihr Valium-Verbrauch seit der Zeit Ihrer Tätigkeit angestiegen? Leiden Sie unter Kopfschmerzen, Schlaflosigkeit, Depressionen?

In einem ruhigen Land

Vor zwei Wochen fand in Genf die Generalversammlung der Konferenz der Rektoren europäischer Universitäten statt. Sie hätte ursprünglich in Bologna stattfinden sollen, wurde aber in die Schweiz verlegt, da Bologna wegen seiner unruhigen Studenten »kaum einen ruhigen und nutzbringenden Ablauf der Arbeit« hätte garantieren können, wie der Rektor der Universität Bologna erläuterte. Im weitern sagte er: »Die Situation verlangt im Moment größte Vorsicht und Geduld. Wir dürfen der Jugend auf keinen Fall einen Vorwand geben, der die negativen Aspekte begünstigen würde, welche in der Gewalt an sich ein Ziel sehen.«

An und für sich ist die Verlegung der Versammlung in die Schweiz für uns schmeichelhaft. Wir sind ein ruhiges Land. Bei uns kann diskutiert werden. Sicher hätten auch Deutschland und Frankreich nicht Gewähr für den ungestörten Verlauf der Versammlung leisten können. Und sicher sind die europäischen Rektoren nicht ein ausgesprochen reaktionärer Verein (oder nicht mehr?). Wenn »nicht mehr«, dann allerdings auch auf Druck unruhiger Studenten.

Weniger schmeichelhaft wäre allerdings, wenn die erfolgreiche Umdisponierung der Rektoren Schule machen sollte. Wenn also sämtliche europäischen Verbände, die Unruhen befürchten müssen, ihre Tagungen bei uns abhielten. Es wäre wohl nicht zu vermeiden, daß bald echte und rechte Reaktionäre unsere Ruhe genießen würden. Es gibt allerdings das Verbot von politischer Tätigkeit von Ausländern in der Schweiz, nur ist eben alles Linke viel schneller als politisch zu definieren als das Reaktionäre.

Ich bekomme das Gefühl nicht los, daß der Besuch General Westmorelands auch mit dieser ruhigen Schweiz zu tun hat. Ihn offiziell nach Deutschland, Frankreich oder Italien zu schicken, wäre doch vielleicht riskant und dem Verhältnis zu den USA nicht dienlich. Andrerseits ist es peinlich, einen Army-Stabschef zu haben, der nirgends erwünscht ist; also sucht man sich ein renommiertes Land, in dem nicht viel zu befürchten ist. Daß dieses Land zudem neutral ist, ist für die USA sozusagen ein Glücksfall.

(Man kann hier einwenden, daß er auch Truppen in Deutschland besucht hat; nur ist das wesentlich einfacher, weil die Bundeswehr immer noch in der Isolation lebt, ein Besuch der Bundeswehr ist nicht ein Besuch der Bundesrepublik. Wir haben ein Volksheer, eine Milizarmee, wer sie besucht, besucht uns alle und unser Land.)

Auch andere Länder haben hohe Beamte, die ihnen eher peinlich sind; wenn wir sie alle nach und nach zu Besuch bekommen und die integren Persönlichkeiten für unruhigere Länder aufgespart werden, dann sind wir sehr schnell ein politisches Abstellplätzchen, ein harmloses Inselchen, das niemand ernst nimmt, und mit dem man dann wohl auch im Ernstfall »rechnen« kann.

Nun, wie wir wissen, in Bern wurde gegen den Besuch demonstriert; vielleicht war diesmal die Aktion den Behörden (im geheimen) sogar angenehm; denn die Möglichkeit besteht, daß auch sie nicht auf weitere derartige Besuche erpicht sind.

Die Schweizer Presse berichtet eher emotionslos über die Berner Demonstration. Einzelne Berichterstatter können ihre Enttäuschung, daß sie ohne Krawalle ausging, nicht ganz verbergen. Der »Bund« wählt den Titel »Anti-Westmoreland-Karneval« und schreibt von einer »ernst-fröhlichen Demonstration«. Im Text heißt es unter anderem: »Aber der Widerhall blieb sehr gering, wie bei sämtlichen Ansprachen. Hin und wieder ein schwacher Applaus oder skandierte Ho-Chi-Minh-Rufe waren die ›Höhepunkte‹ der Veranstaltung.«

Immerhin bemüht sich der »Bund« (wie schon bei der Anti-Griechenland-Demonstration) darauf hinzuweisen, daß es sich bei den Demonstranten zu einem großen Teil um Nichtberner handelte (ein Lautsprecherwagen mit Basler Kennzeichen); es handelte sich also wieder einmal um Fast-Ausländer und, nachdem die Bundesstadt eine reinbernische Angelegenheit ist, um Fast-Illegales. Der Verlauf der Demonstration sei als harmlos zu bezeichnen, teilte die Berner Stadtpolizei (nach den LNN) am Sonntag mit.

Das ist nun wiederum sicher zu begrüßen, nämlich daß es nicht zu Übergriffen und Krawallen kam; nur wirft man jetzt den Demonstranten die geringe Zahl vor (200-300 junge Leute), man wirft ihnen zu geringen Applaus vor und eigentlich ihre Harmlosigkeit.

Was hätten sie tun sollen?

Die Montag-Ausgabe des »Blick« erwähnt die Demonstration nicht, also gab es keine Wasserwerfer, keine Verletzten, also keine Diskussion über die Gründe der Demonstration; dann hat der »Bund« auch mit seiner freundlichen Bildlegende recht: »Die buntgescheckte revolutionäre ›Folklore‹ der Demonstranten bei der Passage über die Kirchenfeldbrücke.«

Vielleicht hat diesmal der Kommentator der »Prawda« doch etwas mehr beeindruckt, er findet in fast allen Schweizer Zeitungen Beachtung, und in der Agenturmeldung heißt es in der Regel (ich zitiere nach »Oltener Tagblatt«): »Nachdem er daran erinnert hatte, daß sich die öffentliche Meinung der Schweiz über die Verwendung von Pilatus-Transportflugzeugen in Vietnam empörte ...«

Der »Bund« macht mit diesem Text eine kleine Grammatikübung und entscheidet sich für deutlichen Konjunktiv: »... daß sich die öffentliche Meinung empöre« (ohne t). Und wiederum hat der »Bund« recht, denn es ist wirklich so, daß sich die öffentliche Meinung nicht empört hat, sondern nur einzelne. Denn die öffentliche Meinung der Schweiz empört sich nie.

Wir sind ein ruhiges Land und alles, gegen das man sich in der Welt empört, kann hier Ferien machen.

Grenzen?

Ein höherer Schweizer Offizier hat auf meine entsprechende Frage geantwortet, daß es nach seiner Ansicht doch unvorstellbar wäre, daß wir in einem eventuellen Krieg eine absolute Neutralität einhalten könnten, daß wir also nicht jeden – ob »Freund« oder »Feind« –, der unsere Grenzen verletzt, angreifen könnten. Grenzen sind in unserer Welt also doch fraglich geworden.

Einer meiner Freunde steht vor der schweren Entscheidung, ob er die sehr interessante Stelle in Deutschland, die ihm von seiner Schweizer Firma angetragen wurde, annehmen soll, ob er also mit seiner Familie nach Deutschland ziehen soll, seine Kinder in deutsche Schulen schicken soll usw. Es gibt also doch noch Grenzen.

Die deutschen Wahlen haben uns – gelinde gesagt – interessiert. Wir hatten Grund, uns zu fürchten. Sie fanden nicht außerhalb statt. Inzwischen sind wir beruhigt. Der Einmarsch der NPD war (nach deutschem Wahlrecht) nicht möglich. Die Fünf-Prozent-Klausel (die wir für nicht demokratisch halten würden) hat die Demokratie geschützt und die Tatsache verschleiert, daß jeder dreiundzwanzigste Deutsche die Neo-Nazis gewählt hat, denen Kiesinger gern attestiert, daß sie keine solchen sind. (Es ist nicht das erste Mal, daß er die Nazis über- und unterschätzt.) Die Wahlen in Deutschland haben wir vielleicht doch mit mehr Spannung und Interesse verfolgt als etwa die Wahlen der eidgenössischen Räte – vielleicht, weil sie für uns wichtiger werden könnten als die eigenen. Es gibt also doch keine Grenzen mehr.

Immerhin – ich habe es schon mehrmals gesagt –, ich stelle nach einem Grenzübertritt Unterschiede fest und ich habe Gründe, hier und nicht anderswo leben zu wollen. Es gibt also Grenzen.

Und ich bin letztlich doch an unserer eigenen Politik interessiert, aber überzeugt davon, daß ein Rechtsextremismus in Deutschland wiederum sehr schnell seine Auswirkungen bei uns haben könnte. Leichte Tendenzen dazu werden auch sichtbar, und wenn die NPD für Deutschland ein Prüfstein war, eine Prüfung, die der deutsche Bürger knapp, aber doch erfreulich bestanden hat – dann könnte zum Beispiel eine Überfremdungsinitiative für uns doch eine ähnliche Prüfung sein, im Kleinen vielleicht, weil wir kleiner sind. Und Tendenzen treten bei uns vorsichtiger auf, weil wir vorsichtiger sind. Sicher würde eine Annahme der Überfremdungsinitiative diesen Kräften Vorschub leisten und sie zu weiterem ermutigen. Wir haben nach der Absage der Deutschen an die NPD die makabre Chance, diesmal die Schnelleren zu sein. Es gilt, diese Chance zu verpassen.

Die Kommentatoren sprechen von der erreichten Mündigkeit des deutschen Wahlvolkes; ein großes Wort bestimmt, das beinhaltet, daß das Nichterreichen der fünf Prozent nicht einfach ein Zufall war. Die NPD spricht von Hinderung, von Verhetzung, von Verteufelung; und es gibt Kommentatoren, die nun behaupten, daß die Demonstrationen der APO im Gegenteil der NPD geholfen hätten. Ich glaube das nicht und verwahre mich dagegen, daß trotz des Mißerfolges der NPD die alte Links-rechts-These aufrechterhalten wird, die wissen will, daß eine Linksbewegung immer Rechtsextremismus zur Folge haben muß. Die Zunahme der SPD-Stimmen beweist anderes. Das Stimmenverhältnis NPD-ADF spricht nicht von einer Linksgefahr, sondern immer noch von einer Gefahr von rechts.

Zum mindesten hat die APO diese Gefahr durch Demonstrationen sichtbar gemacht, auch für jene, die nicht politisch denken, die Unsichtbares nicht sehen können. Sie haben damit einen Zufallserfolg der NPD verhindert. Bei uns besteht immer noch die Gefahr, daß die Überfremdungsinitiative einen erschlagenden »Zufallserfolg« haben könnte. Sie hätte ihn, weil niemand bereit war, sichtbar zu machen. Weil »Ruhe und Ordnung« eben zu »Ruhe und Ordnung« führt, zu nichts anderem, und ich bin nicht ganz überzeugt, ob vielleicht nicht doch von Thadden auch einige Schweizer mit seiner Äußerung überzeugen könnte, daß Spanien, Portugal und Südafrika Staaten seien, in denen Ruhe und Ordnung herrsche.

Ich bin jedenfalls den 22 von 23 Deutschen herzlich dankbar. Sie haben politisch für mich mehr getan als ich politisch für sie tun könnte.

Sie haben eine innere Gefahr abgewendet, die für uns eine äußere hätte werden können. Unsere innern Gefahren interessieren weniger. Die müßten wir selbst bestehen, und die Formel »sich schämen müssen vor dem Ausland« ist bei uns leider unbekannt.

Die dezenten Töne

Die Frankfurter Buchmesse hat nicht gehalten, was man sich von ihr versprochen oder was man – je nachdem – gefürchtet hat, sie war ruhig wie vor Jahren und sicher noch etwas langweiliger.

Immerhin, man sah keine Polizisten und man sah keine Unruhen. Einmal wurde von Demonstranten der südafrikanische Stand geräumt, einmal der Stand von Goldmann, am Samstag wurde eine Vollversammlung des Börsenvereins nach zehn Minuten und nach einem Go-in vertagt.

Keines der Ereignisse hatte eine Eskalation zur Folge, die Ruhe der Messe blieb gewährleistet ohne Polizei, und eigentlich liegt im Vergleich zum letzten Jahr der Beweis vor, daß präventive Polizeiaufgebote eine Provokation darstellen, daß sie Krawalle fördern.

An den Nachmittagen gab es lange Diskussionen der »Literaturproduzenten« in einem dafür reservierten Teil einer Halle. Das wesentliche Ereignis dieser Diskussion wird sein, daß ein neuer Begriff, nämlich »Literaturproduzent«, allgemein bekannt wurde. So wurde ich denn auch oft auf der Messe gefragt, ob ich ein »Literaturproduzent« sei, was etwa soviel heißt wie, ob ich die Sozialisierungsbestrebungen der Autoren und Verlagsleute unterstütze.

Das tu ich, solange das Prinzip der Arbeitsteilung respektiert wird, das heißt, ich habe einen Verlag, damit ich meine Bücher nicht selbst herausgeben muß und dadurch Zeit zum Schreiben gewinne.

Abgesehen davon, daß mich die Bezeichnung Produzent etwas erschreckt, nicht etwa, weil er zu kühl ist, aber ich fürchte, er ist für meine dünnen Büchlein etwas zu pompös; auch kommt dazu, daß er durch die neuen erschreckenden Verlagszusammenschlüsse vielleicht doch eher für die andere Seite zutrifft.

Was mich mehr erschreckt hat, war eine sehr nervöse etwa 45jährige Frau, die mich beschimpfte, weil sie einen ganzen Tag mit einem Manuskript in der Messe herumgegangen war und einen Interessenten, einen Verleger suchte.

Ich gebe es zu, ich wollte ihr Manuskript auch nicht sehen, sie wirkte unangenehm und dumm, und ich glaube nicht, daß der deutschen Literatur an ihr etwas verloren ging. Aber vielleicht wirkte Joyce auch unangenehm, vielleicht – ich werde ihr Gesicht nicht vergessen, und mein schlechtes Gewissen bleibt. Ich bin jedenfalls froh, daß sie nicht wußte, daß ich Bücher schreibe; sie hätte mich noch mehr beschimpft, und ich bin überzeugt, daß ihre Beschimpfungen mich getroffen hätten. »Mit welchem Recht schreiben die alle Bücher und drucken sie?« hat sie gefragt. Für »die alle« konnte ich mich zwar wehren. Für meinen Fall hätte ich Mühe gehabt.

Am selben Abend »Frankfurter Hof«, stinkfeines Hotel, erstes Haus am Platz, Boys und Kellner und Fräcke und Krawattenzwang und Geld und Noblesse und ...

und ein Bartrio, das die Aufgabe hat, anwesend zu sein, so dezent zu spielen, daß es niemand hört, ein Klavier, ein Baß, ein Schlagzeug. Der Pianist dirigiert ab und zu mit der linken Hand, streckt drei, dann zwei, dann einen Finger auf – noch drei Takte, noch zwei Takte – aus – ein ganz feiner, ganz dezenter Schlag auf die Cinelle. Der Pianist lächelt.

Vor dreißig Jahren wohl besuchte er ein Konservatorium für den guten Ton, für diese Gesellschaft des guten Tons – nun spielt er für sie – nicht dort, wo er sich gewünscht hat, aber immerhin, er ist anwesend, das hat er zu sein und das tut er.

Nicht er allein ist gescheitert, er spielt in der Bar der Gescheiterten, der Gelangweilten, der ganzen idiotischen Gesellschaft. Es ist zum Kotzen.

Denn in dieser Gesellschaft gehören auch Bücher zum guten Ton, und ich fühlte mich mit dem Pianisten, diesem lustlosen, öden, solidarisch.

Und es ist alles zum Kotzen, zum Kotzen. Der »Frankfurter Hof« ist die Frankfurter Messe und unsere Literatur ist nicht besser als die ganz, ganz dezenten guten Töne des Pianisten.

Was soll's?

Freiheiten sind nur schädlich

Ich nahm kürzlich einen Autostopper mit, einen jungen Burschen, der vor drei Monaten aus der DDR geflüchtet war. Das Gespräch mit ihm war erschütternd. Es zeigte einen Mann, der sich wohl nie in der Freiheit zurechtfinden wird, weil er in Unfreiheit erzogen wurde. So sagte er denn auch: »Die einzige Freiheit, die dem Menschen zusteht, ist die freie Wahl des Wohnsitzes, alle andern Freiheiten sind nur schädlich.« Ich wollte für die Rede- und Gedankenfreiheit plädieren. Seine Antwort darauf war: »Mit der Redefreiheit wird der Westen den Kommunismus nicht vernichten können, also muß man sie abschaffen.« Er ärgerte sich sehr darüber, daß die Bundesrepublik einen sozialistischen Kanzler bekommt. Er plädierte für ein westliches Einparteiensystem: »Die CDU/CSU müsste mindestens 95 % der Stimmen haben, solange sie das nicht hat, hat die Demokratie keinen Sinn.« Er erzählte seine Schwierigkeiten in der DDR, sprach von Mördern, Kriminellen, Tieren, Halunken, und seine einzige Rettung hieß Rache. Er war in den Westen gekommen, um sich zu rächen, und seine ganze politische Meinung steht unter diesem Zeichen. Der Westen hat für ihn eine einzige Aufgabe, den Kommunismus zu vernichten, alle Kommunisten zu töten, die ganze rote Armee zu töten – alles andere, Demokratie, Freiheit usw. erscheint ihm als Unsinn und dient seinen Zwecken nicht.

Er ist zwar gegen die NPD, aber er hält sie für weniger gefährlich als die SPD. Zum ersten Mal hörte ich von ihm den alten Satz, daß auch Ulbricht ein Faschist sei, in umgekehrter Formulierung, nämlich: »Auch Hitler war ein Kommunist.«

Wie gesagt, ich hörte den Satz zum ersten Mal, ich fürchte, er könnte Schule machen, die Umkehrung des Satzes würde vielen einleuchten und wäre ihnen angenehm. Man könnte damit den Begriff des Faschismus nach und nach auslöschen und eine Einheitsfront gegen den Kommunismus bilden. Die Gelegenheit ist günstig, die Kommunisten leben in der Krise, die westlichen kommunistischen Parteien fallen auseinander, eine Gelegenheit für eine Einheitsfront als Vorspiel zur westlichen Einheitspartei.

Um auf den Ostflüchtling zurückzukommen, alle Freiheitsrechte, die nicht direkt der Vernichtung des Kommunismus dienen, hält er für gefährlich und – wie er es nannte – unmenschlich.

Auf den ersten Blick handelt es sich bei meinem Autostopper um einen extremen Einzelfall; er wird wohl in nächster Zeit bei uns auf wenig Verständnis stoßen. Aber ich frage mich doch, ob nicht seine politische Ansicht da und dort auf gut vorbereiteten Boden fallen wird, ob es nicht da und dort Leute gebe, denen unsere Freiheiten im Grunde genommen unbequem sind, die den Abwehrkampf gegen den Kommunismus nur aus dem einzigen Grund führen, um von innern Problemen abzulenken – die also der Unfreiheit zuliebe den Kampf gegen Unfreiheit führen.

Ich stelle mir vor, daß die Lehrer des Seminars Hitzkirch meinen Ostflüchtling sehr gern als Referenten für ihren politischen Unterricht haben möchten, um ihren Schülern beizubringen, daß unsere Rechte, das Recht der freien Meinungsäußerung, das Demonstrationsrecht nur schädlich sind.

Fünf Seminaristen werden mit vorläufiger Nichtwählbarkeit als Lehrer bestraft, weil sie Flugblätter mit kritischen Fragen anläßlich einer Demonstration einer Sanitätsrekrutenschule verteilt haben.

Das »Vaterland« forderte: »Zu hoffen bleibt jetzt nur, daß in Hitzkirch dafür gesorgt wird, daß derartige Feiglinge nicht dereinst auf unsere Kinder losgelassen werden.« (Ganz nebenbei: Mein Aushebungsoffizier hat mich 1954 auch mit Feigling bezeichnet, als ich mich zur Sanität meldete, und von mir verlangt, daß ich nie einem Schüler meine Waffengattung bekanntgebe.)

»Feiglinge« werden wohl auch in der DDR nicht auf Schüler losgelassen, nur braucht es in der DDR mehr als Feigheit, ein »Feigling« zu sein, und manch ein Tapferer hat es nicht durchgehalten und eines Tages öffentlich und schriftlich Selbstkritik üben müssen. Das haben denn auch die Hitzkircher Seminaristen in einem Entschuldigungsbrief an den Erziehungs- und Regierungsrat und an die militärischen Stellen getan. Dazu wurden sie wohl nicht von den Lehrern gezwungen, sondern von den Umständen. Ihre Selbstkritik steht im Zusammenhang mit ihrem Selbsterhaltungstrieb.

»Lehrer müssen sich kraft ihrer Stellung als Erzieher bei der öffentlichen Meinungsäußerung mehr Zurückhaltung auferlegen als andere«, sagte der Kantonsschulinspektor Otto Hess.

Angenommen, die Seminaristen hätten sich für die Atombewaffnung der Schweizer Armee oder auch nur gegen den Atomsperrvertrag eingesetzt – wäre das zurückhaltend genug gewesen? – es ist anzunehmen, wenn es dem Staat paßt.

Man hätte sich dann wohl auf das Demonstrationsrecht berufen, ein Recht, das auch von der russischen Verfassung garantiert wird und auf das man sich auch dort berufen kann, wenn es dem Staat paßt.

Mein Ostdeutscher bezeichnete Hitler als Kommunist. Als was soll man bei dieser Begriffsverwirrung die Seminarlehrer von Hitzkirch bezeichnen? Vielleicht als Schweizer – aber was geschieht dann mit der Schweiz?

Der kalte Bürgerkrieg

Der Fall Hubacher oder der Fall Hübscher oder der Fall Varrone, oder wie man den Fall nennen will, ist bekannt. Jemand hat etwas genommen, jemand wollte es weiterleiten.

Was es war, weiß man nicht. Es ist ein Geheimnis, ein militärisches Geheimnis. Militärische Geheimnisse, das ist klar, dürfen nicht genommen und weitergeleitet werden.

Wer es tut, das ist klar, macht sich strafbar. Wer es tut, gefährdet sein Land. Wer sein Land gefährdet, der wird vom Geheimdienst überwacht, dessen Telephon wird abgehört.

Das ist in gekürzter Form die Geschichte des Falles, wie er in der Presse dargestellt wird.

Das Bundeshaus und die Presse verzichten darauf, den Fall zu qualifizieren, vielleicht in der Hoffnung, daß der Zeitungsleser selbst zum erwünschten Fehlurteil »Spionage« und »Landesverrat« kommt.

Denn wenn es sich bei diesem Fall um militärische Geheimnisse handelt, dann müßte man es ja auch als Spionage bezeichnen. Nun arbeitet aber Hubacher nicht für einen fremden Geheimdienst, sondern für die Schweiz im Nationalrat, für die Schweiz als Redaktor einer politischen Zeitung. Er hat in beiden Funktionen eine Kontrollaufgabe, die er ernst nimmt.

Er interessiert sich in seiner Tätigkeit für politische Fragen, und politische Fragen sind oft politische Geheimnisse.

Nachdem der Ausdruck »Spionage« in unserem Fall nicht gefallen ist, kann es sich also nicht um militärische Geheimnisse handeln, sondern um politische.

Hubacher war offensichtlich einem politischen Geheimnis auf der Spur; er hätte also in diesem Falle nicht das Land, sondern eine Verwaltung, einige Beamte gefährden können.

Er hätte vielleicht Entscheide von Offizieren, Entscheide von Bundesbeamten kritisieren können.

Von Offizieren und Beamten wurde sein Telephon abgehört; wenn meine Mutmaßungen über den Fall der Fall sind, dann haben sie es in eigener Sache getan. Dann ist es so, daß unsere Armee nicht vor allem der Landesverteidigung, sondern der Selbstverteidigung dient.

Mutmaßungen, ich weiß es, sind unjournalistisch.

Das Zivilverteidigungsbuch belehrt mich auch darüber, daß die Agenten des Feindes damit arbeiten, daß sie Mutmaßungen und Gerüchte in Umlauf setzen.

Wer etwas mutmaßt, wer Verdacht schöpft, wer zweifelt, ist ein Feind.

So einfach ist das.

Trotzdem dazu noch einige Mutmaßungen – und ich bitte den Leser, sie nicht ernst zu nehmen, denn sie sind zu makaber, als daß sie wahr sein könnten.

Das Zivilverteidigungsbuch bringt mich darauf und vor allem eine Schrift von Professor Hans Marti, Großrichter des Divisionsgerichtes 3, »Militärjustiz in Frieden und im Krieg«. Beide machen so sehr auf den innern Feind aufmerksam und auch darauf, daß der nächste Krieg bereits begonnen hat.

Mit Frieden kann sich eine Armee nicht befassen; Frieden ist nun einmal nicht ihr Geschäft.

Und eine Armee in Friedenszeiten bekommt vielleicht doch Komplexe, Minderwertigkeitskomplexe. Ihre Kurzschlußhandlung heißt dann kalter Krieg. Wir sind ein neutrales Land und können keinen kalten Krieg nach außen führen.

Ist es vorstellbar, daß deshalb eine neutrale Armee auf den Gedanken kommen könnte, einen innern kalten Krieg zu beginnen?

Daß deshalb ein Zweifler, ein Mutmaßer zum Probefeind gemacht werden muß? Müssen deshalb viele Telephone abgehört werden?

Könnte man einen solchen kalten Krieg als kalten Bürgerkrieg bezeichnen?

Die Fragen warten nicht auf Antworten. Weil einfach das Ganze nicht wahr ist, weil das einfach nicht wahr sein kann. Mutmaßungen sind unjournalistisch. Mutmaßungen sind unanständig. Ich weiß es – ich kann meine Mutmaßungen selbst nicht mehr ertragen.

Gegenwärtig wird ...

Gegenwärtig wird an Schüler die Broschüre der »Aktion Gesundes Volk« (A69) verteilt. Die A69 will, wie Bundesrat Tschudi in seinem Vorwort zur Broschüre sagt: »... das Gesundheitsgewissen aller schärfen.« Sie will aufklären gegen die Gefahren des Alkohols, des Tabaks, des Drogenmißbrauchs.

Dagegen gibt es wohl überhaupt nichts einzuwenden, und es sind bestimmt keine Gegenaktionen zu erwarten. Das vielleicht zum Nachteil der A69. Die Aktion wird keine Diskussion um ihr Ziel auslösen, und ich stelle mir die Aufklärungsstunden in Schulstuben doch eher langweilig vor.

Die Frage »Liebe Schüler, was haltet ihr vom Alkohol«, wird kaum verschiedene Antworten herausfordern.

Die Probleme der Süchtigkeit sind alt, die Argumente dagegen sind entsprechend dieselben geblieben – was kein Grund ist, nicht immer wieder von neuem auf sie aufmerksam zu machen.

Um so mehr sollte man auf die äußere Form einer solchen Aktion achten. Nichttrinker und Nichtraucher, vielleicht auch schon da und dort Leute, die ohne Hasch leben, kommen oft in den Ruf, irgendwelche Sektierer zu sein. Die Broschüre selbst macht darauf aufmerksam, wenn es in ihr heißt: »Sticheleien am Wirtshaustisch sind schon manchem Jüngling zum Verhängnis geworden. Die Ausgangslage ist dabei immer dieselbe: wein- oder biertrinkende ältere Arbeiter hänseln die Lehrlinge, wenn diese keinen Alkohol trinken.«

Die Konsequenz aus diesem Satz wird aber von den Verfassern nicht gezogen. Was sie den Schülern vorlegen, ist ein abgeschmacktes Sektierertraktätchen, in Bild und Gestaltung weit unter dem Niveau heutiger Graphik, weit unter dem Niveau auch nur durchschnittlicher Hausfrauenblättchen.

Das beginnt schon mit dem Titelbild, das ein sogenannt kerngesundes, tiefbraves Kind zeigt, das sehr jenem deutschen Gretchen gleicht – nur daß es die Haare diesmal nicht geflochten trägt.

Ich bin fast überzeugt, daß das Heftchen mit Absicht so schlecht gemacht ist, man verwechselte wieder einmal mehr Gesundheit mit Biederkeit, mit Bünzlihaftigkeit und hat der Sache damit (und mit viel Geld und vielleicht gutem Willen) einen mindestens so schlechten Dienst geleistet wie die im Heftchen erwähnten älteren Arbeiter.

So weit handelt es sich einfach um ein Mißlingen. Das ist in einer Schweiz, in der es gute Graphiker gibt, zwar bitter, aber es wird keine Wellen werfen und vergessen werden. Zum mindesten ein Satz des Textes ist – so hoffe ich – auch nur mißlungen und nicht so gemeint, wie er dasteht, er heißt: »Die Geschichte beweist uns immer wieder, daß letzten Endes die physische Gesundheit eines Volkes entscheidend ist für das Geschick einer Nation.«

Bundesrat Tschudi schreibt ihn in seinem Vorwort. Hätte er in seinem Satz das ominöse Wort von der »beweisenden Geschichte« weggelassen, wäre er mir nicht aufgefallen.

Ich denke dabei an gesunde Römer und an die gesunden deutschen Arier, die das Ungesunde ausmerzten. Und die propagierte physische Gesundheit eines deutschen Volkes wurde wirklich zum Geschick einer Nation. So kann es Bundesrat Tschudi nicht gemeint haben. Ich frage mich, wer ihm diesen Satz in seinen Text geschmuggelt hat.

Vielleicht stammt er vom selben Autor, der im Abschnitt Wunderdrogen feststellt, daß diese »an Mitschüler, Studenten, Kunstgewerbeschüler, Gammler und Hippies abgesetzt werden«.

Hätte es hier der Ausdruck »vor allem an Jugendliche« nicht vielleicht auch getan, und ist das vielleicht der Grund der umwerfend miesen Gestaltung des Blattes, daß man Angst hat vor Absolventen einer Kunstgewerbeschule, weil man Studenten und Mittelschüler als die potentiellen Feinde des »gesunden Volkes« betrachtet?

Dann allerdings wäre der Verdacht berechtigt, daß man mit »gesund« hier etwas ganz anderes meint, dann wäre dieses Blättchen der geistige Bruder des Zivilverteidigungsbuches, ebenso ungeschickt, ebenso harmlos und ebenso erschreckend.

Mer hei e kei Angscht

Im Zusammenhang mit politischen Diskussionen in letzter Zeit, im Zusammenhang mit der Diskussion um das Zivilverteidigungsbuch, kam mir wieder ein Gedicht von Kurt Marti in den Sinn, und es verfolgt mich:

mer hei e kei angscht
will me
för angscht chönne z'ha
kei angscht
vor dr angscht
dörfti ha
mer hei e kei angscht

Oder das praktische Beispiel dazu: In Max Frischs »Biedermann und die Brandstifter« wird gezeigt, wie ein Bürger versucht, keine Angst zu haben, weil er glaubt, daß ihm, wenn er keine Angst vor den Brandstiftern habe, nichts geschehen könne.

Die Angst vor der Angst – wie das Marti nennt – ist vielleicht eine der deutlichsten schweizerischen Eigenarten.

Sie führt dazu, daß der Schweizer alles, was ihn auch nur einigermaßen beängstigen sollte, bagatellisiert.

Wenn man einem einfachen Mann in der Wirtschaft erzählt, daß in der Schweiz Telephone abgehört werden, versucht er es vorerst nicht zu glauben. Wenn ihm aber dann doch nichts anderes übrigbleibt, als es zu glauben, wird er etwa sagen: »Aber es ist doch bestimmt so, daß das bei uns nicht mißbraucht wird, daß diejenigen, die abhören, anständige Leute sind.« Was auf Biedermann übersetzt etwa heißt: »Vielleicht gibt es Brandstifter, aber sie werden doch sicher nichts anzünden.« Vielleicht gibt es ehemalige Frontisten im Nationalrat, aber sie meinen es gut. Mein Vater und all die, die den Zweiten Weltkrieg bewußter erlebt haben als ich, erzählen zwar, daß man damals – 1939, 40, 41 – Angst hatte. Ich habe keine Gegenbeweise, aber ich zweifle trotzdem daran.

All diejenigen, die die damalige Angst erlebt haben, müßten sich zu sehr verändert haben in der Zwischenzeit; denn sie sind nicht bereit, Angst vor Leuten zu haben, die ihnen zwischen 1933 und 1939 die Angst nehmen wollten. Kein ehemaliger Frontist muß befürchten, daß der Bonjourbericht oder daß Zeitungsveröffentlichungen über seine Vergangenheit auch nur zur Kenntnis genommen werden.

Leute von damals, die inzwischen angesehene und staatserhaltende Bürger wurden, haben ihre Taktik nicht geändert. Sie betreiben genau daßelbe Geschäft, sie führen weiterhin einen Kampf gegen die Angst – weil sie immer noch wissen, daß sich die Angst gegen sie persönlich richten könnte.

Wir Schweizer schauen mit Hochmut auf all jene Deutsche, »die nichts gelernt haben«. Immerhin, etwas haben Deutsche uns voraus, die Angst nämlich, und die Beschuldigungen – gegen Lübke zu Beispiel – lösen Angst aus, und die Angst kann zur Folge haben, daß er untragbar wird.

Ludwig Hohls »Notizen« tragen den Untertitel »Von der unvoreiligen Versöhnung«. Das kann sich nur auf die Schweiz beziehen, auf das Land der voreiligen Versöhnung, auf ein Land, dem Denken zu riskant ist, das Kritik als negativ und defaitistisch bezeichnet, weil die Kritik nur aus der Angst entstehen kann und Angst vielleicht die Grundlage des menschlichen Denkens ist.

So gesehen haben die Schweizer recht, wenn sie Kritik, wenn sie Denkende, Intellektuelle als unschweizerisch bezeichnen. Wenn sie immer wieder aufschreien mit dem Satz: »Ihr seht immer nur das Negative!«

Negatives, vielleicht ist sie ihm zu schöpferisch, sie produziert ihm zu viel und verändert.

Die bekannte Weisheit, daß ein Hund nicht beißt, wenn man keine Angst vor ihm hat, ist ihm in Fleisch und Blut übergegangen. Und von diesem Geist ist das Zivilverteidigungsbuch geprägt, es gibt in ihm kein Körnchen Angst, nicht den geringsten Zweifel – und das erschüttert mich viel mehr als einzelne Sätze daraus.

Vielleicht hat der Bundesrat recht mit seiner Haltung, die eine Stellungsnahme gegen die Angst ist, gegen die Zweifel.

Wenn aber die Angst etwas Menschliches ist, ist dann eben der Staat an und für sich etwas Unmenschliches – und das kann dann doch auch nicht unsere Haltung sein.

Letztlich unterscheidet sich das Lager der Konservativen vom Lager der Opposition in jeder Situation und jedem Land dadurch, daß die Opposition den Mut zur Angst hat.

Man muß das zuversichtliche Grinsen der Reaktionäre gesehen haben, um das zu verstehen.

Wer nicht 50 ist, schadet der Heimat

Ich bin 1935 geboren. Als der Krieg begann, war ich vier, als er zu Ende war, zehn. Mein Vater war gegen Hitler, und ich war derselben Meinung wie mein Vater. Ich hatte keine Gelegenheit, mich mit einer eigenen Meinung für das Falsche zu engagieren.

Ich kann heute gut reden, ich habe keine Ahnung, was damals geschah. Um eine Ahnung haben zu können, müsste ich mindestens Jahrgang 1920 haben, müßte ich also heute fünfzig Jahre alt sein. Jeder Schweizer, der jünger ist, hat zu schweigen, hat das Verhalten einzelner Schweizer von damals zu akzeptieren.

Diese Meinung ist durch eine Stellungnahme zu den Vorwürfen gegenüber Bundesrat von Moos des Presse- und Informationsdienstes des Justizdepartements zum mindesten halboffiziell geworden. Mit dem Satz: »Die zitierten Sätze sind aus dem Gesamtzusammenhang der damaligen Zeit und der historischen Realität herausgerissen«, mit diesem Satz sind alle Schweizer unter 50 Jahren als politisch unmündig erklärt worden.

Denn niemand ist bereit, uns die historischen Realitäten zu erklären, sie sind das streng gehütete Geheimnis der älteren Generation. Wer es blind akzeptiert, darf mitreden, wer etwas wissen will, schadet der Heimat. Wir haben im Unterschied zu Deutschland keine unbewältigte Vergangenheit. Spätestens 1943 wurde sie von allen bewältigt. Noch vor dem endgültigen Sieg der Alliierten hatten die Spurer wieder gespurt.

Wenn ich an den Fall von Jakob Schaffner denke – einen Autor, den ich noch lese, trotzdem er als Nazi völlig verpönt ist –, dann wird mir vorstellbar, daß es damals möglich war, sich für das Falsche zu engagieren, dann wird mir vorstellbar, daß mir der »Gesamtzusammenhang« unklar sein könnte.

Wenn aber dieser Gesamtzusammenhang etwas erklären könnte, weshalb wird er dann zum Tabu, zum politischen Geheimnis erklärt?

Weshalb opfert nicht einer unserer Belasteten seine politische Karriere und steht zur Wahrheit und erklärt sie uns?

Ich glaube, es ist eine Absicht dabei. Man will uns – indem man uns unwissend läßt – aus der Politik ausschließen, sie zu einer Sache der über Fünfzigjährigen machen.

Ich bin auch dafür, daß wir heute – 1970 – nicht mehr Nachkriegspolitik betreiben, oder wie das in verschiedenen Pressekommentaren hieß, »daß wir endlich vergessen«. Aber wie soll ich etwas vergessen können, was ich nicht weiß? Was heißt »Schwamm darüber«, wenn nichts auf der Tafel steht?

Was heißt »historische Realität« und »Gesamtzusammenhang«, wenn niemand etwas getan hat?

Ich bin auch dafür, daß jeder das Recht hat, seine politische Meinung zu ändern, und daß seine jetzige und nicht seine alte in Betracht gezogen werden muß. Ohne das wird die Demokratie sinnlos. Aber was soll ich davon halten, wenn einer sagt, seine damalige Haltung sei dieselbe gewesen unter andern »Realitäten«?

Der Angriff der »Neutralität« auf Bundesrat von Moos geht ins Leere. Er wird keine Konsequenzen haben. Er trifft im übrigen den Falschen; einen senkrechten Mann, der keinen Anlaß hat, etwas zu revidieren. Es ist nicht anzunehmen, daß er heute gleich denkt wie damals, aber immerhin so ähnlich, daß für ihn die Kontinuität herstellbar ist. Er hat nichts zuzugeben und nichts zu ändern. Er war damals dabei, er hat die Jahre, die uns beschäftigen, erlebt – wir nicht.

Und er ist offensichtlich nicht bereit oder nicht fähig, zu formulieren, was er erlebt hat. Er kann uns Junge darüber nicht aufklären.

Wir bleiben die Unwissenden.

Und es kommt zu der eigenartigen Umkehrung, daß es plötzlich die Jungen sind, die in der Vergangenheit wühlen, die Erinnerungen haben möchten, Erinnerungen an eine Zeit, die sie nicht erleben konnten.

In diesem Sinne sind die Alten die Fortschrittlichen. Sie jagen ihren eigenen Erinnerungen davon.

Sie haben vergessen, was wir nicht wissen, und es gibt keine Geschichte der Schweiz, es gibt keine ...

Wer freut sich über den Einmarsch der Russen?

Anläßlich des Offiziersrapports der Felddivision 8 in Luzern erklärte Oberstdivisionär Maurer, daß ihm die heftige Kritik am Zivilverteidigungsbuch unverständlich sei. Noch vor anderthalb Jahren hätten die gleichen Kreise große Reden zu den Vorgängen in der CSSR geschwungen, nun sei die Entrüstung entschwunden, und »uns wurde schmerzlich bewußt, daß auf die Solidarität Kritik am ›ZVB‹ laut wurde.« Ich entnehme das Zitat der »Nationalzeitung«.

Ich habe 1968 auch eine Rede gehalten. Ich hoffe nicht, daß ich sie »geschwungen« habe. Dazu war der Anlaß allzu ernst, und der Einmarsch der Russen in die Tschechoslowakei erfüllte mich nicht mit Freude. Es war mir schon damals bewußt, daß es bei uns Leute geben muß, die vom Einmarsch geradezu begeistert waren. Er hat ihnen bestätigt, was sie schon längst wußten, und sie sind nie bereit, zu lernen, sie sehen die Weltgeschichte nur als dauernde Bestätigung ihrer Ansicht.

Für sie war der Einmarsch der Russen ein Erfolg.

In ihrem Freudentaumel konnten sie unsere Reden nicht verstehen.

Er äußerte sich etwa in dem Satz, der mir in jenen Tagen oft schadenfreudig mitgeteilt wurde: »Ihr Linken seid schön die Scheißgasse hinuntergegangen!«

Oberstdivisionär Maurer spricht davon, daß »auf die Solidarität Kritik am ›ZVB‹ laut wurde.«

Ich erkläre mich mit dem tschechoslowakischen Volk immer noch solidarisch. Oberstdivisionär Maurer hat aber offensichtlich die Solidarität nicht verstanden – sie interessiert ihn nicht, das leidende tschechische Volk ist ihm nur Mittel: Ein Mittel, uns zur Solidarität mit seinen politischen Ideen zu zwingen.

Von Subversion sprachen damals auch die Russen, von fremdem, kapitalistischem Gedankengut, das eingeschleppt worden sei. Es waren einige wenige tschechische und slowakische Zivilverteidiger, die mit den Russen kollaborierten, die davon überzeugt waren, daß die Gedankenfreiheit dem Staat schade.

Und die Russen sind vom Osten und seiner großen Aufgabe ebenso einfach überzeugt wie Maurer vom Westen.

Wenn aber freies Europa und wenn eine freie Schweiz nicht mehr Freiheit der Meinungsäußerung heißt, dann bin ich nicht mehr bereit, etwas zu verteidigen.

Wenn meine Ablehnung des russischen Imperialismus eine Solidarisierung mit dem amerikanischen Imperialismus erfordert, wird für mich das Denken sinnlos.

Vielleicht ist das für Oberstdivisionär Maurer wünschenswert, denn er soll auch gesagt haben, es sei das Ziel (des WK), daß der Soldat seine natürlichen Kampfinstinkte entdecke. Bei dieser schönen Entdeckung könnte allerdings Denken hinderlich sein.

Es macht nach und nach Schule, daß höhere Offiziere die Werte, die in unserem Land zu verteidigen sind, selbst festlegen, sich nicht nur Gedanken darüber machen, wie unser Land zu verteidigen sei, sondern auch, was im speziellen verteidigungswürdig ist.

Noch können ihre Äußerungen vielleicht als privat genommen werden, als ihre persönliche Meinung als Bürger dieses Landes. Darauf haben sie – was sie auch immer sagen – ein Anrecht, für das ich einstehe. Die Offiziersgesellschaft – der Bundesrat legt auf die Feststellung wert – ist ein privater Verein. Aber nach und nach kommt doch der Unterton in diese »privaten« Äußerungen, der etwa so heißen könnte: »Wir verteidigen das Vaterland, wir sind die, die es wirklich lieben, wir haben zu bestimmen, wie es auszusehen hat.«

Politisierende Offiziere jedenfalls sind gefährlich. Es könnte ihnen gelingen, aus unserer Schweizer Armee eine Armee rechtsbürgerlicher Schweizer zu machen – zum Beispiel eine freisinnige, oder konservative oder eine BGB-Armee.

Ich bin Soldat der Schweizer Armee. Soldat einer rechtsbürgerlichen Armee könnte ich aus Überzeugung und aus Gewissensgründen nicht sein, weil ich Sozialdemokrat bin.

Ein weiteres Zitat

Vietnam ist bei uns zur Formel geworden. In Vietnam selbst ist Vietnam ein Krieg, der Not und Elend verbreitet, das Gewissen der Soldaten in Gewissensnot und dort meist zur Gewissenslosigkeit bringt.

Bei uns ist Vietnam »nur« eine harmlose Grenze zwischen links und rechts. Was irgendwo weit weg blutiger Ernst ist, ist für uns ein Manöverchen.

Die Meinungen der Linken und die Meinungen der Rechten zu der Sache sind zum vornherein uninteressant.

Deshalb möchte ich hier einmal nur zitieren. Das Zitat mag die einen ärgern und die andern freuen, es handelt sich um die negative Antwort auf ein Asylgesuch eines Amerikaners, der in der Schweiz studiert. Er ist Deserteur.

Das Justizdepartement begründet seine Absage so:
- Der Rekurrent gibt zu, daß er wegen seiner Überzeugung in der Heimat nicht verfolgt wird. Aus seinen Aussagen ergeben sich keine Anhaltspunkte dafür, daß er in anderer Hinsicht die Voraussetzungen für die Asylgewährung erfüllt. Wie jeder andere amerikanische Staatsangehörige hatte er das Recht, für oder gegen die Vietnampolitik sei-

ner Regierung Stellung zu nehmen. Als Staatsbürger oblag ihm aber die Pflicht zur Leistung von Militär- und Kriegsdienst. Nur weil er sich dieser Pflicht entzog, hat er Bestrafung zu erwarten ...
- Der Rekurrent nimmt für sich das Recht in Anspruch, getreu seiner Überzeugung zu leben. Aus seinen Ausführungen ist zu schließen, daß er darunter offenbar das Recht versteht, nur diejenigen Anordnungen zu befolgen, die seiner Überzeugung entsprechen ... Würde dem Bürger die Wahl gelassen, zu entscheiden, welche öffentlich-rechtlichen Pflichten er erfüllen will und welche nicht, so würde dies zur Auflösung der staatlichen Ordnung führen.
- Die Echtheit des Konfliktes, in den der Rekurrent durch seine Einberufung zum Kriegsdienst in Vietnam geraten ist, soll nicht bezweifelt werden. Dieser Konflikt konnte ihn aber nicht davon entbinden, seinen Pflichten gegenüber dem Staat nachzukommen und seine persönlichen Interessen den Interessen des Staats unterzuordnen.
- Der Rekurrent sagt nicht, weshalb die Intervention der USA in Vietnam vor dem Recht nicht bestehen kann. Das, was in der USA als Recht gelten soll, bestimmt nur der Staat. Die Intervention in Vietnam wurde von der Regierung im Rahmen der ihr verfassungsmäßig zustehenden Kompetenzen beschlossen ... Möglicherweise vertritt der Rekurrent die nicht haltbare Auffassung, daß nur die Gegner der militärischen Interventionen legitimiert seien, über Recht und Unrecht im Vietnamkrieg zu urteilen.

Immerhin eine Bemerkung sei mir gestattet. Wenn diese Ausführungen so grundsätzlich sein sollen wie sie sich geben, dann wären sie ein endgültiger Verzicht auf jede Asylgewährung; denn ein Asylgesuchsteller kann ja aus keinem anderen

Grund um Asyl bitten als aus dem, daß er sich gegen die Gesetze seines Staates (oder die Gesetze sich gegen ihn) gestellt hat.

Diesmal hat sich allerdings der Gesamtbundesrat mit seinem Justizminister nicht solidarisiert. Er lehnte zwar einen zweiten Rekurs, der an ihn ging, auch ab, aber er argumentierte nicht mehr grundsätzlich gegen jede Asylgewährung.

»Dem Rekurrenten ist darin beizupflichten, daß bei der Asylgewährung nicht zu prüfen ist, ob der Flüchtling begründeterweise mit der politischen Gewalt seines Heimatlandes in Konflikt geriet. Die Asylgewährung ist ein Akt der Humanität. Das Asyl kann nicht nur dem Flüchtling zuteil werden, der sich zu den Anschauungen bekennt, die auch dem schweizerischen Staatswesen zugrunde liegen, sondern grundsätzliche jedem, der, welches auch immer sein politischer oder weltanschaulicher Standort sei, mit den politischen Mächten seines Landes in Konflikt gerät.«

Das ist ein mutiges Wort und mehr als beschämend für den Verfasser der ersten Antwort.

Um es nicht allzu einfach zu machen: Ich spreche hier nicht vom negativen Entscheid über das Asylgesuch, sondern von der Argumentation.

Die Langhaarigen

»Dieser Mann kann arbeiten wie ein Berserker, wenn er von der Idee überzeugt ist. Bahn auf, Bahn ab war er ständig auf den Beinen; er kontrollierte, organisierte, beriet, tröstete, half da und dort aus, gab Interviews, lächelte in Kameras, zwinkerte schnell seiner blonden Mirja zu und eilte gleich wieder an eine Kurve. Der Mann schenkte sich nichts. Und abends, zwischen den Empfängen und Repräsentationen, telephonierte er in der Welt herum, um nach seinen Geschäften zu sehen. Denn der Playboy ist einer der vielseitigsten Unternehmer auf unserem Kontinent. Er ist stellvertretender Aufsichtsratsvorsitzender ... Gründer und Besitzer der ... Immobilienhändler in der Schweiz, Präsident des Münchner Museums für moderne Kunst, daneben Filmproduzent und Regisseur von durchaus ernstzunehmenden Filmen, ausgezeichneter Tontaubenschütze und Skeletonfahrer, kurz, ein junger, sehr energischer Unternehmer, der die Gabe hat, etwas zu unternehmen und es auch konsequent zu Ende zu führen.«

So klärt eine schweizerische Illustrierte – die »Allgemeine« – ihre Leser über eine Person auf, von der man so falsche Vorstellungen hatte.

»Kurz, ein junger, sehr energischer Unternehmer, der wie ein Berserker arbeitet.« Er hat übrigens wieder eine Frau, von der es heißt: »Die unkomplizierte stille Frau zieht freie Natur und Kaminfeuer Bars und Rummel bei weitem vor. Sie ist darin echte Schwedin.«

Als Gegenbeispiel kenne ich einen Waldarbeiter, der arbeitet nicht wie ein Berserker, »wenn er von der Idee überzeugt ist«, der arbeitet ganz einfach hart und im Akkord, und abends – davon können Sie halten, was Sie wollen – betrinkt er sich (und bezahlt für das Bier den Mindesttarif von 55 Rappen) und hat eine Frau, die ist darin nicht »echte Schwedin« und von freier Natur weiß sie nichts. Kurz, ein junger, sehr energischer Waldarbeiter.

Wo liegt der Unterschied?

Vielleicht im Bierpreis, vielleicht auch darin, daß der Waldarbeiter im Rausch recht unangenehm wird. Und vielleicht auch darin, daß er im Leben keine Chance, nicht eine mehr hat – sogar das Sport-Toto-Spielen hat er aufgegeben.

Ihn habe ich vermißt, als ich kürzlich im Dorf des andern jungen und energischen war. Ich hätte im übrigen dort auch keine Wirtschaft gefunden für uns beide, und vielleicht hätte er sich geweigert, das Dorf zu betreten. Er kennt Nordafrika und Indochina und reist nicht gern.

Aber ich habe die Unternehmer gesehn, sie sind braungebrannt, tragen langhaarige Pelzmäntel und langhaarige Pelzstiefel, langhaarige Pelzmützen auch, und sie langweilen sich langhaarig herum und nippen an ihren Gläsern. (Mein Waldarbeiter wäre schon längst vollgelaufen).

Mein Waldarbeiter läßt sich auch nicht scheiden, und man erzählt sich, der verprügle im Rausch seine Frau.

Und seine Frau hat Kinder und läßt sich auch nicht scheiden, und mein Waldarbeiter telephoniert nicht, und mein Waldarbeiter hat kein Verhältnis zur modernen Kunst und zum Münchner Museum für moderne Kunst schon gar nicht.

Aber die Langhaarigen haben ihn nicht vergessen. Sie rechnen mit ihm und teilen ihm wöchentlich in Illustrierten ihre privaten Sorgen mit und daß die es auch schwer hätten. Und daß die Verantwortung für die freie Wirtschaft sie sehr bedrücke.

Sie mögen meinen fleißigen Waldarbeiter.

Wen sie nicht mögen, das ist Konkurrenz im Tal. Da gibt es Langhaarige, die für ihre Haare nichts bezahlt haben, weil es ihre eigenen sind.

Mein Waldarbeiter mag sie auch nicht, weil sie nichts arbeiten. Und wenn die Langhaarigen im Frühling von den Bergen steigen, dann wird sie mein Waldarbeiter tüchtig im Kampf gegen die Langhaarigen im Tal unterstützen. Er bekämpft sie, weil sie – wie er sagt und gehört hat – nichts arbeiten.

Aber die Menschen werden schon längst nicht mehr nach dem beurteilt, was sie arbeiten, sondern nach dem, was sie konsumieren. Und wer in der Rangliste ganz oben stehen will, muß so viel konsumieren, daß er gar nicht mehr zur Arbeit kommt.
Das ist der Unterschied: Nur gekaufte Haare sind anständig.

Schriftsteller zu ihrem Austritt

Man wird und kann uns den Vorwurf machen, daß wir auch nichts getan haben für den Verein. Und wir machen dem Verein den Vorwurf, daß er überhaupt nichts tut. Nun, er kann nicht, weil er nie so gedacht war. Er ist ein Verein, der keinen andern Zweck hat, als daß man hier Mitglied sein kann, und als Mitglied eines Schriftstellervereins dann so einigermaßen die Gewißheit hat, ein Schriftsteller zu sein. Daß er darüber hinaus noch etwas sein sollte, das leuchtet der Mehrheit der Mitglieder nicht ein. Ich möchte diese Mehrheit nicht stören, deshalb ziehe ich mich zurück. Ich kann mir vorstellen, daß es Leute gibt, denen es wichtig ist, Mitglied zu sein, und denen es auch genügt. Der SSV garantiert einen Status, mehr nicht. Sein Hauptgeschäft sind Aufnahmen. Daß Maurice Zermatten das Zivilverteidigungsbuch übersetzt hat, finde ich nicht gravierend, aber daß das Buch den SSV nicht beschäftigt hat, disqualifiziert ihn.

Wie soll das weitergehen?

Einen Anfang gibt es schon: Wir kennen uns gegenseitig. Ich selbst bin dagegen, Hals über Kopf einen andern Verein zu gründen, mit einer andern Generalversammlung, mit einem andern gemütlichen Ausflug, im Anschluß an die Generalversammlung. Wir sind Leute, die schreiben. Das ist unser Beruf. Schriftsteller ist eine Berufsbezeichnung, kein Status. Unser Beruf führt zu gemeinsamen Interessen. Ich glaube, daß wir uns zusammenfinden werden, auf Grund unserer Arbeit und nicht auf Grund eines schäbigen Status.

4

Verstreute Texte 1963-1971

Sonnenaufgang

Die, die morgens in den Bahnhöfen stehn und die, die abends von den Bahnhöfen kommen, die niemanden treffen und niemanden suchen, die, die niemanden sprechen und in ihre Mäntel gehüllt sind, die, die unter ihren Hüten leben, die, die ihre Mappen und Taschen beschützen, die dann in Zügen fahren und keine Reise tun, die hinter Drähten, rostigem Eisen und hinter Wagen die Sonne aufsteigen sehn, und die Sonne ist rot und der Staub des Bahnhofs liegt schwarz in ihr, die sagen nicht oh
die lassen sich stoßen
die rauchen Zigaretten
die spucken Tabak von den Lippen
die fahren in Zügen und fahren nur dahin wo sie hinfahren
und tun ihre Arbeit und fahren zurück
und zeigen die Fahrkarten und stecken die Fahrkarten ein
sie sitzen in den Zügen
und immer die Zeitung
und immer den Nachbarn
und immer die Sonne die rot oder gelb aufsteigt
und immer sechs Uhr
und ein Bahnhof hat keine Zeit, Sehnsucht zu sein, und es kann Herbst oder Frühling sein, es ist nicht schlimmer im Winter und nicht besser im Sommer. Durchfahrt nach Indien, hat Walt Whitman gesagt, doch sie fahren nach Bahnhöfen
nach Bahnhöfen mit Wartenden
und nach Bahnhöfen mit Sonnenaufgängen
nach Bahnhöfen mit Lautsprechern
mit Arbeitern und Beamten
mit Kiosk und Zeitungen

mit Sandwichs und Zigaretten
mit Schaltern und Toiletten
und in den Toiletten sind Dinge an die Tür gezeichnet. Irgend jemand zeichnet in Bahnhöfen Dinge, und irgend jemand streicht sie durch, und jemand entziffert sie, und jemand erstattet Anzeige und eine Amtsstelle erschwert das Zeichnen durch Anbringen eines Gitters und nun kritzelt er seine Dinge buchstabenweise in die Zwischenräume
er, der morgens im Bahnhof steht
er, der in seinen Mantel gehüllt ist
er, der unter seinem Hut lebt und seine Tasche beschützt
seine Dinge
in der Toilette des Bahnhofs
der morgens um sechs Uhr seinen Sonnenaufgang hat
seine Dinge
buchstabenweise

Zwei Briefe eines Teilnehmers am Literarischen Colloquium, Berlin

Berlin, 18. November 1963

Lieber Herr ...,
ich bin also jetzt in diesem Betrieb und ich glaube, er wird mich nicht erschlagen. Erstmals habe ich das Gefühl, daß mir meine Militärdiensterfahrungen zugute kommen.

Man hat Erfahrung, mit Leuten zu sprechen, deren Ansichten man nicht teilt, dem Feldwebel zu gehorchen ohne sich zu verkaufen, mitzusingen, ohne heiser zu werden.

Ich bin hier gut aufgenommen worden und meine Texte

scheinen zu gefallen. Heute habe ich zwar eine Abfuhr erlitten.

Wir bekommen Themen gestellt, schreiben schnell etwas darüber, lesen es vor, diskutieren endlos, und die Leiter greifen nicht sehr in die Diskussion ein. Die Themen lauteten bis jetzt: »Jemand entfernt sich bei starker Beleuchtung«, »Sterben«, »Flucht«. Je mehr die Texte vom Thema entfernt sind, desto mehr Erfolg haben sie.

[...]

Ich frage mich schon lange, weshalb in der gegenwärtigen deutschen Malerei der Surrealismus so viel gilt. Jetzt treffe ich ein ähnliches in der deutschen Literatur. Der Einfall ist hier das Wichtigste. Durch Originalität unterscheidet sich der Dichter. Kein Trommler kann hier zu klein sein, kein Pfarrer zu obszön [...]

Noch kein Text wurde gelesen, ohne daß über die Funktion der Ironie – »Vielleicht meint er es ironisch«, »Er sollte es ironisch meinen« – gesprochen wurde.

Also doch ein Gesellschaftsspiel, eine gute Idee für langweilige Partys.

Wenn mir das ganze von Nutzen sein kann, dann darin, daß ich mich im Durchhalten übe und ich werde durchhalten und weiterhin jeden Einfall in meinen Texten überwinden.

Bis jetzt arbeiteten wir eine Woche mit Richter und eine mit Peter Weiss, jetzt wieder zwei Wochen mit Richter, später wird noch Grass kommen.

Ich habe kürzlich mit Herrn Baumgart gesprochen. Er will sich für das Colloquium nicht zur Verfügung stellen. Auch Johnson will sich zurückziehen, er habe zu viele Skrupel, so bleiben uns also noch die Skrupellosen.

Ich bin froh, daß ich in Zuchwil schreiben darf.

Im übrigen gefällt mir hier vieles gut, und ich komme auch von Zeit zu Zeit zu meiner eigenen Arbeit.

Leider sind die Qualitätsunterschiede unter den Teilnehmern sehr groß, auch der Altersunterschied, ich gehöre zu den Älteren. Zu den Besseren gehören Hubert Fichte, den Sie wohl von der Gruppe 47 kennen, auch Hermann Peter Piwitt, der mich bat, Sie freundlichst grüßen zu lassen, dann auch der jüngste Teilnehmer, der ebenfalls bei der Gruppe 47 gelesen hat und sehr talentiert ist, leider auch sehr jung. Man will ihn verderben.

Die Behutsamkeit in meinen Texten ist ihnen ein Dorn im Auge. Ich weiß, daß ich mich nicht beeinflussen lassen werde.

Erfreulich sind einige private Gespräche, erfreulich vielleicht auch die ländliche Art der Berliner.

Es geht mir recht gut, und ich bin gern hier.

Jetzt habe ich also meinen Ärger vom Leib geschrieben. Ich hoffe, daß Sie mir das entschuldigen.

Vielleicht könnten wir uns anfangs Januar einmal treffen.

Mit herzlichen Grüßen

Peter Bichsel

Berlin, 22. Februar 1964

Lieber Herr ...,
ich danke Ihnen für Ihren netten Brief. Es freut mich, daß das Buch nun verwirklicht werden kann. Ich habe inzwischen auch das Manuskript noch einmal durchgesehen und einige Sachen korrigiert. Ich glaube, ich kann jetzt dazu stehen [wenn auch nicht zu allen Geschichten gleich überzeugt].

Klaus Roehler, der das Manuskript ja vom Rundfunk her kennt, hat mir angeboten, es noch einmal durchzusehen. Ich habe es ihm gestern gebracht und er wird es mir nächste Woche zurückgeben. Im wesentlichen werde ich das Manuskript kaum mehr verändern, aber vielleicht findet er doch noch offensichtliche Fehler.

Über den Schlußsatz »Das muß einmal gesagt sein« zerbreche ich mir immer noch den Kopf, mehr und mehr ringe ich mich dazu durch, ihn zu opfern.

Zum Projekt der WALTER-DRUCKE werde ich bestimmt Stillschweigen bewahren können. Es fällt mir hier in Berlin besonders leicht, weil ich mich hier täglich über das Literaturgemunkel und die literarischen Geheim- und Abhördienste amüsiere und nicht mittun möchte [oder wenn schon mit faustdicken Lügen].

In Berlin ist gegenwärtig viel Trubel, ich nehme an, daß sich die Berichte über unseren Colloquium-Fasching schon bis nach Olten ausgebreitet haben. Wenn nicht, hier in Kürze: [...]

Also, das Manuskript werde ich spätestens Ende Februar abschicken.

Jetzt will ich noch kontrollieren, wie viele »würde« in diesem Brief sind [ich brauche das Wort wirklich sorglos und unverantwortlich] – Augenblick – soviel ich sehe, habe ich mich beherrschen können.

Mit herzlichen Grüßen, auch an Ihre Frau
Peter Bichsel

Prosaschreiben

Jemand entfernt sich in starker Beleuchtung

Er saß lange da, vielleicht eine Stunde, vielleicht weniger, ihm schien es lange. Denn da saßen andere, an andern Tischen und die konnten ihn sehen.

Er fiel ihnen nicht auf, aber er sah sie und er sah, daß sie ihn sehen konnten und deshalb schien es lange.

Dann bezahlte er, etwas später stand er auf, nahm seinen Mantel, zog ihn nicht an, um schnell wegzukommen.

Niemand beachtete ihn, aber er sah sie und wenn er über seinen Stuhl gestolpert wäre, hätten ihn alle gesehen. Dann bemerkte er, daß er den linken Fuß hob, vor den rechten setzte, den rechten hob, vor den linken setzte und bemerkte, daß das eine mühsame Bewegung sein kann und daß man, wenn man denkt dabei, viel denken muß.

Dann waren es noch zehn Schritte bis zur Tür und er versuchte das Denken sein zu lassen und dann ging es, denn er hatte wie alle viel Übung im Gehen.

Wie er unter der Tür ins Licht der Leuchtreklame trat, richtete sich sein Schatten auf und fiel mit ihm zusammen.

Er blieb stehen.

Er sah sie jetzt nicht mehr.

Er zog seinen Mantel an und die anderen sahen ihn jetzt. Sahen, wie er mit dem Mantel seinen Rücken schützte, dachten vielleicht, daß sein Schatten unter dem Mantel gefangen sei. Dann ging er, und Mann, Schatten und Mantel versanken hinter der Spiegelung der Glastür.

Stadtrundfahrt für Alte und Einsame

Studer hatte noch sein tägliches Bier im »Schlüssel«, er hatte alle Jahre am 17. August seinen Geburtstag, er hatte sein Weihnachtsfest, Neujahr, Ostern, er hatte noch seine Tochter, die für ihn sorgte und er hatte jedes Jahr im Frühling die Altleutefahrt.

Darauf freute er sich, weil sie ihm wie Geburtstag, Weihnachtsfest und Ostern half, das Jahr einzuteilen, weil all dies seine Zeitrechnung geworden war, wer weiß, ob wir nächstes Jahr noch dabei sind.

Minder wird dabei sein, Edwin Bühler und seine Maria, der Brunner, Emma, der kleine Kummer, Fritz Bleuer und auch Gustav, ja auch Gustav.

Der saß nun hinten im Bus, sein Bauch drückte die Beine auseinander. »Singen wir doch das schöne Lied von den alten Straßen«, rief er, »die alten Straßen noch, die alten Häuser noch, die alten Freunde aber sind nicht mehr«, und er zog das blaue Männerchorbuch aus der Tasche.

Sie sangen, der kleine Minder, der auch so gerne beim Militär gewesen wäre, und Lehrer Brunner, Oberst Brunner, dem es eine edle Pflicht war, beim Militär zu sein, und der alte Kummer, in seinen Kleidern hängend, abstehende Ohren, die von Tag zu Tag größer wurden und der Kopf schrumpfte unter seinem Hut, die Krempe lag auf seinen Ohren auf.

Edwin Bühler hielt die Hand seiner Maria in seiner Hand, seiner dicken Maria, die ihn 1920 geheiratet hatte, weil sie dikker geworden war und doch keinen andern gefunden hätte, die seither das Geld verwaltete und ihm ein Taschengeld von 10 Franken im Monat ausbezahlte. Und Edwin sagte: »Das ist Kriegstetten, da waren wir, Feldhaubitzen 11, da im ›Sternen‹, ich hab dir doch geschrieben und du hast mir warme Socken geschickt, du liebe Maria.« Frau Bühler sagte: »Mein Mann war Wachtmeister.« Sie sagte es zu Emma Hirsig, aber Emma hörte nicht hin, sie sah auf der Straße einen Hund und sagte: »Ach der arme.«

Gustav war mit Studer in die Schule gegangen. Gustav hatte Studer eine lange Nase gemacht, damals am 12. Juli 1901, Alfred Studer, ein schmächtiger Knabe in halbleinenen Hosen, stand im Garten und winkte mit einem weißen Taschentuch seinen Schulkameraden, die eine Schulreise aufs Rütli machten. Alfred durfte nicht mit. Die Tante wollte ihm die zwei Franken für die Reise nicht geben und er hatte geweint. Jetzt zwang sie ihn noch, hier im Garten zu stehen, mit ihrem weißen Taschentuch, und zu winken.

Der Zug fuhr langsam weg, Alfred winkte und die Schüler sangen »Wem Gott will rechte Gunst erweisen«. Er sah den Lehrer dasitzen, steif wie immer, aber lächelnd. Und Gustav lehnte sich aus dem Fenster und machte Alfred eine lange Nase. Zwei Tage später brachte die Post eine Karte von Heidi: »Lieber Alfred, es ist schön, schade, daß du nicht dabei bist.«

Jetzt kann er Heidi keine Karte schreiben. Und Emma schlug vor, »Wem Gott will rechte Gunst erweisen« zu singen, wie damals auf der Schulreise. Die Sonne brach durch den Nebel. »Oh wir werden einen schönen Tag haben« und Julia sagte: »Wie die Bäume blühn.«

Studer summte nun auch mit. Er dachte nicht mehr an den 12. Juli. Er dachte vielleicht an den Teddybären, den ihm Onkel Hans vom Jahrmarkt gebracht hatte. Der Onkel sang damals auch. Der Teddybär war gelb und trug ein Halsband aus violetter Seide.

Und der Autobus mit den alten Leuten fuhr zwischen den Häusern und den Bäumen und dem Grünen, und die Hunde bellten den Autobus an. In einem Dorf war die Schule aus, die

Kinder kamen mit ihren Tornistern, sie winkten und die Alten bemerkten es nicht, dann winkten die Alten und die Kinder bemerkten es nicht. »Das ist Koppigen«, sagte Kummer, »das hat sich aber gemacht, fast eine Stadt geworden inzwischen.« Dann versperrte ein Mistwagen die Straße und wie der Bus hielt, hörte man die Alten singen. Der Bauer schlug auf seine Pferde ein, der Bus hupte, Leute blieben stehen, der Chauffeur tippte an die Stirn, endlich zogen die Pferde an, das Singen versank im Motorengeräusch, die Kinder winkten wieder und der Bus fuhr zwischen den Häusern, den Bäumen und dem Grünen weiter. Wie die Bäume blühn.

Sie mußten einen Aufsatz schreiben über die Schulreise und der kleine Alfred streckte die Hand auf und sagte: »Was soll ich denn schreiben, ich war ja nicht dabei.« »Schreib, was du willst«, sagte der Lehrer und er schrieb von großen Lokomotiven und von den schwarzen Männern, die sie füttern, und von Italien, wo man hinfahren kann mit ihnen, durch den Gotthardtunnel.

Vielleicht ging er später zur Bahn, weil er damals nicht mitdurfte aufs Rütli. »Eine Staatsstelle, das ist gut«, hatte Onkel Hans gesagt. Alfred wollte eigentlich Lokomotivführer werden. Er wurde aber Stationsbeamter, verkaufte Fahrkarten, gab Auskünfte, saß hemdärmlig hinter dem Schalter und rauchte Zigarren.

»Das war Koppigen«, rief Gustav.

»Daß der sich nicht still halten kann, wissen wir doch alle, daß das Koppigen war.«

»Wir fahren bestimmt nach Madiswil«, sagte Gustav, »in den Bären, eine richtige Freßbeiz, solche Platten.«

»Dann würden wir über Langenthal fahren und nicht über Koppigen«, sagte Studer.

»Warum denn nicht über Koppigen? Wir fahren nach

Koppigen, von da nach Seeberg und dann über die Linde und schon sind wir in Madiswil.«

Der war schon immer so, dachte Studer.

»Kennst du wohl nicht, Seeberg, hat keine Eisenbahnstation«, lachte Gustav.

Als man entdeckte, daß Emma Hirsig ihre Katze bei sich hatte, gab es fast Streit. Oberst Brunner mochte nun einmal keine Katzen, er sagte: »Raus muß sie!« Emma zog ihr Körbchen ganz nahe an sich. Aber alle hatten die Katze gern. Was der für Ideen hat, eine Katze rauszuschmeißen, der Rohling. Die Katze wanderte von Schoß zu Schoß. »Schaut, bei mir bleibt sie«, sagte Frau Bühler und fütterte sie mit Zwieback aus ihrer Handtasche. Brunner schaute stur aus dem Fenster.

»Ich war auch bei der Artillerie«, sagte Bühler zu ihm, »Feldhaubitzen 11.«

»Ja, da müssen Sie doch den Major Rückert gehabt haben.«

»Ja, genau der, den hätten wir umgelegt im Ernstfall, Kugel im Rücken, kein Pardon.«

»Passen Sie mal auf Bühler, was ich Ihnen jetzt sage, der Rückert, das war ein Stratege, der hätte in den Generalstab gehört, das war einer von denen, vor denen sich die Deutschen zu fürchten gebraucht hätten.«

»Und auf das kommt es ja an«, sagte Bühler, »auf die Wehrbereitschaft und so.«

»Richtig Bühler«, sagte Brunner.

Studer konnte seine Ausrüstung nach der Rekrutenschule, Aarau 1912, abgeben, weil er bei der Bahn war. Aber ein guter Schütze war er und er hätte sein Gewehr auch hervorgeholt, wenn es geklöpft hätte. Und dann war doch die Munitionsfabrik in der Nähe des Bahnhofs. »Glaubt ja nicht, daß die Deutschen das nicht wissen«, sagte Bahnhofsinspektor Wüthrich.

Und jetzt fuhren sie durch ihre Schweiz. Sie hatten sich angewöhnt, sie so zu sehn wie die Engländer: Hügel, Bäume, Kühe, Berge, Freiheit und sie sangen ihre Lieder.

Als Heidi noch lebte, hatte Studer mit ihr viele Reisen gemacht, weil sie Freikarten hatten, sie waren zusammen in St. Moritz, Zermatt, einmal in Genf, in Zürich, unvergeßlich. Aber Heidi ist nicht mehr da, das ist nun mal so und Studer ist nicht mehr bei der Bahn. Er ist pensioniert, entbehrlich geworden und der Bahnhof wurde renoviert, die alte Schalterfront abgebrochen, durch Glas ersetzt. Studer wußte, daß seine Hemdärmel, seine Zigarre nicht hinter die Glasfront passen würden und bei der letzten Versammlung der Stationsbeamten stand er auf und sagte: »Nun, ich will auch noch etwas sagen. Wir Alten haben hier gearbeitet, wir haben nicht mehr als unsre Pflicht getan. Der Neubau wird euch Jungen gehören. Mit ihm wird vieles neu werden und auch das Andenken an Alt-Bahnhofsinspektor Wüthrich wird dahinschwinden. Es war sein Bahnhof, möge es euch vergönnt sein, daß der neue Bahnhof der eurige wird, wie der alte der unsre war.« Dann steckte er seine Zigarre in Brand.

Inzwischen hatten sie die Linde erreicht. »Hab ich es nicht gesagt«, rief Gustav.

Studer lehnte sich in den Sessel zurück und rauchte seine Zigarre. In der Armlehne war ein Aschenbecher, man mußte auf einen Knopf drücken und dann sprang er heraus. Er wußte es noch vom letzten Mal. Er drückte auf den Knopf. Was es heute alles gibt. Und der andere Knopf war zum Verstellen der Sitze, man hätte schlafen können. »Flugzeugsitze«, sagte Gustav und Brunner sagte: »Früher ist man noch gewandert, mit Rucksack und Mundharmonika.«

»Das Wandern ist des Müllers Lust«, stimmte Bleuer an und mit Überzeugung setzten die andern ein, aber beim Refrain stellte sich heraus, daß es zu hoch war. Brunner winkte ab, deckte ein Ohr mit der Hand und suchte einen neuen Ton.

»Zu tief«, sagte Bleuer. »Nehmt mal den Ton ab«, sagte Lehrer Brunner, »und jetzt die zweite Stimme, ich helfe mit, das Wandern ist des Müllers Lust.«

Der Chauffeur lachte.

Und sie fuhren in den ›Bären‹ in Madiswil, Bohnen, Speck, Schweinswürste, Rippchen, Kartoffeln, Beaujolais, Dôle, Twanner, eine kleine Tischrede von Lehrer Brunner: »Ich kann nicht umhin, hier doch, und möge es uns vergönnt sein, nehmen wir also alle unser Glas in die Hand« und einen Handorgelspieler hatte man engagiert, der erzählte immer zwischen drei Stücken einen Witz. Gustav lachte am lautesten.

Der Doktorfisch

Daß man Angst vor Krokodilen hat, weiß man. Trotzdem muß man es erfahren. Ich erfuhr es im Aquarium von Berlin. Es ist sehr heiß bei den Krokodilen.

Fische interessieren mich nicht. Ich ging von Glas zu Glas und achtete auf die Namen, ›Moderlieschen‹, ›Schlammpeitzger‹, ›Piranhas‹. Einer hieß ›Doktorfisch‹. Ich entschied mich für ihn, bildete mir ein, mich für ihn zu interessieren. Er ist elf cm lang, blau gefärbt, was etwas anderes als blau ist, und hat einen gelben Schwanz. Ganz blau würde er mir allerdings besser gefallen.

Kindern erzählte man es so:

Der Doktorfisch schwimmt als hätte er ein Köfferchen in der Hand. Er heißt aber nicht deshalb Doktorfisch, sondern weil er ein gescheites Gesicht hat. Er kann nicht in die Schule gehen und er kann nicht ins Kino gehen, weil er nicht über die Reihen wegsehen kann und in die erste Reihe wird er sich nie setzen, weil das den Augen schadet und das weiß der Doktorfisch, weil er ein Doktorfisch ist. Er darf nicht aus dem Wasser, sonst sagen die Leute: »Seht diesen Fisch, der glaubt er hätte ein Köfferchen und er hat gar keines.« Und der Fisch würde es hören und würde traurig. Matthias sagte darauf: »Ich weiß, daß man unter Wasser hören kann, ich hab es im Waschbecken versucht.«

Ich nahm mir vor, etwas über den Doktorfisch zu schreiben und ging ein zweites Mal ins Aquarium, betrat es durch den Haupteingang an der Budapester Straße, bezahlte eine Mark fünfzig Eintritt und kaufte mir für fünfzig Pfennige die Broschüre ›Das Aquarium im Berliner Zoo‹. Ich wollte orientiert sein. Der Doktorfisch ist in der Broschüre nicht erwähnt, aber alle weiteren Namen habe ich ihr entnommen.

Ich suchte ihn lange. Ich wußte nicht mehr, ob er zur Süßwasser- oder Meerwasserabteilung gehört. Ich fand ihn. Er war grau.

Auf dem Schild stand ›Grauer Doktorfisch‹. Vielleicht hielt ich das letztemal die Blaue Zebrasoma für ihn. Beide leben im indo-pazifischen Ozean und werden auch hier im selben Glas gehalten.

Nun, auch der Graue schwamm als hätte er ein Köfferchen in der Hand. Er war milchig grau, gefiel mir gut und besaß eine schwertförmige gelbliche Rückenflosse und eine bläuliche Bauchflosse.

Aber ich war enttäuscht. Ich hatte vom Doktorfisch erzählt und es gab ihn nicht. Ich wollte das Aquarium verlassen und meinen Plan, vom Doktorfisch zu schreiben, aufgeben.

Zufällig sah ich ein Schildchen ›Gelbschwanz-Doktorfisch, Rotes Meer‹. Da war er also, der elf Zentimeter lange.

Aber er war nicht mehr ein Einsamer unter den 1203 Arten und 9130 Stücken. Es gab nun noch einen anderen.

Und bald fand ich einen dritten, den ›Großen Doktorfisch‹, er gleicht dem grauen und mißt fast einen halben Meter. Nun fiel die Entscheidung schwer. Dazu kam, daß mir der Einfall mit dem Köfferchen auch verdorben wurde, denn es gibt in den tropischen Küstengewässern ein Fischchen, das wirklich Kofferfisch heißt, vielleicht weil es aussieht wie ein Koffer.

Ich ging zurück zum blauen Gelbschwanz und blieb vor ihm stehen, jetzt ohne Absicht, einfach so, wohl nur deshalb weil ich eine Mark fünfzig bezahlt hatte. Ich nahm mir vor, nichts zu schreiben, ich möchte nicht als Tierfreund gelten. Ich tat es trotzdem.

Wenn ich über jemanden schreibe, bilde ich mir ein, ich hätte sein Gesicht. Ich weiß, daß der Doktorfisch nichts denkt, und ich habe sein Gesicht und sehe mein Gesicht vor dem Glas, wie es mich anschaut.

Variationen über ein Kapitel aus Gottfried Kellers
»Der grüne Heinrich«

Die Mutter hatte Angst, daß er etwas werden könnte, was man nicht werden kann. Als er zehnjährig war, nahm sie ihm feierlich das Versprechen ab, daß er nie einem Fußballclub beitreten werde. Und als er den Wunsch äußerte, Lokomotivführer zu werden, lächelte sie und sagte: »Das hat ja noch Zeit.« Die Tante hingegen machte den Kleinen vorwurfsvoll darauf aufmerksam, daß sie schon als kleines Kind wußte, daß sie Krankenschwester werden wolle und auch Krankenschwester geworden sei und zwar Rotkreuzkrankenschwester.

Der Vater sagte: »Er ist Linkshänder, ein Handwerker wird

er nicht.« Sein Vater war Maler, Anstreicher also oder besser Dekorationsmaler. Er machte in den Treppenhäusern die schönen Ornamente, die die Ölfarbe von der Tünche trennten, und er besaß ›Kochs Großes Malerhandbuch‹ mit vielen farbigen Tafeln, die der Kleine betrachten durfte, wenn er vorher das Versprechen abgegeben hatte, die Hände zu waschen und Sorge zu tragen.

Im Zeugnis hatte er viele ›sehr gut‹, im Schreiben ein ›genügend‹, im Turnen keine Note und im Rechnen meist ein ›gut‹.

Die Mutter machte sich Sorgen, weil andere Knaben im Turnen eine Note hatten und weil andere Knaben viel sauberere Hefte führten als er, weil andere viel freundlicher waren und weil ein Lehrer mal sagte: »Ihr Sohn ist ein Träumer, ich glaube, es wird was Besonderes aus ihm.« Daß ihr Sohn nichts Gewöhnliches werden sollte, freute die Mutter, aber etwas gar zu Besonderes würden die Nachbarn nicht verstehn.

Sie bestand also nicht mehr länger darauf, daß er Violinunterricht nehmen müsse, bemerkte zu seinen guten Aufsätzen, daß das ja schon recht sei, daß es aber jetzt auch im Rechnen bessern müsse, daß er unbedingt zu seinem Schlaf kommen müsse und daß sie das Lesen vor dem Einschlafen von nun an grundsätzlich verbiete.

Zur Goldenen Hochzeit der Großeltern schrieb er ein Gedicht und trug es selbst vor. Die Mutter war stolz und die Tante ärgerte sich, daß nicht von ihrem Sohn, sondern von dem der Schwester gesprochen wurde. Sie sagt denn auch etwas später: »Sieht der aber kränklich aus, ein richtiger Stubenhokker, der muß mal einen Beruf bekommen, wo er viel im Freien ist, sonst seh ich schwarz für ihn.«

Als der Mutter später dies zu Ohren kam, wurde sie sehr böse. »Das geht sie nicht an«, sagte sie und der Vater sagte: »Zu einem Handwerk taugt er nicht.«

Dann bestand er die Aufnahmeprüfung ans Gymnasium. Die Mutter war stolz. Der Vater sagte: »Das hast du gut gemacht.« »Du willst vielleicht Arzt werden, oder Advokat, oder Lehrer«, sagte die Mutter, und er sagte: »Ja vielleicht – vielleicht auch nicht.«

»Was heißt das, vielleicht auch nicht.«

»Ich weiß es noch nicht«, sagte er.

»Zeichnen kann er nun ja gar nicht«, sagte der Vater.

Ein Arbeitskollege vom Vater machte auch so Gedichte und der hatte kürzlich eines in der Bauzeitung und bekam 20 Franken dafür und der Vater sagte mittags am Tisch: »Siehst du, da kann man sich ganz gut nebenbei etwas Geld verdienen, du mußt nur einen rechten Beruf haben.«

»Das sind aber andere Gedichte«, sagte er.

Später kamen die Schwierigkeiten mit dem Lateinlehrer. »Wenn er Arzt werden will, muß es im Latein bessern«, sagte der Lehrer zur Mutter.

»Wenn du Arzt werden willst, muß es im Latein bessern«, sagte die Mutter.

»Ich werde vielleicht Lehrer«, sagte er.

»Onkel Hans wird sich freuen, wenn du auch Lehrer würdest. Er sagt, daß das das Richtige für dich wäre. Alle seine Bilder hat er in der Freizeit gemalt und er will jetzt eine Ausstellung machen. Das ist eine schöne Aufgabe, Lehrer zu sein.«

Sie hatte dem Lehrer auch davon erzählt, daß er Gedichte schreibe und der Lehrer hatte gesagt, daß er die Gedichte gern mal sehen möchte. Und der Arbeitskollege hatte gesagt, daß das Gedichteschreiben gar nicht so einfach sei, denn da käme es auf den Rhythmus an und nicht jeder Reim sei gut und leben davon könne man schon gar nicht. Er solle doch mal Lehrer werden und dann könne man immer noch sehen.

Im Glasschrank in der Stube stand immer noch ›Kochs Großes Malerhandbuch‹ neben zehn Bänden von ›Meyers Konversationslexikon‹. Das waren die Bücher des Vaters und er las die Zeitung und sagte zu allem nur: »Zu einem Handwerk taugt er nicht«, oder »ja, finde ich auch«, und einmal: »das würde mich ja sehr freuen, wenn du Lehrer werden wolltest. Herr Binz von nebenan sagt auch, daß das sehr gut wäre, und daß auch er eigentlich Lehrer werden wollte, daß aber die Umstände ungünstig waren und daß ers nicht geworden wäre und heute noch sehr bereue, man bedenke nur, die viele freie Zeit.«

Herr Binz war nämlich Briefmarkensammler und verstand mehr von Büchern als der Vater.

So hatten sich also bald alle derart für den Beruf mit der vielen Freizeit, mit den Ferien, der guten Entlöhnung, der edlen Aufgabe begeistert, daß ihm nichts anderes übrigblieb.

»Ja«, sagte er, und er durfte abends vor dem Einschlafen wieder lesen, und er schrieb Gedichte, und im Glasschrank stand ›Kochs Großes Malerhandbuch‹.

Wie es war

Goethe war in keinem Colloquium, das ist gewiß. Inzwischen mag man auch festgestellt haben, daß er es nicht nötig hatte. Tennessee Williams besuchte in Amerika etwas Ähnliches. Bei ihm stellt man nun fest, daß es genützt und Früchte getragen habe. Doch wird man nicht erfahren, was aus Goethe nach einem Colloquium und aus Williams ohne so etwas geworden wäre.

Keiner von uns 14 Zöglingen wird später sagen: »Ich habe im Colloquium schreiben gelernt«, so wie man sagen kann: »Ich habe in Marburg Medizin studiert.«

Erfolge des Colloquiums können nicht sichtbar werden, umso mehr Mißerfolge und Unzulänglichkeiten. Ich kann mir kaum einen Einwand gegen diese Einrichtung vorstellen, der nicht seine Berechtigung hätte. Ich hoffe, daß dieser Band auch das sichtbar macht.

Die Frage heißt vielleicht: Ist Schreiben – im Sinne von schriftstellern – lehr- und lernbar? Und die Antwort heißt wohl nach wie vor: Nein.

So bleibt eigentlich nur zu sagen, was wir in Berlin getan haben. Auch das ist nicht einfach, Freunden pflege ich diesbezügliche Fragen oft mit Lächeln und Schulterzucken zu beantworten.

Aber wir haben etwas getan, und es ist gelungen, praktisch zu arbeiten und ohne viel Theorie und hochgeschraubtes Geschwätz auszukommen. Die Arbeiten, die hier entstanden sind, wollen keine Meisterstücke sein, keine einzige ist dabei, die nicht von unserer eigenen Kritik angegriffen worden ist. In dieser Kritik lag auch der Erfolg des Colloquiums, nicht daß man Maßstäbe der Kritik gefunden hätte oder daß man sich in einzelnen Punkten einig geworden wäre, aber man sah, daß Literatur kontrollierbar ist und nicht einfach ein zufälliges genialisches Geschenk.

Dinge ins Bewußtsein zu heben, hat Nachteile. Es erleichtert die Arbeit keineswegs. Bestimmt ist das Schreiben für einen 17jährigen einfacher, vielleicht auch ehrlicher. Aber ich glaube nicht daran, daß irgend einmal Kunstwerke in völliger Naivität geschaffen wurden. Wir haben also nach gegebenen Themen Arbeiten geschrieben und durch nachfolgende Kritik festzustellen versucht, was wir getan haben, wie wir es getan haben. Wir haben unsere Bilder, unsere Metaphern überprüft – mit dem Ergebnis, daß uns das Schreiben jetzt viel schwerer fällt, eine Antischule sozusagen.

Wenn wir schlecht schreiben, dann soll man den Vorwurf uns machen, sollten wir mal gut schreiben, gehört auch das Lob uns. Das Colloquium hat in beiden Fällen nichts damit zu tun. Ich glaube, das spricht für es. Denn es ging nicht darum, den Satz, daß Schreiben nicht lernbar sei, zu widerlegen, viel eher den, daß Schreiben nur ein Ding des Gefühls, des Talents, des Genies sei und vielleicht noch den, daß Teamwork in der Literatur nicht möglich sei.

Abfahrt und mehrmalige Ankunft des Kellners Otto Büttiker, der kommt, geht, ohne zu einer Geschichte zu kommen.

Vor einigen Tagen bin ich zurückgekehrt. Ich weiß nicht, weshalb man mich einlud, weshalb ich die Einladung annahm, was ich mit der Sache überhaupt zu tun hatte.

Ich kehrte zurück wie vor 25 Jahren aus Spanien, wie damals ohne Geschichte. Ich war als Heizungsmonteur dort, das schützte mich vor den Verhören der Polizei, aber ich kannte Lüscher und Straumann und hatte Briefe nach Toledo gebracht.

»Friß sie«, sagte Lüscher, »wenn sie dich schnappen.« Vierzehn Tage trug ich sie mit zur Arbeit, ich nahm mir vor, sie morgen zu verbrennen, als jener kam, den sie El Vitorioso nannten, ein Tessiner, und dann die Angst, sie hätten Vitorioso geschnappt.

Nach meiner Rückkehr die Angst, doch dazugehört zu haben. Man sprach von Oberst Brunner, Chef des Bataillons Tschapajew. Ich sah ihn einmal in Barcelona, mit seinem offenen, flachen Gesicht. »Der dort, das ist auch ein Schweizer«, hatte Lüscher gesagt. Morgens holte ich die Zeitungen am Bahnhofskiosk und las die Berichte über die Verhandlungen des Nationalrats. Die Sozialisten verlangten eine Amnestie für die Spanienkämpfer, die Freisinnigen eine harte Bestrafung, und einer sagte: »Sie sind eine Belastung für die Schweiz, jetzt, wo die Deutschen.«

Wieder bin ich zurückgekehrt.

Am 8. August stand ich vor dem Haus Marquardtstraße 10, in der Rocktasche hatte ich den Brief und das Telegramm: »Alles in Ordnung Elmshäuser.«

Lüscher sagte in Barcelona: »Man muß mitmachen«, und ich fragte ihn, wer ist Thälmann, wer ist Tschapajew, und er sagte: »Mitmachen muß man, das ist alles, du kannst dir nicht einfach ein Leben anschaun, du mußt mitmachen.«

Ich knöpfte den Mantel auf und tastete nach dem Brief, er war noch da. Den Namen Elmshäuser hatte ich schon gehört, eine Dame im Hotel sprach davon. »Sie waren in Spanien«, sagte sie, »das würde Elmshäuser interessieren; kennen Sie Elmshäuser, ich will Sie bei ihm empfehlen.« Ich sah sie nur an jenem Abend. Sie hieß Frau Baltruschat.

Der Brief war mit Lebouc unterschrieben. »Herr Elmshäuser bittet mich, Ihnen seine Bedingungen bekanntzugeben. Er bezahlt 200 Mark in der Woche und wünscht, daß Sie die Stelle am 9. August antreten. Alles weitere mündlich.«

»Mitmachen muß man, das ist alles«, hatte Lüscher gesagt.

Es gibt Häuser, die sehen nach Hund aus, schwer zu beschreiben weshalb. Es kann am Portal liegen, dunkles, lakkiertes Eichenholz, wie hier, es ist nur von innen zu öffnen, und man zögert, bevor man klingelt, weil man fürchtet, vor dem Gebell zu erschrecken.

Ich suchte nach der Klingel. Bevor ich sie fand, öffnete sich die Tür. Ich weiß nicht, ob das Haus eine Klingel hatte, man gab mir später einen Schlüssel, aber oft war Frau Colmar da, öffnete und lächelte, als ob sie sich mit Türöffnen den Himmel verdienen könnte und mir mit Türöffnen den Himmel verwehren.

Sie öffnete die Tür, wahrscheinlich stellte sie sich auch gleich vor, jedenfalls war sie Frau Colmar, und ich muß gesagt haben: »Ich bin der neue Diener«, so würde ich sagen, wenn alles noch einmal gespielt würde. Sie lächelte ihren Himmel und meine Hölle und sagte: »Herr Büttiker aus der Schweiz, freut mich sehr, Sonnenbergstraße 18, Luzern, sehn Sie, wie ich das weiß.« Und ich fragte: »Waren Sie schon einmal in der Schweiz«, wie Schweizer fragen, und sie sagte wohl: »Matterhorn, Zürich, Genf«, oder sagte, wieder mit Lächeln: »Durchgefahren, nur durchgefahren, leider.«

Es war kein Hund im Haus. Ich fürchte mich vor Hunden, und ich fürchtete mich, wenn ich das Portal sah.

Ich mag Leute nicht, die sich Tiere halten, Aurich mit seiner Taube, der war 1938 etwa vierzig und den Kopf hat er auch dazu und die Trompete auch.

»Sie waren in Spanien, das würde Elmshäuser interessieren«, ich dachte nicht daran, daß man in Spanien auch auf der andern Seite sein konnte, ebenso freiwillig, ebenso unfreiwillig. Weshalb gab man mir das Zimmer neben Aurich. Für Lüscher wäre es einfach. »Die Deutschen«, würde er sagen. Lüscher hätte die Stelle nicht angenommen.

Ich war überzeugt, als Diener zu Elmshäuser zu kommen. Lebouc hatte den Brief unterschrieben, ich sprach nie mit Lebouc, Lebouc hätte es bestritten, er hätte nichts gewußt vom Brief, Frau Colmar kannte meine Adresse, sehn Sie, wie ich das weiß, Aurich war nicht in Spanien, es wäre sinnlos, Frau Baltruschat ausfindig machen zu wollen.

Ich muß zusammenfügen, was ich weiß, den Tag meiner

Ankunft, das Portal, das nach Hund aussieht, die lächelnde Frau Colmar, ein Gespräch mit ihr, an das ich mich genau erinnern möchte.

Ich kam in einen Empfangsraum, alles hier schien einmal größer gewesen zu sein, jemand hatte den Raum mit dünnen Holzwänden unterteilt, ein Globus fiel mir auf. Frau Colmar nimmt mir meinen Koffer ab, prüft sein Gewicht, man hat ihn auf dem Flugplatz gewogen. Es war mein erster Flug, und zum erstenmal wußte ich, wie schwer mein Koffer wiegt.

Sicher sprachen wir miteinander.

»Den Koffer kann ich doch selbst tragen«, sagte ich.

»Ach, er ist leicht«, sagte sie.

»17 Kilo«, sagte ich.

Es regnete nicht am 8. August, aber es war ein trüber Tag. Vielleicht sprachen wir davon.

»Morgen wird es wieder schön sein«, sagte sie, »das Wetter wechselt hier schnell.«

Über eine breite Treppe kamen wir in den ersten Stock, gingen den Gang entlang, dann auf einer kleineren Treppe in den zweiten Stock und über eine schmale Holzstiege ins Dachgeschoss.

Wir müssen viel gesprochen haben auf dem Weg, denn im zweiten Stock vor der Stiege blieben wir stehen, Frau Colmar stellte den Koffer ab. Ich weiß noch, daß ich versuchte, meine schmutzigen Fingernägel zu verbergen, erst Fäuste machte, dann die Hände hinter den Rücken hielt, dann in die Manteltaschen steckte.

Wir müssen längere Zeit dagestanden sein.

»Also«, sagte die Colmar und nahm den Koffer wieder auf, »wir werden ja noch oft Gelegenheit haben, uns zu unterhalten.«

Im Gang hing ein Bild, ich erwähne es, weil ich oft davor stehen blieb, ohne daß es mir besonderen Eindruck gemacht hätte. Ich versuche, es zu beschreiben: Es war ein Druck, so aus der Zeit meiner Mutter, bräunlich oder gelblich. Vielleicht war es eine Photographie, vielleicht die Reproduktion eines Ölbilds unbekannter Meister. Es stellte ein pfirsichhäutiges Mädchen dar, einen Engel mit großem, rüschenbesetztem Ausschnitt und leicht hinschattierten Brüstchen, Honigmündchen, Wachsnäschen, Kulleräugchen. Die wilden Haare wurden von einer Seidenschleife gehalten. Auf einer farbigen Reproduktion wäre die Schleife hellblau gewesen. Das Bild war in einem Rahmen aus grünem Saffianleder mit goldenen Zierleisten und hatte etwa die Größe von 50 auf 100 Zentimetern.

»Eine polnische Gräfin«, sagte die Colmar.

Ich war also jetzt im Ausland. Hier hatten die Betten keine Wolldecken, der Whisky und der Wodka waren billiger. Die Flasche Whisky kostet bei uns 24 Franken, ich trinke gern Ballantine.

Wenn ich ins Ausland fuhr, sagte meine Mutter: »Paß auf, daß dir nichts gestohlen wird.« Die Schweizer tragen im Ausland ihr Geld in Beuteln unter dem Hemd. »Gib deinen Koffer nicht aus der Hand«, hatte die Mutter auch gesagt. Ich dachte daran, als ich die Colmar mit meinem Koffer vor mir hergehen sah.

Ich ärgerte mich, daß ich nichts geschmuggelt hatte, Zigaretten, Schokolade, Kaffee, vielleicht eine Uhr. Am Zoll wurde nichts kontrolliert. Aber ich kann das einfach nicht, ich habe die Nerven nicht dazu – jetzt rauchte ich also Roth-Händle.

Für 100 Mark mußte ich 110 Franken bezahlen, vor einigen Jahren war das noch umgekehrt. Das tut fast weh, daß unser Geld so wenig wert sein soll. »Die können schon mit ihrer Marschallhilfe«, sagt Lüscher.

Ich war also jetzt in einer Stadt, ich freute mich darauf, erzählen zu können nach meiner Rückkehr, und ich besuchte abends einige Bars, einige Kneipen, stellte mich an die Theke, bestellte ein Bier, einen Korn, gab mir einen Ausdruck, den ich der Kneipe angemessen fand. Auch eine Striptease-Bude besuchte ich, bestellte vorsichtig das billigste Getränk, wiederum ein Bier und einen Korn, und schaute möglichst gelangweilt das Programm an, wie es Connaisseurs tun, hinschauen, ohne eigentlich hinzuschauen.

Nun erzähle ich also.

Aber es gibt nichts zu sagen über Bars, über Kneipen und Stripteases. Ich könnte Namen aufzählen, ›Nina Carraci‹, ›Rose tatoo‹, ›Evergreen‹, eine kleine Kneipe, die sich ›Sorgenpause‹ nennt und dazu das Auge zukneifen wie Wagner und irgendeine Handbewegung machen.

Mehr wäre lächerlich – man kennt sich doch aus, der Connaisseur erzählt nicht, er deutet an.

Und wenn dann, nachts auf der Straße, eine Nutte einen leicht anstößt und sagt: »Na, Junge, hast du schon eine Braut?«, dann stürzt das alles zusammen, man bleibt vielleicht stehen, möchte etwas Gescheites sagen, fühlt dann die Röte aufsteigen, fühlt sich stottern, bevor man etwas sagt, und geht geschlagen weiter.

So kann man nicht zu einer Geschichte kommen. Und in einer Bar sitzt ein Mädchen, und nach dem dritten Whisky wird man geistreich und sagt etwas über seine Augen und hätte eigentlich etwas ganz anderes sagen wollen, so etwas wie Lüscher, der zu seinen Geschichten kommt.

Aber vorläufig glaubte ich noch an ein Abenteuer. Ich war eben angekommen. Ich stieg hinter Frau Colmar die Treppe hoch, ich war 47 Jahre alt, sah jünger aus, konnte Deutsch, Französisch, Englisch und ein bißchen Spanisch.

»Das ist also Ihr Zimmer«, sagte Frau Colmar.

»Schön, ein schönes Zimmer«, sagte ich, und sie sagte:

»Nicht wahr, Herr Büttiker«, und dann ging sie, »wenn Sie noch etwas brauchen, bin ich unten.«

Ich hatte mir Dienerzimmer anders vorgestellt, so wie die Kellnerzimmer im Hotel, oder noch kleiner. Ich rauchte eine Zigarette und sah mich dasitzen und eine Zigarette rauchen und dann im Zimmer auf und ab gehen und dann vor dem Spiegel stehenbleiben und dann wieder dasitzen, ein bequemer Sessel, zwei Sessel mit großen Blumen auf dem Überzug, ein Sofa, groß geblümt, ein Schreibtisch, ein Bett, ein Schrank, hinter dem Glas der linken Tür Bücher, die Tür verschlossen, das Fenster gegen die Straße gerichtet, das Dach verdeckt die halbe Straße, man kann knapp das gegenüberliegende Trottoir sehen, wenn man sich weit vorbeugt.

Die Tapete, grau oder ein verschossenes Blau, sehr wahrscheinlich auch mit Blumen, mit großen Blumen, zu Sträußen gebunden, und ein echter Teppich, Hamadan, Serabent, Afghan. Also kein Dienerzimmer. Die ersten Tage wartete ich darauf, daß ich umziehen müßte in ein anderes Zimmer, das vielleicht vorläufig noch von meinem Vorgänger besetzt war.

»Es ist noch ein anderer Kellner da«, sagte Frau Colmar. Sie meinte Wagner, der von Otto sprach, wenn er von sich erzählte, seine Kellnergeschichten, pikante Details, wie er sie nannte.

»Otto kommt immer durch«, und kaum ein Wort war nicht von einem Augenzwinkern begleitet. Frau Colmar mußte ihm gesagt haben, ich sei auch Kellner, und nun ließ er mich nicht in Ruhe, mit seinem Bluff, Carlton, Ritz, Côte d'Azur, Ägypten.

Jetzt erinnere ich mich, die Tapete in meinem Zimmer war

hell, etwas verschossen, mit leichtem Gelbstich, große, weiße Orchideenranken.

Im Hause sprach man von Elmshäuser.

In den ersten Tage wagte ich kaum, mein Zimmer zu verlassen.

Ich fürchtete, mit Aurich zusammenzutreffen. Aurich hätte von Spanien gesprochen.

Vielleicht war einmal der Name Tarragona oder Reus oder Toledo gefallen, und ich wiederholte den Namen und ging auf den Sprechenden zu und sagte: »Kennen Sie Reus?«

Der alte Oswald, mein Zimmernachbar, sprach von Barcelona. Er muß etwas mit Seefahrt zu tun gehabt haben. Ich sah ihn zum erstenmal auf der Treppe. Er hielt mich an und fragte, wo die Toilette sei. Ich hätte gern mehr mit Oswald gesprochen, aber er reiste nach den ersten Tagen ab. Eines Morgens war er nicht mehr da. »Wegen einer Familienangelegenheit«, sagte die Colmar. Ich weiß, daß er mitten in der Nacht abreiste. Oswald flüchtete, er konnte sich entscheiden. Ich hätte nicht bleiben sollen.

Einige der Gäste schien ich schon irgendwo gesehen zu haben, Aurich, Lebouc und Frau Colmar, bald war ich überzeugt, sie sei Frau Baltruschat. Vielleicht war ich das schon bei meiner Ankunft.

Ich drückte auf die Klingel – ja, so war es – ich drückte auf den Knopf, hörte nichts, hielt das Ohr an die Tür, klingelte nochmal, hörte wieder nichts, nahm meinen Brief aus der Tasche, las die Adresse nach, ging einige Schritte zurück und suchte die Hausnummer. Jetzt öffnete sich die Tür, und ich sah Frau Baltruschat. Bevor ich etwas sagen konnte, sagte sie: »Guten Abend, ich bin Frau Colmar, sind Sie eingeladen?«

»Nein, ich bin der neue Diener«, hätte ich sagen sollen, und sie hätte wohl gesagt, daß das ein Irrtum sei.

»Sie sind unser Gast«, hätte sie gesagt.

Aber ich zeigte ihr nur den Brief, und sie sagte: »Ach ja, Herr Büttiker, freut mich.«

Ich stellte meinen Koffer im Empfangsraum ab.

»Haben wir uns nicht schon irgendwo gesehen?«, sagte ich.

Sie schaute mich an, ich schob die Krawatte zurecht, strich das Haar aus der Stirn. Wir standen uns gegenüber, zwischen uns vor den Füßen der Koffer, ich trug den Mantel auf dem Arm.

»Grindelwald?« fragte ich.

»Mit Herrn Colmar war ich einmal in Zermatt.«

»Ihr Mann?«

»Er ist tot.«

»Den Koffer kann ich selbst tragen«, sagte ich.

»Kommen Sie«, sagte sie.

Wir gingen die Treppe hoch.

»Es ist im Dachgeschoß, aber es ist ein schönes Zimmer.«

Im zweiten Stock blieben wir stehen, den Koffer zwischen den Füßen.

»Sie sind nervös, Sie sollten nicht rauchen.«

Ich versuchte meine schmutzigen Fingernägel zu verbergen, machte Fäuste, hielt dann die Hände hinter den Rücken, steckte sie in die Manteltaschen.

Wir müssen längere Zeit dagestanden sein.

»Also«, sagte die Colmar, und nahm den Koffer wieder auf, »wir werden ja noch oft Gelegenheit haben, uns zu unterhalten.«

Vieles geschah mehrmals. Die Gespräche schienen vorgeformt, alle ahmten etwas nach, der Pfarrer einen Pfarrer, seine Haushälterin eine liebe biedere Frau, Lebouc eine Sphinx, ein Souvenir aus Ägypten, und der Schriftsteller einen Schriftsteller.

Ich begann meine Spaniengeschichten zu erzählen.

Korbes hatte seinen Hamster, Lebouc seine stille Größe, der kleine Ahrendt seine Tiefställe, man hatte Trompeten, Geigen, Vergangenheiten und ich meine Spaniengeschichten. Lüscher und Straumann hatten sie mir erzählt. Ich war 1938 in Spanien. Später lernte ich auch Zimmermann kennen, der sich El Vitorioso nannte, und der dabei war und ein steifes Bein hatte. Ich gewöhnte mir an, mein linkes Bein leicht nachzuziehen.

Sogar der Döhlemann, der nun wirklich einen Grund hatte, hier zu sein, der eine Geige abliefern sollte, begann zu spinnen. Er lief mir auf der Treppe nach, hielt mich an, starrte mich an und sagte: »Sie, ich habe Elmshäuser gesehen.« »Wie sah er denn aus?« fragte ich, und er begann ihn zu schildern, regte sich auf dabei, »wie eine Kröte«, sagte er. »Das war nicht Elmshäuser«, sagte ich, »Elmshäuser ist doch ein kleiner, gemütlicher Glatzkopf.« »Ach ja, vielen Dank, klein und gemütlich also, gute Nacht.«

Die Feriengäste in Grindelwald waren jedenfalls anders. Sie saßen abends zusammen, boten sich das Du an, sagten: »Aus Lübeck also, da war ich einmal, Jeker hieß der, ob er wohl noch lebt«, und: »Sie sollten mich eigentlich einmal besuchen, ich wohn in der Nähe von Straßburg, das ist meine Adresse.«

Hier glaubte jeder vom andern, er wisse mehr, und Oswald flüchtete, und Korbes starb. Ich erwartete nach diesem Tod Erklärungen. Man nahm den Tod hin und erschrak höchstens, wenn man Korbes' Hamster sah, wie er auf der Treppe schlief, und wie ihn Döhlemanns Kinder streichelten. Man schien zu wissen, daß Korbes' Tod außerhalb der Regie lag.

Auch Ahrendt, der immer bereit war, Verbrechen und Unmoral zu wittern, sagte nur: »Korbes ist tot, er war rauschgiftsüchtig.« Vielleicht wagte er nicht mehr zu sagen, denn er war mir lästig geworden mit seinen Vermutungen. »Ich kenn doch den Elmshäuser, er hat mich mitgenommen beim Autostop und dann die Hand auf mein Knie gelegt«, sagte er. Ahrendt war zweiundzwanzig und wollte Agronom werden, wollte wohl etwas mit Heimat und Boden zu tun haben, wollte säen, pflanzen, pflegen, ernten und ließ mich nicht in Ruhe mit seinen Tiefställen und seinen Beobachtungen. Er verdächtigte den Pfarrer, dann Wagner, dann alle, er sagte: »Ich habe Aurich mit dem Schriftsteller gesehn«, bis ich ihn anschrie. Dann ließ er mich in Ruhe, verdächtigte wohl jetzt mich und machte wieder mit hochgeschlagenem Mantelkragen seine Spaziergänge durch die Stadt.

Maskenbälle nannten wir die Empfänge im Hotel. »Schau dir die Affen an«, sagten wir, zwinkerten uns zu, streckten die Hände nach Trinkgeldern aus, machten unsre Verbeugungen und ließen den Affen ihre großen Gesten.

»Wenn ich einmal zu Geld komme«, sagte Lüscher, »dann halte ich die ganze Welt zum Narren.« So hatte sich das wohl Lüscher gedacht, kleine Leute einladen und große Welt spielen lassen. Diesmal gehörte ich zu den Affen.

Ich hätte wirklich Diener, ein Eingeweihter, sein wollen in diesem Haus. Mit Elmshäuser hätte ich mich gut vertragen. Er war ein kleiner gemütlicher Glatzkopf mit einem Lächeln hinter dem Gesicht, mit Hosen, die fast bis unter die Arme reichten und seinen ganzen Bauch deckten, mit Hosenträgern, mit einer Brille, die er an einem Bügel hielt und hin und her schlenkerte, wenn er sprach.

Als Diener hätte ich keine Geschichten nötig gehabt. Ich wäre ein Diener gewesen mit Umgangsformen, mit einigen Sprachkenntnissen, Französisch, Englisch, einige spanische Brocken, ich hätte auch kleine Reparaturen gemacht.

Warum verschweige ich, daß der Brief von Elmshäuser unterschrieben war, daß die Colmar sagte: »Das ist ein Irrtum, Sie sind nicht als Diener hier, sondern als Gast.«

»Erschrecken Sie nicht, das ist ganz einfach, ein Spaß vielleicht, Sie werden ja sehen«, sagte sie.

Im stellte meinen Koffer im Empfangsraum ab.

»Und die 200 Mark?« fragte ich.

»Die bekommen Sie selbstverständlich. Herr Elmshäuser möchte nicht, daß Sie in finanzielle Schwierigkeiten geraten. Er ist leider nicht hier, aber Sie werden ihn kennenlernen.«

Nein, Lüscher, es war wieder kein Abenteuer. Du hättest dich nicht darauf eingelassen, du hättest einfach gesagt: »Die Deutschen«.

Wenn schon, hätte ich besser spielen müssen, ich hätte mein linkes Bein viel mehr nachschleppen und auf Wagners Geburtstagsfest das Doppelte trinken sollen, ich wäre durch den Garten getorkelt und hätte gesungen: »Spaniens Himmel breitet seine Sterne«.

Ich beneide dich, Lüscher, um deine Abenteuer, um deine Frauen, um deine Schlägereien, um dein Dabeisein, wie du sagst. Du erzähltest mir, wie du Briefe nach Toledo brachtest, wie dich die Faschisten verhörten, und du hattest die Briefe unter dem Hemd und wußtest, die kriegen sie nicht, ich freß' sie vor ihren Augen, und wie du dich aus dem Staub machtest. Ich beneide dich um deine kleine Narbe über dem rechten Auge, die einen so schönen Namen hat, »Cordoba«, sagst du, wenn man von ihr spricht.

Vielleicht lügst du. Zimmermann sagt, daß die Front von Cordoba-Pozoblanco schon im Mai 1937 zusammengebrochen sei, du willst im November dort gewesen sein und gefroren haben; aber deine Geschichten gelingen dir, ich habe nicht einmal den Mut zu einer Geschichte. Ich möchte nur gut wegkommen.

Ich weiß, daß du lachst, wenn ich die Wahrheit sage.
Mir bleibt nichts anderes übrig.
Es war so:
Am 8. August stand ich vor dem Haus. In der Rocktasche hatte ich den Brief und das Telegramm von Elmshäuser. Ich klingelte, Frau Colmar öffnete die Tür.

»Guten Abend«, sagte ich.

»Sie sind wohl der Schweizer.«

»Ja, ich bin der neue Diener.«

Sie lachte, ich gab ihr den Brief.

»Nein, Sie sind unser Gast.«

Ich war sehr verlegen, trug immer noch den Koffer in der Hand, lächelte wohl und fragte: »Waren Sie schon einmal in der Schweiz?«

Sie nahm mir den Koffer ab. »Ich zeige Ihnen Ihr Zimmer.« Ich wollte eigentlich sagen: »Den Koffer kann ich doch selbst tragen.«

»Als mein Mann noch lebte, waren wir oft in Zermatt.«

»Zermatt ist sehr schön«, sagte ich, »kennen Sie den Blick vom Gornergrat auf das Matterhorn?«

Frau Colmar sagte: »Sie sind wohl müde von der Reise, ich will Ihnen Ihr Zimmer zeigen. Kommen Sie!«

Sie trug meinen Koffer.

Wir sprachen wenig. Ich suchte nach einem Satz, den ich hätte sagen können, ich war überrascht, plötzlich grundlos Gast geworden zu sein. Ich dachte an Frau Baltruschat, aber ich konnte mich nicht an ihr Gesicht erinnern.

In der Verlegenheit sagte ich: »Es ist trübes Wetter heute.« Als wir im zweiten Stock stehenblieben, sagte sie: »Ja, das waren schöne Tage in Zermatt. Colmar ist tot.« Sie sagte Colmar, wenn sie von ihrem Mann sprach. Sein Name muß Gewicht gehabt haben.

»Die Ärzte haben ihn umgebracht. Der Glaube ist stärker als Medikamente.«

»Sicher«, sagte ich.

Aber das kann sie auch später gesagt haben und in einem andern Zusammenhang.

»Sie sind nervös, Sie sollten nicht rauchen«, sagte sie. Als wir ins Zimmer kamen, stellte sie den Koffer ab und sagte: »Ich will Sie jetzt nicht länger stören, Sie brauchen sicher Ruhe«, und in der Tür drehte sie sich noch einmal um und sagte: »Wenn Sie noch etwas brauchen, bin ich unten.«

Daisy Ashford:
Junge Gäste oder Mr. Salteenas Plan

Das ist der einzige Roman einer Neunjährigen, den ich kenne. Meine Tochter ist jetzt acht. Ich möchte, daß sie nächstes Jahr einen Roman schreibt. Ich lese gerne Romane von Neunjährigen, denn hat nicht vieles, was später geschrieben wird, mit dieser Zeit zu tun. Und vieles wäre später nicht geschrieben worden, hätte man's damals getan. Ich habe es verpaßt und meine Tochter wird es wohl auch verpassen. Ein kleiner Snob schreibt über Snobs, doch macht ihm das Snobsein sehr Mühe, Satz für Satz muß er es selbst lernen. Und weil die kleine Ashford sieht, wie schwer es ist, sich erwachsene Leute vorzustellen, hat sie auch nichts gegen sie. Nein, es ist ganz ungemein schön, erwachsen zu sein, man muß sich nur Mühe geben und bereit sein, es richtig zu lernen wie Mr. Salteena. Wenn sich Mr. Salteena im Bett umdreht, dann dreht er sich sicher in einem wertvollen Bett um und der Prinz von Wales trägt eine kleine Krone, – eine kleine aber wertvolle Krone, das ist so, wie wenn die Mutter sagt: Lebertran ist nicht gut, aber gesund. Die neunjährige Daisy hat es ins Erwachsene übersetzt: klein aber wertvoll. Ich bitte den Leser um Ernst für dieses Buch. Ich bitte ihn, weil das Buch in England 29 Auflagen erreicht hat und hohe Auflagen auf Mißverständnisse schließen lassen. Ich bitte um Ernst für die Orthographiefehler, die der liebe Artmann ins Deutsche einorthographiert hat, ich bitte um Ernst für die Grammatikfehler, um Ernst für Daisy Ashfords Erwachsensein.

Der Leser weiß, was für ein unangenehmer Beruf das Erwachsensein ist. Seien wir froh und dankbar, daß eine kleine Engländerin unsere erwachsene Welt neu erfunden, sich vorgestellt hat. Daisy Ashford möchte nichts lieber, als erwachsen werden – und damals wollten wir das auch. Vielleicht erinnern wir uns.

Inzwischen machen wir weniger Orthographiefehler, das hat sich geändert, doch wird vieles besser, wenn man sich morgens in einem wertvollen Bett umdreht und nun will ich mein Vorwort beenden.

Der Linksaußen

Es gibt regnerische Montage, und am Dienstag ist es zu spät, am Dienstag spricht man nicht mehr davon, und der Sonntag liegt weit hinter zweimal Aufstehen zurück. Wenn es montags regnet, muß man sich damit abfinden, regnet es nicht, sitzt er um halb sechs im Trottoircafé, lehnt sich in den Rohrstuhl und streckt die Beine von sich.

Und gestern waren es zweitausend Personen, eine mörderische Hitze, eine langsame erste Halbzeit, beidseitig harte

Verteidigungen, ein stilles Publikum, vereinzelte Stimmen, hie und da Applaus.

Eine hoffnungslose Angelegenheit, dazu mit zwei Ersatzspielern, guten Spielern, aber es ist doch immer eine unsichere Sache. Meiers Reaktionen kennt man, seine steilen Pässe und seine Art, dem Ball nachzulaufen, ihn ausrollen zu lassen, den Gegner heranzulocken, und dann eben die steilen Pässe. Doch Meier war nicht dabei. »Steile Pässe«, erklärte der Linksaußen in der Pause den Ersatzspielern, »steile Pässe«.

Und am Montag um halb sechs sitzt er im Trottoircafé, streckt die Beine von sich.

In der zweiten Halbzeit wurde es flüssiger, steile Vorlage, der Linksaußen übernimmt, zögert und haut los, überspielt den Gegner, gibt ab, übernimmt wieder, hört das Publikum, hört nichts mehr, ein verzweifelter Torhüter, Schulterklopfen und Händeschütteln, langsames Zurückgehen zum Anstoß und ein Publikum.

Der Linksaußen freute sich, ließ sich feiern, erklärte sein Vorgehen, ließ sich ein Coca-Cola reichen, ließ sich sagen »wie Meier«.

Montags sitzt er im Trottoircafé.

In der Zeitung stehen die Berichte der Nationalligaspiele. Ihr Bericht erscheint dienstags. Der an der Drehbank interessiert sich nicht, fragt: »Hast du gestern gespielt? Hast du ein Tor gemacht? Gut.«

»Es waren zweitausend Personen.«

»Was haben sie gesagt?«

Seinen Knaben zu Hause sagt er: »Ich kenne den Linksaußen.«

Man plagt sich für den Club. Mittwoch und Freitag Training, morgens den Waldlauf. Montags sitzt man hier und läßt sich sagen: »Für den Aufstieg reichts trotzdem nicht.« Wer fragt schon: »Sind sie nicht der Linksaußen?« und was soll man sagen, wenn jemand fragt? Sich vorstellen, daß man am Nebentisch flüstern würde: »Das ist der Linksaußen.«

Der Bericht steht immer erst dienstags in der Zeitung. Am Anfang, nach den ersten Spielen, schneidet ihn jeder aus, jeder, keiner gibts zu. Man gewöhnt sich daran. Als Junior trug man noch mit Stolz das Tricot. Er war schon damals Linksaußen. Inzwischen zweimal den Club gewechselt, überall daßelbe, keiner will schuld sein und am Sonntag stehen sie plötzlich da, mittwochs nicht und freitags nicht, aber am Sonntag sind sie da, halten kaum eine Halbzeit durch und täuschen Magenschmerzen vor, wenn sie den Ball nicht erreichen, immer daßelbe, immer die Jungen.

Und montags kümmert sich keiner darum, dienstags erst recht nicht. Montags stehen die Berichte der Nationalligaspiele in der Zeitung, und montags sitzt er hinter seinem Coca-Cola, lehnt sich in den Rohrstuhl, streckt die Beine von sich, der Linksaußen, der doch gestern ein Tor geschossen hat.

Schreiben

Ich schreibe – das ist alles, was ich mit gutem Gewissen dazu sagen kann; für mich ist das schon viel, das Schreiben macht mir Mühe.

Es macht mir soviel Mühe, daß für andere Probleme wenig Kraft mehr bleibt, für das Problem des Stoffes, des Themas, der Komposition.

Ich schreibe Satz an Satz, begeistere mich an einem Wort, an einer Satzstellung, an einem Fehler. Der Ausgang der Geschichte überrascht mich selbst.

Eine Geschichte zu schreiben, deren Ende ich kenne, reizt mich nicht, und ich brauche den Reiz, weil ich faul bin. Ich weiß, daß der Leser nicht auf mich angewiesen ist. Wenn meine Sache nicht lesbar ist, liest er etwas anderes. Es gibt unwahrscheinlich viel Gutes.

Aber ich fühle mich dem Leser verpflichtet. Ich fühle mich zum Beispiel verpflichtet, wenig zu schreiben, ihn nicht mit Wälzern zu belasten. Es sind so viele an der Arbeit, daß ein kleiner Beitrag von jedem genügt. Ich fühle mich verpflichtet, den Leser für intelligent zu halten. Was man zu einer Geschichte noch hinzudenken kann, überlasse ich ihm. Ich habe Vertrauen zum Mißverständnis.

Man spricht von Anliegen. Man will, daß der Autor eines hat, man ist überzeugt, daß er Stil, Stoff und Thema hat. »Er hat seinen Stil gefunden«, sagt man, wie wenn er ihn angestrengt gesucht hätte, so wie man Pilze sucht.

Ich sage nicht, ich hätte kein Anliegen, ich werde nicht böse, wenn man mir eines unterschiebt. Eigenheiten habe ich, ich habe (um Unbedeutendes zu nennen) Hunde nicht besonders gern, ich habe Angst vor ihnen; ich habe etwas Unbestimmtes gegen Schnee. Vielleicht kann man das später einmal nachweisen; ich hoffe nicht, daß das Anliegen sind.

Absichten gibt es. Die Absicht, den Leser zum Lachen zu bringen, ihn stolpern zu lassen, ihn zu überrumpeln und vor allem die Absicht, ihn für kurze Zeit in Beschlag zu nehmen.

Dafür gibt es Mittel, Spannung, Stil, Stoff und so weiter. In einem Unterhaltungsroman – ich habe Hochachtung vor ihm – werden sie bewußt gemischt.

Zurück zum Anfang: Ich schreibe und habe Mühe dazuzukommen, weil ich faul bin, weil es mir schwerfällt. Ich habe am Schreiben nur Freude während des Schreibens, vorher überhaupt nicht.

Ich brauche etwas, das mich zum Schreiben bringt. Das kann dann Thema heißen, oder Stoff. Meistens ist es aber nur ein Satz, ein Wort. Papier zu beschreiben fasziniert mich. Dazu brauche ich Material, Bäume und Häuser und Leute und Hunde und Schnee und Teddybären.

Ich gebe mir Mühe, nur Schreibenswertes zu schreiben. Was schreibenswert ist, kann ich nicht sagen, es ist für jeden Satz neu zu entscheiden. Es ist zwar offensichtlich, daß sich das Schreibenswerte mit dem Lesenswerten deckt. Ganz sicher ist es nicht. Es gibt vielleicht sogar zwischen Schreiben und Lesern Unübersetzbares. Im ganzen ein unsicheres und eitles Geschäft, letzteres sogar – und nicht zuletzt – in doppeltem Sinne.

H. C. Artmann: Verbarium

Das sind gute, schlechte und schlichte Gedichte von H. C. Artmann, und damit ist schon alles gesagt. Weil aber Nachworte etwas länger sein müssen, noch folgendes dazu: die guten sind die, die gefallen; die schlechten die, die nicht gefallen; und schlicht habe ich noch dazugeschrieben, um den Leser vor voreiligen Urteilen zu warnen und darauf aufmerksam zu machen, daß schlecht und schlicht mal dasselbe war.

Um Artmann haben sich Legenden gebildet, zu seinem Vorteil, zu seinem Nachteil. Ich will sie nicht wiedergeben, wer sie kennt, kennt sie; wer nicht, kann selbst nach diesen Gedichten eine neue formen.

Villon klingt an, in der Legende, bei Artmann selbst und in seinen Gedichten. Das soll kein Lockvogel sein, man findet nichts Anzügliches oder Aufreizendes bei Artmann.

Darüber bin ich froh, es wäre mir peinlich, mit literarischen Purzelbäumen das Buch vom Verdacht der Pornographie retten zu müssen; pornographisch bliebe es ja doch. Entsprechende Prozesse haben ihre Köstlichkeit auch darin, mit wieviel Kühle die Fachleute die Pornographie wegzuschwatzen suchen und mit wieviel heißer Inbrunst der Staatsanwalt die Greuel schildert. Oft sieht es so aus, wie wenn der Staatsanwalt der wirkliche Leser wäre. Der Fachmann kommt in die peinliche Situation, unberührt scheinen zu müssen, um das Werk zu retten; ihm sei immerhin Dank dafür.

Damit wäre nun einiges gesagt, was mit Artmann sehr wenig zu tun hat, und damit ist das Nachwort etwas länger geworden. Wäre Kitsch strafbar, ich könnte mir einen Staatsanwalt denken, der gegen Artmann Klage erhebt, und der hätte so unrecht wie der obige und könnte seine Klage ebensosehr untermauern.

> wenn ich / ein mann ohne stern / mit meinen puppen erfriere /
> wer schmeißt mir / eine rose zu

der Staatsanwalt erwähnt den Mann ohne Stern, die Puppen, das Erfrieren und die Rose, und dem Fachmann bleibt zur Verteidigung nur noch das dürftige »schmeißt« und alles ist verloren und Artmann wird eingestampft und erst in kitschigeren Zeiten wieder gedruckt.

Es ist zwar ein edles Unterfangen, den Kitsch von den Gedichten wegschwatzen zu wollen, aber ein eitles.

Auch im Pornographie-Prozeß nützt es wenig, wenn der Verteidiger sagt: »So sind wir doch und wir wollen uns doch nichts vormachen«, denn der Staatsanwalt riecht den Geschäftssinn des Autors.

Den aber hat Artmann nicht – denn Kitsch wird nicht verfolgt und nicht verteidigt und hebt die Auflageziffern nicht. Er liegt fernab vom Bemühen eines Autors. Trotzdem gibt es ihn, und wir lieben ihn, und wir möchten traurig sein, möchten Vagabunden sein, polare Gestirne oder Richard, Coeur de Lion, Plantagenet, selbst wenn wir nicht wissen, was letzteres heißt; wir möchten unter einem Ahorn vor Narva das Bett aufgeschlagen haben und sehen wie Dover ein schwarzer Katafalk ist, vom Trabant von Arauco hören, watussi, flabello – o tod du dunkler meister / du gallenbittres elexier / du zugereister harpunier und gott / du mond voll blinder augen / du ...

Vielleicht wird es doch ein Buch, das man unter der Bettdecke liest, das man liebt und dessen man sich ein bißchen schämt. Denn vielleicht sind das die Gedichte, die wir mit siebzehn schreiben wollten und die uns so sehr mißlangen.

Januar 1966   Peter Bichsel

N. B. Lieber Artmann, jetzt ist es was ganz anderes geworden; aber siehst du, niemand hätte mir geglaubt, was wir beide wissen, daß du Richard, Coeur de Lion, Plantagenet bist, daß du der Mann ohne Stern – so behalten wir es denn für uns.

Ein Schriftsteller möchte antastbar sein ...

Ich freue mich über diesen Preis und ich möchte dafür danken; danken der Stadt Olten für ihre Großzügigkeit und auch dafür, daß sie mich, trotzdem ich schon einige Jahre weg bin, immer noch ein wenig zu den ihren zählt.

Ich möchte hier auch all denen danken, die für mich mit

dem Begriff Olten verbunden sind, meinen Eltern, meinen Lehrern, die mir beibrachten, Buchstaben zu Wörtern, Wörter zu Sätzen zu fügen. Ich hatte etwas Mühe mit der Orthographie und als Linkshänder sehr Mühe mit der Handschrift, und ich hatte einen Lehrer, dem meine Aufsätze trotzdem gefielen; er war es, der in mir den Ehrgeiz zum Schreiben weckte. Später fielen meine Aufsätze nicht mehr auf. Aber der einmal geweckte Ehrgeiz blieb, und ich hatte, trotzdem ich nicht mehr gelobt wurde, Vertrauen zum Urteil meines Sechstklaßlehrers.

Olten ist für mich die Stadt der Erinnerungen geworden. Nach meiner Schulzeit kam ich nach Solothurn und ich möchte eigentlich nicht mehr zurück, ich möchte es so in Erinnerung behalten. Olten ist mein Kinderland: nirgends läßt sich so gut spielen wie im Mülitäli, wie an der Alten Aare; nirgends gibt es in der Schule so viel zu erleben; in keiner Schule lassen sich so viele Streiche spielen, nirgends gibt es Lehrer, die einem so viel Eindruck machen. Und nur der Oltner Bahnhof ist für mich ein richtiger Bahnhof, andere sind zu groß oder zu klein. Oder genauer, nur der Bahnhof, den ich in Erinnerung habe, ist ein richtiger.

Das Wort Olten hat mit mir etwas zu tun. Ich war als Kind in den Ferien und litt unter fürchterlichem Heimweh, und wenn ich es nicht mehr aushielt, schlich ich in die Waschküche, weil da Waschmittelpakete waren, auf denen der Name Olten gedruckt war. Der Name allein war mir Trost.

Auch modernes Schreiben ist immerhin so romantisch, daß es viel mit Erinnerung zu tun hat; so bleibe ich am Schreibtisch mit Olten verbunden, und wenn ich Namen suche für meine Gestalten, dann fallen mir meist Namen ein, die mir als Schüler geläufig waren. Und es gab einen Blum in der Fußballmannschaft und den hab ich verehrt und der hat den Namen geliefert für meine Frau Blum.

Ich weiß, daß »Olten« die Bezeichnung für eine Stadt ist, für eine aufstrebende, tüchtige Stadt. Für mich aber wird Olten die Bezeichnung meiner Kindheit bleiben.

Ich war auch deshalb überrascht, von einem Preis der Stadt Olten zu hören. Ich war überrascht zu hören, daß ich einen Preis bekommen sollte. Ich freue mich, daß die Kunstförderung meiner Stadt ein Anliegen ist.

1924 sagte Paul Klee in einem Vortrag über moderne Kunst: »Wir haben noch nicht diese letzte Kraft, denn: uns trägt kein Volk.« Klee würde diesen Satz wohl heute nicht mehr sagen. In den vierzig Jahren hat sich vieles geändert, die Leute begannen sich um das Schaffen zeitgenössischer Künstler zu kümmern, begannen sie sogar anzutreiben, verlangten stets Neues. Noch in keiner Zeit wurden so viele Bücher und Bilder gekauft.

Vielleicht hat sich Klee das gewünscht. Bestimmt ist erfreulich, daß Kunst heute bezahlt und konsumiert wird. Ein Unbehagen bleibt trotzdem zurück. Mir scheint, man hat sich etwas zu schnell versöhnt. Der Schriftsteller warb um Verständnis und man gab ihm großzügig die Narrenfreiheit.

Es ist selbstverständlich geworden, daß ein Frisch, ein Dürrenmatt unangenehme Sachen zu sagen haben, man verlangt es sogar von ihnen, man braucht ein bißchen Schock; aber man ist nicht bereit, die Äußerungen von Schriftstellern als Äußerungen von Mitmenschen und Mitbürgern anzunehmen; man ist nicht bereit, sich darüber Gedanken zu machen, nicht einmal bereit, sich darüber zu ärgern.

Man versucht mit aller Kraft, die Schriftsteller auf jenen Olymp zurückzudrängen, den uns die Schule für die alten Meister weismachen will. Man verharmlost die Autoren, indem man sie als göttlich verehrt, man lobt sie, um ihnen nicht zuhören zu müssen.

Ein Schriftsteller möchte antastbar sein.

»Ein Volk, das trägt« müßte Widerstände leisten können, müßte sich bedroht fühlen können, müßte dem Schriftsteller ein wenig mehr Gefährlichkeit zumessen.

Es ist sicher nicht die Aufgabe des Autors, die Welt zu verändern. Er möchte nur das Gespräch im Gang halten, dafür sorgen, daß es nie abbricht, das Gespräch um unsere Alltäglichkeiten.

Oft ist man versucht, Autoren in Diktaturstaaten um die Möglichkeit, wirklichen Mut haben zu dürfen, zu beneiden. Oft ist man versucht, ihn um seine Widerstände zu beneiden, um seinen Staat, der ihn als gefährlich betrachtet, der ihm Wirksamkeit zumutet, der ihn ernst nimmt und ihm keine Narrenfreiheit gewährt. Bei uns ist es nicht Aufgabe der Regierung, dem Autoren Widerstände zu machen, mit seinen Büchern das Gespräch aufzunehmen. Das sollten bei uns die einzelnen übernehmen.

Doch immer noch versucht man den Schülern Ehrfurcht vor der Kunst zu vermitteln, statt echte Kontakte. Immer noch bestaunt man die Erhabenheit eines Goethes, eines Thomas Manns und ist enttäuscht, daß zeitgenössische Autoren nicht bereit sind, göttliche Posen einzunehmen.

Ich finde Goethe einen guten Schreiber. Er fasziniert mich, seit ich, trotz meiner Lehrer, in seinen Arbeiten entdeckt habe, wie sehr ihm das Schreiben Mühe machte, wie sehr er sich irren konnte, wie sehr mir teilweise seine politische Ansicht mißfällt.

Unsere Gesellschaft ist praktisch geworden. Man erwartet von den Berufsleuten Leistungen. Man hat nicht zum voraus Ehrfurcht vor ihnen. Man prüft einen Tisch trotzdem man weiß, daß der Schreiner, der ihn gemacht hat, diplomiert ist, trotzdem man weiß, daß er von Tischen mehr versteht als der Käufer.

Ich möchte um ein bißchen Gleichberechtigung für das Handwerk des Schreibens bitten. Ich möchte darum bitten, daß jeder für sich die Brauchbarkeit von Büchern untersucht. Tische waren zu einer Zeit in erster Linie Ziergegenstände, heute sind sie in erster Linie praktisch. Auch Literatur möchte kein Ziergegenstand sein; auch Goethe ist mehr als ein Schmuckstück des geistigen Mobiliars.

Wenn man die Verehrung, die ein Frisch, ein Dürrenmatt in der Schweiz genießen, mit der Wirksamkeit ihrer Ansichten über die Schweiz vergleicht, stellt man ein Mißverhältnis zugunsten der Verehrung fest.

Entweder versteht man sie wirklich nicht, oder will sie nicht verstehen. Oder man verehrt sie, um sie zu verharmlosen, oder man gibt ihnen – wie man so schön sagt – »dichterische Freiheit« – Narrenfreiheit.

Vielleicht hat sich das Paul Klee 1924 wirklich erhofft. Man suchte damals ein Publikum, das gewillt ist, seine Vorurteile zu überwinden.

Daß man es gefunden hat, dafür sind Preise, Stipendien und öffentliche Vorträge ein schöner Beweis.

Zu hoffen wäre jetzt noch, daß man die Autoren den Olymp verlassen läßt; es paßt ihnen dort nicht, es ist ihnen dort zu muffig, sie möchten unter die Leute.

Ich danke Ihnen.

Was erwarte ich von einem Roman?

Kaum ein Interview mit einem Schriftsteller enthält nicht die Frage: »Warum schreiben Sie?«

Seit man weiß, daß die Frage unbeantwortbar ist, versteckt man sie geschickt.

Antworten auf die Frage gibt es allerdings viele.

Beispiele: Weil ich mich langweile. Weil ich ein schlechter Fußballer bin. Weil ichs kann.

Die Antworten befriedigen nicht. Sie sind originell, was darauf schließen läßt, daß der Befragte der Frage ausweichen will.

Es macht mir Spaß, daß nun endlich die ebenso unbeantwortbare Gegenfrage gestellt wird, denn hinter dem »Was erwarten Sie von einem Roman?« steht eindeutig die Frage: »Warum lesen Sie?«

Hinter der Frage versteckt steht noch eine weitere Frage. Sie heißt: »Was ist ein Roman?« Sie wurde oft gestellt und oft beantwortet.

Dazu eine Geschichte: Wenn ich meinen Fünfkläßlern Bibliothekbücher austeile, kommt es immer wieder vor, daß ein Mädchen zu kichern und zu tuscheln beginnt, weil in seinem Buch ›Roman‹ oder ›Roman für Kinder‹ steht. Es glaubt, ich hätte ihm etwas Anrüchiges, etwas Unanständiges gegeben und freut sich entsprechend auf die Lektüre.

Wenn man von jemandem sagt: »Sie liest Romane«, dann meint man ganz eindeutig jene Heftchen, die man an Kiosken kauft und die über die Wege zum Glück berichten.

Ein Roman ist für mich nicht mehr als ein Buch, das dick ist und das mit ziemlich zusammenhängendem Text gefüllt ist, das vielleicht direkte Rede enthält und zum Teil erstunken und erlogen ist; oder milder: es enthält erfundene Wahrheiten.

Wenn ich sagen könnte, warum ich lese, wäre damit auch gesagt, warum ich schreibe. Die Frage quält mich, aber ich habe mich damit abfinden müssen, daß ich es nie erfahren werde. Wenn Sie mich fragen: »Schreiben Sie?«, kann ich in guten Treuen antworten: »Ja, ich schreibe.« Und wenn Sie mich fragen: »Lesen Sie?«, antworte ich: »Ja, ich lese.«

Fragen Sie mich nicht, ob Lesen zu etwas nütze ist. Ich vermute es, bin aber nicht sicher.

Den Eltern der Schüler empfiehlt man, ihren Kindern das Lesen ja nicht zu verbieten und sie sogar dazu anzuhalten; in der Hoffnung wohl, daß sie dann bessere Aufsätze schrieben; ein Selbstzweck also: Lesen, um schreiben zu können, was dann wieder gelesen wird.

Was erwarte ich?

Ich erwarte von einem Rasierapparat, daß er meinen Bart gründlich, hautschonend und innerst nützlicher Frist entfernt. Es ist mir aufgefallen, daß auf Rasierapparaten das Wort ›Rasierapparat‹ nicht steht.

Seither amüsiere ich mich darüber, daß auf einem Roman, den ich schnell als solchen erkenne, immer das Wort ›Roman‹ steht. Ich bin dafür, daß man den Begriff ›Roman‹ durch den eindeutigeren Begriff ›Buch‹ ersetzt. Nur müßte man dann die Verleger inständig darum bitten, auf die Bücher nicht ›Buch‹ zu schreiben.

Ich stelle zu meiner eigenen Überraschung fest, daß ich von einem Buch nichts erwarte, nichts Bestimmtes; das heißt vielleicht, daß ich von ihm mehr erwarte, als wenn ich etwas Bestimmtes erwarten würde.

Mir fehlt ganz einfach der Maßstab, mit dem man Bücher mißt. Trotzdem finde ich viele scheußlich, viele gut, nicht wenige hervorragend.

Ich lese Bücher. Bücherlesen empfinde ich als Leistung. Ich kann mich dabei nicht entspannen, es ermüdet mich, was darauf schließen läßt, daß es eine Arbeit ist.

Ich arbeite nicht gern. Warum lese ich dann?

Genau an diesen Punkt kommt man auch bei der Frage: »Warum schreiben Sie?« Man stellt plötzlich fest, daß Schreiben nicht unbedingt Lust bereitet. Also warum dann?

»Warum lesen Sie?«

Weil ich mich langweile. Weil ich ein schlechter Fußballer bin. Weil ichs kann.

Die Autorenantworten gehn also auch als Leserantworten. Auch hier befriedigen sie nicht. Vielleicht handelt es sich wirklich um dieselbe Frage.

Das freut mich, daß Schreiben und Lesen einander verwandt sind. Es freut mich als Autor, daß Leser bereit sind, ebenso freiwillig und aus ebenso unerfindlichen Gründen eine ähnliche Arbeit auf sich zu nehmen wie ich: sie die Arbeit des Lesens, ich die Arbeit des Schreibens.

Zusammengenommen sieht das Ganze wie ein Selbstzweck aus. In Autor und Leser getrennt findet zum mindesten eine Mitteilung statt.

Diese Mitteilung von vornherein und grundsätzlich zu werten, traue ich mir nicht zu.

Jan Erik Vold: Von Zimmer zu Zimmer

Ich kenne Norwegen nicht, und die Vorstellungen, die wir uns von Norwegen machen, erreichen oft nicht einmal ein Klischee. Daß es eine norwegische Literatur gibt, darauf hat mich Volds Übersetzer Walter Baumgartner aufmerksam gemacht. In einem Gespräch mit Jan Erik Vold, der meine Geschichten ins Norwegische übersetzt hat, habe ich etwas über die Situation der Literatur in Norwegen erfahren – viel mehr weiß ich darüber nicht. Diese Unkenntnisse hindern mich daran, über das spezifisch Norwegische in Volds Texten zu sprechen. Das ist schade, denn ich erkenne in ihnen neben Formen, die mir sehr bekannt sind, neue Möglichkeiten, von denen ich überzeugt bin, daß sie nicht nur persönliche, sondern auch regionale Varianten sind.

Bekannt ist die Position, die Vold als Schreiber einnimmt: Er gibt sich als Beobachter, als Notizbuchschreiber sozusagen, er stellt sich vor einen Gegenstand und betrachtet ihn, wie wenn er ihn noch nie gesehen hätte. Er nimmt die Stellung eines Zeichners ein.

Was dabei vordergründig entsteht, sind Schreibübungen, Schüleraufsätze, Denkübungen auch. Gleich der erste Text ist eine solche Denkübung. Offensichtlich hatte Vold die Absicht, »so ein rotierendes Ventil« zu beschreiben. Er scheitert an der Bezeichnung [Wetterfahne oder Windhut] und kommt über dieses Problem [das sich für einen Zeichner nicht stellen würde] nicht hinaus. Das Problem interessiert aber im Grunde genommen weder ihn noch den Leser, es ist keines, es ist nur eine Denkübung.

Immerhin, gerade durch die Bezeichnungsschwierigkeit ist mir der Gegenstand nun bekannt [Vold hat die Aufgabe des Zeichners erfüllt], ich sehe ihn genau, und es gehört zu seinem Wesen, daß man nicht weiß, welcher Begriff zutrifft.

Volds Arbeiten erinnern mich an Texte von Henri Michaux, den ich verehre. Henri Michaux wird – ich kann dagegen nichts unternehmen – den Surrealisten zugeordnet; ich ärgere mich darüber, weil ich wenig Zugang zum Surrealismus habe. Volds Ähnlichkeit mit der Methode Michauxs ist, daß auch seine Texte die dauernde Tendenz zum Surrealen haben, bei beiden ist dieses Ergebnis aber nicht von vornherein angestrebt, sondern es ist eine Folge des angestrengten Arbeitens, der angestrengten Beobachtungsübung an den Gegenständen. Wenn man irgendeinen Gegenstand sehr lange und intensiv betrachtet, wird er erstmalig und einmalig. Was einmalig ist, entzieht sich der Realität, wird surreal.

Ich weiß nicht, ob Vold Henri Michaux kennt. Bestimmt sind Volds Texte zu naiv, als daß man in ihnen den Michaux-Schüler erkennen könnte. Ich schätze Volds Naivität.

Fraglich wird sie erst bei jenen Stellen, wo sie ihn zu voreiligen Pointen verführt, die zwar oft ironisch gedacht sind, aber doch als Kommentar wirken, etwa »Ich weiß es nicht, aber deine Fäuste sind ständig geballt« oder »Was sagte wohl da die Mutter?« Auch wird es mir leicht peinlich, wenn Gegenstände personifiziert werden, wenn Bleistifte sprechen. Ein deutscher Autor würde davor zurückschrecken, ein deutscher Lektor würde sich dagegen zur Wehr setzen. Aber diese »Ausrutscher« haben hier ihren Reiz. Vielleicht liegt darin die Situation der norwegischen Literatur; darin, daß sie davon gehört hat, daß es moderne Formen der Literatur gibt, und darin, daß sie wegen ihrer Isolation diese Formen selbst herstellen muß.

Der Lyriker Vold zum Beispiel könnte unsern Konkreten zugezählt werden. Unsere Konkreten sind aber doktrinär, ihre Sätze tragen ihr eigenes Gesetz zur Schau und hüten sich selbst vor Einbrüchen. Volds Texte verschließen sich nicht, sie öffnen sich sogar, gewollt und ungewollt, Sentimentalitäten.

Vold ist noch etwas, für das man sich bei uns bereits zu schämen hat, er ist ein Dichter, und in diesem Sinne hätte er bei uns wohl nur einen einzigen Kollegen, H. C. Artmann.

Volds Sätze sind eigentliche Geschichten. Was in ihnen geschieht, geschieht nicht nur in der Sprache selbst. Volds Thema ist das Dilemma, das Scheitern an jeder Kleinigkeit. Der einzelne Satz auf Seite 13: »In diesem Zimmer hat ein Mädchen gewohnt, und jetzt ist sie weggezogen« [auch hier würde ich auf den anschließenden Satz verzichten], ist eine ganze Geschichte. Daß es nicht mehr darüber zu sagen gibt, über dieses große Ereignis, ist das Dilemma. Das hat hier nichts mit den Schwierigkeiten des Schreibens zu tun, sondern mit den Schwierigkeiten des Lebens.

Es gibt bei Vold wenig zu bewundern, er brilliert weder sprachlich noch thematisch.

Seine Sätze stehen so da wie die Gegenstände, die er beschreibt. Sie sind gewöhnlich und selbstverständlich, erst nach langem Betrachten werden sie [wie die Gegenstände] einmalig und erstmalig.

[Selbstportrait]

Liebe Buchhändler,

ich soll mich Ihnen vorstellen, und ich weiß, daß sie mehr erwarten als: Ich heiße Peter Bichsel, bin am 24. März 1935 geboren, bin verheiratet, habe zwei Kinder, bin Lehrer in Zuchwil bei Solothurn in der Schweiz und schreibe.

Wollen Sie wirklich von mir selbst die Wahrheit hören?

Etwa so: Ich war in meiner Jugend ungemein stark, einer der besten Leichtathleten, ein überaus talentierter Linksaußen, der schmutzigste, frechste und gefährlichste Bub in der ganzen Gegend – das ist alles gelogen, aber es gefällt mir besser als die Wahrheit. Doch wenn Sie nicht wissen, wie elend das ist, der schlechteste Turner der Klasse sein zu müssen, dann können Sie nicht ermessen, warum mir das gefällt. Vielleicht schreibe ich, weil ich ein schlechter Turner war.

Ich liebe Spiegel, von mir ist nicht viel Wahrheit über mich zu erfahren, ich denke zuviel an mich. Und ich schreibe also, und dann streiche ich durch, lösche aus, was geschrieben ist, übe schreibend, was mir schwerfällt: zu schweigen. Was auf dem Papier stehenbleibt, ist hergestellt, imitiert, hergestellte Monologe, imitierte Gespräche. Ich baue mir auf Papier eine Welt, sie soll der wirklichen gleichen. Ich bespiegle mich, schreiben ist ein eitles Geschäft, ein mühseliges auch, ein gefährliches vielleicht, und ich kenne die Frage, die Sie mir darauf stellen möchten; ich kann sie nicht beantworten: Ich weiß nicht, warum ich schreibe.

Auch Lesen macht mir sehr Mühe, es strengt mich an, und es macht mir Eindruck, daß es Leute gibt, die lesen. Es ist mir nicht selbstverständlich, gelesen zu werden, und ich bin darauf angewiesen. Ich danke Ihnen dafür, daß Sie mich lesen. Ich rechne es Ihnen hoch an. Ich danke Ihnen dafür, daß Sie mir weitere Leser suchen. Ich möchte viele Leser haben.

Mit herzlichen Grüßen
Peter Bichsel

Zum Beispiel auch Berlin

Es gibt die Lust zu schreiben, und es gibt die Lust zu lesen. Es gibt Leute, die nicht einschlafen können, ohne zu lesen, oder die auf der Toilette das dringende Bedürfnis haben, zu lesen, die lesen müssen, wenn sie betrunken sind, die nach dem Essen lesen müssen, Leute, die nicht durch die Straße gehen können, ohne alles Geschriebene zu lesen. Es gibt Leute, die lesen die Zeitung nicht wegen des Inhalts, sondern wegen des Lesens. Lesen kann also zum Selbstzweck werden, zu einer Beschäftigung, zu einer Leidenschaft an und für sich.

Solche Leute scheinen mir die geeigneten Leser zu sein für Peter O. Chotjewitz' Buch »Die Insel. Erzählungen auf dem

Bärenauge«, denn Chotjewitz vermittelt hier Lesestoff, Geschriebenes für Leute, die lesen mögen.

Ein Buch, das vor allem dem Selbstzweck »Lesen« dient, nennt man (zum Beispiel in der Schule) Lesebuch. Chotjewitz sammelt in seinem Lesebuch den langweiligen und spannenden Plunder des Lebens von Sebastian Rottenkopf und gibt eine genaue Beschreibung des Bärenauges, von dem man bis zum Schluß nicht genau weiß. was es ist. Das Bärenauge ist so etwas wie eine Gegend, die nach Laune in ihrer Größe veränderbar ist; es kann so klein sein, daß man knapp mit einer Frau darauf schlafen kann, es kann sich ausweiten auf die Größe einer Stadt, es ist zum Beispiel auch Berlin.

Diese dehnbare Gegend ist die erstaunlichste Erfindung des Buches. Sie allein macht das Buch zu etwas Neuem, ohne diese Erfindung wäre vielleicht auch dieses Buch ein modernistisches geblieben.

Der Trick, in eine bestehende Gegend veränderbare Figuren zu setzen (Chotjewitz hat die Gewohnheit, dauernd auf sein eigenes früheres Buch hinzuweisen – ich lasse es sein), ist längst bekannt.

Chotjewitz macht aber die Gegend variierbar. Eine Gegend wird so zum Thema. Vielleicht ließe sich behaupten, daß immer das Variierbare zum Thema eines Buches wird (nie das Bestehende und oft gegen den Willen des Autors), dann wäre die »Insel« das erste Buch über Berlin, was sehr wahrscheinlich doch auch wieder nicht stimmt.

Chotjewitz sucht die offene Form, eine Form, in der alles Platz hat, was ihm einfällt, was er schreiben will. Seine offene Form hat Methode, der Einfall mit dem Bärenauge schafft fast unbeschränkte Möglichkeiten, und so wird denn der Leser gleich vom Anfang des Buches an mit einer erfrischenden Fülle von Wörtern, Sätzen, Gedankensplittern, Gescheitheiten und Dummheiten überschüttet.

Sehr bald aber erklärt sich der Leser mit dem Tonfall, dem Rhythmus, mit der Welt des Buches derart einverstanden, daß ihn nichts mehr überraschen kann. Es zeigt sich, daß die offene Form nichts produzieren kann, was über das Gewollte hinausgeht; daß nur eine Einschränkung, eine Festlegung auf etwas die Phantasie anzuregen vermag.

Man kann von Chotjewitz' Buch nicht sagen, daß der Anfang hervorragend sei und daß das Buch gegen Schluß abfalle; denn wenn man es von hinten nach vorn liest, entsteht der umgekehrte Eindruck; wenn man es nach Tagen wieder irgendwo aufschlägt, ist man überzeugt, jetzt die beste Stelle gefunden zu haben. Das heißt, daß es dem Autor gelungen ist, die Form zu schaffen, in der alles Platz hat; aber die Form produziert nichts weiteres, die »Insel« wird zu einem »phantasielosen« Buch.

Chotjewitz ersetzt die Phantasie durch die Lüge. Was er auch beschreibt, er lügt erfrischend drauflos. Erfrischend deshalb, weil er den Leser nirgends zur Kontrolle zwingt. Es reizt mich nicht einmal, seine Zitate aus anderen Büchern, die er exakt mit Seitenzahlen angibt, zu überprüfen; sehr wahrscheinlich stimmen sie, vielleicht sind sie gelogen, das spielt keine Rolle, ich nehme sie als Lüge. Chotjewitz verkauft selbst die Wahrheit als Lüge.

Zudem hat er, wiederum durch die variierbare Größe der Gegend, die Möglichkeit, das Gewicht, die Größe des Ereignisses selbst zu bestimmen. Er macht aus einem Pinten-Besuch ein überdimensionales Ereignis und verkleinert, verniedlicht den Schah-Besuch auf Sandkastengröße, ganz kleine Polizisten gehen auf ganz kleine Studenten los, und man verfolgt die Szene ohne Emotionen – ein »unmenschliches« Buch also, aber die Lüge will keine Verhältnisse schaffen, es gibt innerhalb der Lüge keinen Unterschied mehr zwischen Wahrheit und Lüge.

Deshalb gelingt Chotjewitz eine überraschend wertfreie Darstellung der Vorgänge; Beischlaf, Homosexualität, Saufereien, Kotzereien sind sehr deutlich und exakt beschrieben – sie wirken aber überhaupt nirgends unappetitlich, auch nicht appetitlich, einfach selbstverständlich. Ich nehme vom Lügner Chotjewitz Dinge an, die ich einem Phantasten bereits verübeln würde, die ich als Wahrheit schlecht ertrage. Dabei weiß ich, daß die Wahrheiten hinter dieser Lüge existieren, daß Wahrheit als Lüge ausgegeben wird, es ist also keine thematische Lüge, es ist eine stilistische. Sie genügt, um mich zu besänftigen. Ich erschrecke nicht über einzelnes (etwa Schah-Besuch), sondern über das Ganze (Bärenauge).

Und nach und nach fällt dann doch auf, daß auch diese Form Gesetze schafft, die es zu erfüllen gilt. Es fällt da auf, wo der Autor dagegen verstößt. Da zum Beispiel, wo er von Personen oder mit Personen etwas ganz Bestimmtes will, da, wo er den »ortsansässigen Dichter« fertigmachen will. Die Gedichte sind zwar gelungene Grass-Parodien, sie sind so wahllos wie vieles andere auch eingestreut, aber die Form des Ganzen verschließt sich ihnen, weil sie tendenziös sind, weil sie etwas anpeilen – Applaus der Grass-Gegner zum Beispiel. Hier wird Chotjewitz ernst.

Hier legt er plötzlich Wert darauf, verstanden zu werden. Hier wird er deutlich, und das Spiel mit dem dehnbaren Bärenauge bricht zusammen.

Es bricht auch zusammen, wenn ein Mann mit dem Namen Robert Creely auftaucht, es bricht zusammen, wenn Herr Goethe Bier trinkt. Es bricht zusammen, wenn Chotjewitz von sich glaubt, er sei ein Pop-Autor, weil er popig schreibe.

Und hier erschrecke ich vor dem Opportunismus des Buches. Ich hatte noch selten so sehr den Eindruck, daß ein Autor einem Publikum restlos entgegenkommt.

Chotjewitz weiß, daß seinen Freunden sein Buch gefallen wird, da riskiert er nichts. Das Buch ist zwar nicht auf Erfolg (im Sinne von Bestseller) angelegt, aber auf Applaus. Daß er zudem sämtliche Einwände gegen das Buch, die er sich vorstellen kann, vorwegnimmt, ist eine recht billige Masche, denn Chotjewitz täuscht sich, wenn er glaubt, sein Buch sei keine Literatur; es ist ein hochliterarisches Buch, ein artistisches Buch, das von seinem sehr literarischen Einfall lebt, und vielleicht ist die »Insel« sogar noch mehr: ein Unterhaltungsroman für eine Gruppe von Leuten, für die es bis jetzt noch keine Unterhaltungsromane gegeben hat.

Daß Chotjewitz nicht bereit ist, sich künstlich Widerstände zu schaffen, ist eine Leistung, wenn man bedenkt, wie schwer es ist, ohne Widerstände zu schreiben.

Eine einzige Verpflichtung geht er anfänglich ein. Er erzählt in kurzen Stücken das Leben Rottenkopfs rückwärts, also vom Jetzt bis zur Geburt. Das scheint ein früherer Einfall für das Buch gewesen zu sein, ein Romaneinfall vielleicht. Chotjewitz verliert offensichtlich während des Schreibens das Interesse an diesem Einfall, er führt ihn ohne viel Spaß zu Ende.

Es ist schwer zu sagen, was geschehen wäre, wenn er das Thema konsequent durchgeführt hätte – vielleicht doch weniger, weil damit die Form geschlossen worden wäre, weil dann nicht mehr alles Platz gehabt hätte ... Was alles? Alle Lügen! Denn »Wahrheiten« haben in dieser Form ebensowenig Platz wie in einer anderen Form Lügen.

Diese offene Form hat Chotjewitz entdeckt, sie ist ihm gelungen. Es fragt sich nur, ob in ihr, wenn alles Platz hat, wirklich mehr Platz ist. Sie bleibt eine Form.

Aus einem schönen alten Buch

I

Friedrich sei ein arger Wütherich. Er fange Fliegen und reiße ihnen die Flügel aus. Er mache die Stühle kaputt und die Vögel tot. Er quäle Katzen und schlage die Mädchen. Kürzlich aber habe ihn ein Hund gebissen, dem er mit einer Peitsche zugesetzt habe, und er habe ärztliche Hilfe in Anspruch nehmen müssen. Robert hingegen sei eher etwas versponnen. Er liebe es, bei Regen und Sturm spazieren zu gehen. Da habe ihm der Wind den Hut vom Kopf gerissen.

II

Aber auch die Katzen litten große Not.

III

Peter läßt sich die Haare und Nägel nicht schneiden. Fritz quält die Tiere. Paula spielt mit dem Feuer. Ludwig lacht den Mohren aus. Kaspar lacht den Mohren aus. Wilhelm lacht den Mohren aus.

IV

Robert ist überzeugt, daß es auf dem Felde herrlich sein muß. Er liebt es, im Regen spazieren zu gehen; auch wenn er niederbraust, auch wenn es stürmt, auch wenn andere Mädchen und Buben hübsch in ihren Stuben bleiben, auch wenn der Sturmwind pfeift, auch wenn der Baum sich niederbeugt, auch wenn der Wind ihm den Hut vom Kopf reißt.

V

Er trägt einen Hut.

VI

Auch ich habe um meine Zeichnungen immer einen Rahmen gezeichnet und an den Rahmen einen Aufhänger und in den Aufhänger hinein einen Nagel. Die Zeichnungen waren klein auf einem großen Blatt, und das Blatt war die Wand.

VII

Ich habe mir die Haare und Nägel ungern schneiden lassen, ich bin am Tisch nicht still gesessen, ich habe nicht auf den Weg geschaut, ich bin bei Regen spazieren gegangen. Sehr wahrscheinlich habe ich mit dem Feuer gespielt. Tiere habe ich selten gequält. Ich habe gewußt, daß man Tiere nicht quälen darf, aber ich war dabei, wenn andere Tiere quälten. Meine Suppe aß ich gern. Nie habe ich einen Mohren ausgelacht, aber es ist nicht wahr, daß der Sturm Kinder in die Luft trägt.

VIII

Ich habe tote Vögel begraben. Ich habe alten Leuten den Leiterwagen gezogen. Ich habe Frauen die Tasche getragen. Ich ging gern im Regen spazieren.

IX

Als Philipp die Decke vom Tisch riß, stürzte folgendes zu Boden: eine Flasche Wein, eine Suppenschüssel samt Schöpfkelle, eine Gabel, ein Glas, ein Brot; dann die Suppe des Vaters und kurz hinterher der Teller. Der Teller der Mutter stand noch kurz da, fiel aber bestimmt später auch. Philipps Teller sieht man auf dem Bild nicht, der ist wohl schon gefallen, oder man hat vergessen, ihn zu zeichnen.

X

Der Hase zielt auf den Jäger. Der rennt rechts über die Seite 13 hinaus und stürzt auf Seite 14 in den Brunnen. Konrad lutscht am Daumen. Kaspar ißt keine Suppe. Philipp reißt die Decke vom Tisch. Hans schaut nicht auf den Weg. Robert geht im Regen spazieren.

XI

Ludwig hat ein Fähnchen, Wilhelm einen runden Reif, Kaspar eine Brezel.

XII

Von Mama sich führen lassen.

XIII

Auch weiß Dr. Hoffmann zu berichten, daß Friedrich von einem Hund gebissen worden sei und ärztliche Hilfe habe in Anspruch nehmen müssen.

[Rede zur Tschechoslowakei 1968]

Es wird davon gesprochen, daß der Kreml durch seinen Geheimdienst über die Vorgänge in der Tschechoslowakei nicht richtig orientiert worden sei.

Das kann ich mir vorstellen.

Denn wenn zum Beispiel ein despotischer Lehrer seine Klasse terrorisiert, dann wird auch sein Lieblingsschüler und Zuträger nicht wagen, ihm die Wahrheit über die Verhältnisse in der Klasse zu erzählen.

Wer die Wahrheit unterdrückt, wird nie die volle Wahrheit zu hören bekommen.

Wer eine Idee, eine Ideologie über die Wahrheit stellt, muß an ihr scheitern.

Die Wahrheit ist kein idealistischer Begriff, sie ist erfaßbar, sie ist eine Sache von Fakten, von Zahlen.

Wer idealistische Begriffe wie »das Edle und das Gute« mit der Wahrheit in einen Topf wirft, diskriminiert sie damit, denn sie kann nicht daran gemessen werden, was sie bewirkt.

Das Unterdrücken der Wahrheit aus pädagogischen Gründen ist ein erster Schritt zum Terror. Ich weiß – als Lehrer –, daß das geschehen kann.

Bereits ist es mir peinlich, das Wort »Wahrheit« mehrmals aussprechen zu müssen. Es ist dem 19. Jahrhundert bis in unsere Zeit hinein gelungen, das Wort derart zu pathetisieren, daß es unangenehm und unbrauchbar geworden ist.

Deshalb ist Schiller kein Argument mehr.

Und deshalb ist auch Lenin kein Argument.

Es ist dem 20. Jahrhundert bei all seinen Errungenschaften nicht gelungen, sich auch nur einigermaßen von der romantischen Verlogenheit des 19. Jahrhunderts zu lösen. In diesem 19. Jahrhundert hat das Machtdenken in Ost und West, hat auch unser kleinbürgerliches Selbstverständnis seine Wurzeln.

Und darin sind sich die Mächtigen wohl einig, daß ihnen ein 20. Jahrhundert schaden könnte, deshalb halten sie das 19. so lange als möglich am Leben.

Sie ziehen deshalb eine Politik der Ideen, der großen Sätze, einer Politik der Fakten vor.

Es ist wohl erstmalig in der Geschichte, daß sich das faschistische Spanien mit dem stalinistischen Rußland solidarisieren mußte. In der spanischen Presse wurde nur spärlich über die Ereignisse in der Tschechoslowakei berichtet. Man verdrängte sie mit Berichten über die Papstreise, weil man eine Solidarisierung der unterdrückten Spanier mit den unterdrückten Tschechoslowaken befürchtete.

Wenn die Begriffe »links« und »rechts« im Extrem nichts anderes heißen sollen als Kommunismus und Faschismus, dann sind sie jetzt lächerlich geworden.

Die Mächtigen fürchten die Solidarisierung der Ohnmächtigen über die Grenzen hinweg, die sie ihnen seit Jahren vorspiegeln.

Haben sich vielleicht nicht doch auch andere als die Russen vor dem tschechoslowakischen Versuch gefürchtet? Noch weiß man nicht, was aus dem Versuch wird oder was aus ihm geworden wäre, vielleicht eine Staatsform des 20. Jahrhunderts.

Eine solche Staatsform ist eine Gefahr für das heutige konservative Rußland.

Der Einmarsch der Russen in die Tschechoslowakei ist eine Verzweiflungstat.

Ihre erste Forderung ist die Wiedereinführung der Pressezensur, die Unterdrückung der Wahrheit. Diese Maßnahme soll die Entwicklung des Kommunismus garantieren. Es ist eine pädagogische Maßnahme, ein abstraktes Erziehungsziel wird über die Tatsachen gestellt.

Es gibt auch in Rußland Wissenschaftler, die mit Tatsachen, mit Zahlen arbeiten, ohne ihre Wahrheiten wäre der technische Fortschritt in Rußland nicht möglich gewesen. Ihnen müssen auch die Russen Informationsfreiheit zugestehen, auch russische Naturwissenschaftler müssen darauf geschult werden, mit der Wahrheit umgehen zu können.

Daran müssen die russischen Machthaber verzweifeln, dieses Dilemma ist unlösbar.

Es wird immer Leute geben, die mit ihrem Anspruch auf Wahrheit den Mächtigen Schwierigkeiten machen, wie zum Beispiel vor 120 Jahren ein Karl Marx, der die Wahrheit über die Verhältnisse im Proletariat wissen wollte.

Ich bin dankbar dafür, in einem Staat leben zu dürfen, in dem ich mich frei informieren kann, ich könnte hier sogar die »Prawda«, die diesen Staat verhöhnt, am Kiosk kaufen.

Ich habe hier die Möglichkeit, Meldungen zu bekommen und mit andern Meldungen zu vergleichen, ich darf die Schlüsse daraus selbst ziehen, ich darf hier denken, und ich finde für meine Ideen Widersacher, die verhindern, daß ich es mir zu leicht mache, ich darf andern Ideen widersprechen.

Die Voraussetzungen, daß wir hier einen modernen Staat entwickeln könnten, der nicht in veralteten Klischees erstickt, sind gegeben.

Die Informationsfreiheit würde aber ein Selbstzweck bleiben, wenn sie nicht dauernd zu neuen Schlüssen führte. Wir müssen uns daran gewöhnen, daß die Tatsachen stärker sind als unsere Ideen und daß sich die Tatsachen ändern können.

Die Unterdrückung einer modernen Politik in der Tschechoslowakei darf für uns kein Grund sein, stehen zu bleiben und mit dem Bestehenden zufrieden zu sein.

Hier – bei uns – kann der Versuch fortgesetzt werden.

Die Formel »Mut zu Neuem« hat in den letzten Monaten in der Tschechoslowakei einen Sinn bekommen.

Ich danke den Tschechoslowaken dafür.

Wie ein stiller Anarchist

»Was ich schreibe, sind Maulwürfe«, mit diesem Satz beginnt Günter Eichs Buch. Er schreibt also nicht über oder von, er schreibt die Sache selbst; er beschreibt nicht, er erfindet. Seine Welt erscheint vielleicht dem Leser anfänglich absurd, wird ihm aber bald vertraut, und zum Schluß und als Ganzes ist sie mit der Wirklichkeit identisch, Realismus auf Umwegen also.

Günter Eich ist bekannt als Lyriker und Hörspielautor. Er wird es hinnehmen müssen, daß man die 53 kurzen Prosastücke seines neuen Buches als lyrisch oder poetisch bezeichnet; man tut ihnen damit unrecht. Wohl ist er in der Arbeitsmethode dem Lyriker verwandt. Er schreibt assoziativ, aus einem Einfall werden Einfälle geboren. Sätze fordern weitere Sätze heraus.

Er schreibt zum Beispiel: »Sie ist gutmütig, spricht aber nur mangelhaft deutsch«, und dieser Satz fordert die Erklärung, welches denn die Sprache jener Person sei. Eich kommt auf den Einfall: »Andere Sprachen kennt sie nicht«, und fügt hinzu: »Es ist angeboren.« Das ist eine selbstverständliche, gewöhnliche Feststellung, sie erinnert an die Technik Johann Peter Hebels. Man weiß bei diesem »es ist angeboren« nicht, ob es nun den Einfall verstärkt oder abschwächt. Es ist die Gebärde des Wegwischens, im Sinne von »lassen wir das«.

An anderen Stellen heißt diese Gebärde »umsonst«, »Es hat nichts genützt« oder lakonisch »mit Recht«, wenn er schreibt: »Ich mache die Augen zu, stopfe mir die Finger in die Ohren. Mit Recht.«

Aber keiner dieser Sätze flüchtet ins Ungewisse, und jeder ist stärker und gewöhnlicher als der Einfall, der hinter ihm steht, keiner dieser Sätze meint mehr als sich selbst. Sie entziehen sich gerade deshalb so der Interpretation wie die Wirklichkeit.

Eichs Sätze fordern vorsätzliches Einverständnis, es sind sozusagen Sätze an einen Eingeweihten; der Autor erwartet keine Antworten, führt einen Monolog. Die Frage »Warum?« ist hier sinnlos, sie kommt zu spät.

Einzelne Stellen in den Texten könnten als zeitkritisch interpretiert werden, etwa: »Einmal nahm ich ihn ins Theater mit. Für Maulwürfe ist nichts gemütlicher als das Mekongdelta vom Parkett aus.« Wäre dieser Satz zeitkritisch, würde er zu billigem Kabarett; was ihn davor rettet, ist seine Traurigkeit, er ist so passiv wie alle andern Sätze, vielleicht ist er böse, aber bescheiden und ambitionslos.

Es ist ein monomanes Ich, das hier erzählt, aber es geht trotzdem völlig im Erzählten unter. Es erzählt Unwahrscheinliches, aber es bildet sich nichts darauf ein. Es hat sich darauf eingelassen, in seiner Umwelt aufzugehen, es hat resigniert, resigniert ohne Zorn, bitter vielleicht, aber ohne Bitterkeit.

Menschen sind in diesen Geschichten selten und wenn, dann werden auch sie zu Gegenständen, wie zum Beispiel der Gegenstand Leibniz, der Gegenstand Bakunin. Und wenn am Schluß der »Huldigung für Bakunin« der Erzähler nach dem Besuch von Bakunins Grab feststellt, daß niemand an Bakunin gedacht habe, »nicht einmal ich, nicht an seine Gefängnisse, nicht an sein Sibirien, nicht an sein verlassenes Locarno«, dann macht er die Situation nicht besser damit, daß er sagt: »Hoffentlich hat er dort wenigstens ein paar schöne sonnige Tage gehabt, die ihm den Bart gewärmt haben«, sondern er macht aus Bakunin einen geheimen Partner, ordnet ihn seinen Maulwürfen, seinen Gegenständen bei.

Vielleicht wäre man selbst, auch wenn er es nicht geschrieben hätte, auf Bakunin gekommen, denn der Erzähler ist so etwas wie ein stiller Anarchist, in seinem Zimmer herrscht die Anarchie, nur weil er allein ist, ist sie friedlich. Dieses Alleinsein macht das Buch zu einem privaten, zu etwas Intimen; der Erzähler versucht nicht, sich mit den Erzählungen zu befreien, er verstrickt sich absichtlich in sie.

Die Maulwürfe sind kein Symbol, sondern sie sind eine Bezeichnung und als solche gegenständlich anwesend. Eich wird nirgends surreal, wenn auch sein Material Surrealismus vermuten läßt. Und darin liegt wohl seine Meisterschaft: Er bleibt real, obwohl er scheinbar unkontrolliert erzählt.

Das Buch handelt nicht von, sondern es ist. Es handelt nicht von der Traurigkeit, beschreibt sie nicht, es ist traurig.

Wenn Eich schreibt: »Meine Maulwürfe sind schädlich, man soll sich keine Illusionen machen«, dann bekommt der Satz hier den resignierten Sinn von: niemand wird es begreifen.

Was man über Traurigkeit schreibt, wird schnell zu Kitsch. An dem kommt Eich vorbei, weil er direkt bleibt. Er verzichtet auf jeden Kommentar in seinen Stücken, und Kommentare werden vor ihnen lächerlich.

Rezensenten werden sich vielleicht deshalb vor dem Buch fürchten; es ist zu hoffen, daß sie es für einmal auf sich nehmen – der Sache zuliebe –, weniger brillant als sonst zu schreiben, sich vielleicht für einmal lächerlich zu machen; denn der Platz, der Eichs »Maulwürfen« in der Literatur gehört, läßt sich nicht mit gescheiten Sätzen füllen.

Der Zeichner des Möglichen

Um Ihnen die Person Paul Flora zu schildern, vorerst eine Geschichte:

Paul Flora reist nicht gern. Sein Verleger findet aber eine Reise Floras nach New York dringend notwendig – aus irgendwelchen Gründen, die sich dem Verständnis Floras entziehen müssen. Nach langem Drängen fügt sich Flora in das Unabwendbare, sein Verleger begleitet ihn zum Flugzeug, um die Abreise zu überwachen, und ist glücklich beim Anblick der sich hinter Flora schließenden Flugzeugtüren. Was der Verleger aber nicht in Rechnung gestellt hatte, war eine Zwischenlandung in London. Jedenfalls war Flora in vier Stunden wieder zurück.

Er sagte vielleicht so etwas wie: »Bereits in London hat es geregnet, da hat es ja keinen Sinn.«

Die Geschichte ist nicht wahr, ich habe sie erfunden, und ich bin nicht sicher, ob sie überhaupt zu Paul Flora paßt, denn ich sehe ihn hier zum erstenmal – aber sie ist möglich, und deshalb paßt sie zur Welt Floras.

Denn Flora ist der Zeichner des Möglichen. Ihn interessieren die Möglichkeiten der Wirklichkeit – er stellt sich mögliche Wirklichkeiten vor: einen »Markusplatz mit Raben«, »eine Kirche mit Attentäter« und »eine Kirche mit wartendem Attentäter«, Napoleon mit Pyramiden und eine Felsklippe mit Napoleon.

Ich bin nicht ganz überzeugt davon, daß es wirklich ein Zeichen von Brutalität und Aggressionstrieb ist, wenn ein Kind beim Spielen mit der Modelleisenbahn zwei Züge ineinanderrasen läßt. Ich glaube, es ist vielmehr das Durchspielen sämtlicher Spielvarianten, es ist – oft eine letzte – Möglichkeit.

Floras Eisenbahnzusammenstöße sind Möglichkeiten, untragisch, aber traurig, etwa von der Traurigkeit des Satzes, den ein Kind nach seinem Kleineisenbahnunglück ausspricht: »Jetzt ist sie kaputt.«

Ich meine mit Traurigkeit nichts Weltschmerzlerisches, daß Flora lustig und erheiternd ist, brauche ich nicht zu sagen.

Ich meine mit Traurigkeit nur jenes Gefühl, das man im Unterschied zur Fröhlichkeit und Amüsiertheit ganz allein genießen kann.

Paul Flora ist jedenfalls, wenn man ihn überhaupt zu den Karikaturisten zählen will, der einzige unter ihnen, den ich ganz allein und für mich anschauen kann.

Mit den Blättern der andern muß ich dauernd zu meiner Frau rennen und sagen: »Da schau mal.« Ich brauche in der Regel beim Betrachten von Karikaturen jemanden, der sich mit meinem Verständnis, mit meiner Freude solidarisiert, und wenn das geschehen ist, haben die Zeichnungen ihre Schuldigkeit getan und sind unbedeutend. Floras Zeichnungen bleiben, weil es nicht Kommentare, sondern Welten sind.

Ich habe kürzlich gesehen, wie mein Sohn im »Zahn der Zeit« rumblätterte und die Zeichnungen lange betrachtete. Ich war nicht überrascht, daß er sich nicht dazu äußerte, denn sein Mickymaus-Geschmack macht ihn anspruchsvoll.

Eine Woche später sagte er plötzlich: »Das ist ein Buch, sonst kaufst du nur Blödsinn«, und als ich ihn fragte, warum das Buch denn so gut sei, sagte er: »Einfach so.«

Das Urteil meines Sohnes soll mir die Sache erleichtern, ich schließe mich ihm mit Überzeugung an.

Paul Flora ist »einfach so«.

Eine »Ballonfahrt« von Flora ist eben einfach eine Ballonfahrt, und seit ich die Zeichnung kenne, ist mir aufgegangen, daß Ballonfahrer von Ballonfahrten ziemlich sicher keine Ahnung haben; denn das wesentliche einer Ballonfahrt ist nicht, daß es sie gibt, sondern daß sie eine Möglichkeit ist.

Ich nehme an, daß Flora kein Ballonfahrer ist, und wenn er es werden wollte, müßte ich ihm dringend davon abraten, denn ich fürchte, er ginge uns in der Wirklichkeit der Luft verloren.

Gestatten Sie, daß ich zum Schluß einen persönlichen Dank anfüge.

Die Erwachsenen haben mich früher höchstens zurechtgewiesen, wenn ich gefragt habe: »Was wäre, wenn ...?« Darauf gibt mir nun endlich einer – Paul Flora – akzeptierbare und exakte Antworten.

Ich habe es inzwischen längst aufgegeben zu fragen: »Welches ist die blaueste Blume der Welt?« – »Wo steht der kleinste Baum der Welt?« – »Wie dick ist der dickste Mann der Welt?«

Daß mir heute jemand auf eine Frage dieser Serie Antwort geben kann – und ich erinnere mich genau an meine damalige

Frage und an die abweisende Geste des Vaters – dafür danke ich.

Die Frage hieß: »Wo steht das nördlichste Haus der Welt?«, und die Antwort ist einfach: »In den Veduten und Figuren von Paul Flora.«

Dabei habe ich den Eindruck, daß dieser Mann, der zu seinem eigenen Spaß Strichlein neben Strichlein aufs Papier bringt, dieser Mann, der nicht gern nach New York reist, dieser Mann, der nur für einzelne zeichnet – ein großer Egoist sein muß, der die Welt für sich einrichtet.

Vielleicht der größte Egoist der Welt.

Aber – was selten vorkommt – ein großer und großzügiger zugleich.

Viel eher als an Regentagen, oder Das Verhalten von Frau Leuenberger

|

Wir wohnen seit einer Woche hier, da stand sie vor dem Haus und sagte, sie sei Frau Leuenberger.

Daran zweifelten wir nicht.

Sie ist immer noch unsere Nachbarin, und wir bezeichnen sie auch als Frau Leuenberger, ohne je ein amtliches Dokument gesehen zu haben, das darüber Aufschluß gegeben hätte, daß sie – geborene so und so – einen gewissen Herrn Leuenberger geehelicht hätte.

Jedenfalls hat sie Kinder, und ihre Kinder sind mit unseren Kindern befreundet.

Ihren Mann kennen wir nicht, aber wir wissen von unseren Kindern, daß es ihn gibt, und daß er zu Hause mit seiner Frau und seinen Kindern lebt.

Wir haben keinen Anlaß, irgendeinen Verdacht zu haben.

Mit Frau Leuenberger ist alles in Ordnung.

Schluß der Geschichte.

II

Wir wohnen seit kurzer Zeit hier. Als ich die Tür öffnete, sah ich sie erst nicht. Es gibt Leute, die die Angewohnheit haben, nach dem Betätigen der Hausglocke einige Schritte zurückzutreten. Sie trat mehrere Schritte zurück und rief mich dann, als ich die Tür schon wieder schließen wollte, beim Namen. Ich reagierte freundlich und sie sagte, sie sei Frau Leuenberger.

Als ich es meiner Frau erzählte, erklärte meine Tochter, daß das die Mutter von Angelika sei und Angelika eine ihrer Schulkameradinnen.

Damit war die Sache erledigt.

Daß meine Tochter sofort behauptete, Frau Leuenberger sei die Mutter Angelikas, ließ darauf schließen, daß Angelika ebenfalls Leuenberger hieß, jedenfalls diesen Namen trug und unter ihm im Register des Lehrers figurierte.

Schluß der Geschichte.

III

Am 19. Juni ist der Sonnenuntergang um 20 Uhr 24. Es muß einige Zeit nach halb neun gewesen sein. Sie stand jedenfalls in der Dämmerung, und als ich die Tür wieder zuziehen wollte, rief sie mich beim Namen.

So weit ist die erste Begegnung mit Frau Leuenberger klar. Sicher ist, daß sie mehr gesagt haben muß. Aber weil sie bald darauf ein zweites und einige Zeit später ein drittes Mal vor der Türe stand, kann ich nicht mehr auseinanderhalten, was sie zum ersten Mal, was zum zweiten und was zum dritten Mal sagte. Um es zeitlich zum mindesten einigermaßen zu ordnen, beschränke ich mich auf zwei Begegnungen: auf die erste und auf die dritte und verteile die Aussagen der zweiten Begegnung auf die beiden andern Begegnungen.

IV

Das Verhalten von Frau Leuenberger ist normal.

V

Sie fragte, ob sie das Fahrrad meiner Tochter benützen dürfe, und ich hätte ihr das gern zugestanden, aber meine Tochter war mit ihrem Fahrrad bei der Großmutter zu Besuch, oder, um es genau zu sagen, meine Tochter war schon wieder zurück, aber sie kam, weil es regnete, mit dem Autobus und ließ das Fahrrad bei der Großmutter.

Jedenfalls sagte Frau Leuenberger, daß sie nicht mehr zu Fuß zur Arbeit gehe, daß aber ihr Rad in Reparatur sei und daß sie Gründe habe, nicht mehr zu Fuß zu gehen.

Weil ein Italiener um sechs Uhr auf der Straße sei.

Schluß der Geschichte.

VI

Wir hätten ihr das Fahrrad ohne weiteres geliehen.

VII

Wir haben unser Bedauern ausgesprochen.

VIII

Frau Leuenberger hat auffallend kurze Zähne. Sie sehen aus wie abgeschliffen. Als Kind muß sie Sommersprossen gehabt haben.

IX

Wochen später stand sie wieder da, ich kannte sie jetzt, und wie sie sagen wollte: »Ich bin Frau Leuenberger«, kam ich ihr zuvor und sagte: »Guten Abend, Frau Leuenberger.« Sie machte einen normalen Eindruck.

Sie sagte (etwas hastig vielleicht): »Sie haben ihn, zwei haben ihn geholt.«

»Dann ist es ja gut«, sagte ich, aber sie mußte bemerkt haben, daß ich nicht ahnte, worum es ging, und sie sagte: »Zwei Polizisten haben ihn verhaftet.«

»Gut«, sagte ich.

»Den Italiener, wissen Sie«, sagte sie.

X

Andern Tags – daran erinnere ich mich – war es regnerisch. Eigenartig, daß man sich an gewisse regnerische Tage ohne jeden Grund erinnert.

Viel eher jedenfalls als an Regentage.

XI

Dann kam sie nicht mehr.
Schluß der Geschichte.

Hans Schuppisser

Die Anregung, über einen Schriftsteller zu schreiben, der meiner Meinung nach zu Unrecht zu wenig Beachtung findet, hat mir anfänglich sehr eingeleuchtet. Ich wußte auch gleich, über wen ich schreiben wollte, über Friedrich Glauser; dessen Roman »Gourrama« ich immer wieder lese und bestaune und dessen Kriminalromane begeistert mit der linken Hand auf die Seite gewischt wurden, in einer Zeit, in der man sehr viel von Schweizer Literatur sprach und sich darunter etwas anderes oder nichts vorstellte, also ganz einfach nicht daran interessiert war.

Nun ist mir inzwischen Joseph Conrad in die Hände und in die Quere gekommen, ich las einige Seiten in »Nostromo« und war restlos fasziniert von einem Mann, der einem 650seitigen Buch ein Vorwort von acht Seiten beifügt, im naiven Glauben, daß dieses Mißverständnisse verhindere, die auf den restlichen 650 Seiten entstehen könnten, ein Mann, der den Gegenständen nicht beikommt und verzweifelt an ihnen herumschreibt, der mit sehr vielen Sätzen Schweigen verbreitet. Ich weiß nicht, ob es mir je gelingen wird, ihn ganz zu lesen. Ich blättere dauernd in ihm herum und lese fasziniert einzelne Abschnitte, ich liebe dieses Buch, ohne es richtig gelesen zu haben. Wirkliche Conrad-Verehrer werden mir das mit Recht übelnehmen.

Ich bin also im Augenblick begeistert von einem Autor, den ich nicht kenne, und es fällt mir schwer, im Augenblick von einem andern zu schreiben. Von Ludwig Hohl vielleicht, von der kurzen Prosa Zollingers, von einem kleinen Prosastück Paul Ilgs, für den sich im übrigen eine Renaissance kaum mehr lohnen würde, der aber, so scheint mir, früher einmal lesenswert war.

Vor etwa zwei Jahren wäre mir die Sache leichter gefallen, ich entdeckte damals einen Autor, von dem ein Deutscher zu Eckermann sagte: »Wer über ihn meckert, ist ein Spießer.« Ich habe gehört, daß er heute, nachdem alle seinen Namen kennen, immer noch ein verlegerischer Mißerfolg ist, habe von Romanisten gehört, daß sie ihn einmal während des Studiums gelesen hätten und daß er langweilig sei. Er heißt Denis Diderot und sein Buch »Jakob und sein Herr«.

Ich lese es immer wieder und freue mich auch darüber, daß ein Zürcher namens Salomon Gessner zwei seiner Geschichten übersetzte und in sein eigenes Werk aufnahm.

Oder soll ich mich wieder einmal darüber ärgern, daß im Buchhandel kein Salomon Gessner erhältlich ist; soll ich gar sagen, daß ich diesen Gessner in seinem ganzen parfümierten Kitsch liebe? Empfehlen kann ich ihn jedenfalls nicht, denn er ist nichts anderes als mein Privatspaß, und ich halte meine Liebe zu ihm für Spinnerei.

Um in der Nähe Diderots zu bleiben, es gibt ein Buch von einem deutschen Autor, dessen Name etwas schwierig zu schreiben ist, es heißt »Die Wahlverwandtschaften« und ist sozusagen völlig vergessen. Es wird zwar noch häufig und mit Eifer als wissenschaftlicher Bildungsballast und zu wissenschaftlichen Übungen verwendet, gelesen wird es kaum mehr.

Ich finde darin Ähnlichkeiten mit dem »nouveau roman«, und seit ich es kenne und schätze, verstehe ich nicht mehr, was die Leute damit meinen, wenn sie sagen, daß es die alten Autoren den Lesern einfacher gemacht hätten. Mir macht das Buch heute noch Mühe.

Oder wie wäre es mit Gottfried Keller, mit einer Geschichte zum Beispiel, von der wir gehört haben, sie sei mißlungen, »Martin Salander« also. Vielleicht sollten wir heute doch einmal das Urteil der Zeitgenossen Kellers und all ihrer Nachplapperer überprüfen, vielleicht haben erst wir die Möglichkeit, es zu begreifen, und das verhindern dann all jene Germanisten, die behaupten, man müsse ein Buch aus seiner Zeit heraus verstehen.

Wie wäre es mit Theodor Fontane, mit Heinrich Heine, mit Hugo Ball, mit Heinrich Mann, Peter Handke, Jörg Steiner, Konrad Bayer, Adalbert Stifter, Baltasar Howald, Erika Huber, Paul Tammert, Hans Beer, Iginio Bernasconi, Rilke, Eichendorff, Karl Stamm?

Nicht alle diese Namen sind bekannt, denn einige sind wahllos aus dem Telefonbuch herausgeschrieben: sozusagen ein Denkmal des Unbekannten Autors.

Nicht alle sind unbekannt, einige doch ungelesen, und ich gestehe jetzt – nachdem ich es gelesen habe –, daß ich von einem Werk Handkes begeistert sprach, bevor ich es gelesen hatte.

Das ist beschämend, denn es ist wirklich ein gutes Buch.

Wie ist die Marktlage? Haben Sie Außenseiter anzubieten? Wer ist der Außenseiter der Außenseiter? Wie heißt Ihr Geheimtip?

Und es fällt mir auf, daß es ebenso snobistisch ist, zu sagen: »Ich liebe Goethes Wahlverwandtschaften«, wie etwa: »Der allergrößte ist Hans Schuppisser, unbekannt, ungedruckt, ungelesen, verstorben am 29. Februar des Jahres 1904 in Murzelen, Muttenz oder Muottas Muragl.«

Wo ich zu Hause bin

Kurz nach dem Krieg kam ein Auslandschweizer in unsere Gegend. Er soll auf dem Gemeindebüro die Frage gestellt haben: »Wo ist mein Vaterhaus?« und man lachte ihn deswegen aus, denn in unserer Gegend würde man fragen: »Wo hat mein Großvater gewohnt?« und nur, wenn wir uns außerhalb unserer Sprache begeben, ins Schriftdeutsche also, werden Ausdrücke lebendig, die auch in Deutschland nur noch einen bitteren Klang haben: »Vaterhaus«, »Vaterland«.

Es gibt unzählige Festredner, die diesen Ausdruck heute noch ohne Skrupel verwenden; sie glauben, daß die Erfahrungen, die unser Nachbar mit dem Ausdruck gemacht hat, uns nichts angehen, oder sie glauben, daß eine Sache und ihre Bezeichnung nichts miteinander zu tun haben.

Aber vielleicht hat uns doch auch unsere Mundart (und ich meine damit das undefinierbare Gemisch, das ich spreche, und nicht die hochgestochenen, antiquierten Idiome, die von Heimatschützlern propagiert werden) vor vielem bewahrt, weil sie für vieles (für Pathos zum Beispiel) nicht geeignet ist. Jedenfalls unterscheiden sich unsere hochdeutschen 1.-August-

Ansprachen in fast gar nichts von den Ansprachen, die vor deutschen Vertriebenenverbänden gehalten werden.

Sie erschöpfen sich in verbalen Bekenntnissen zur Schweiz und glauben, daß sich in diesem Begriff alles Gute selbstverständlich vereinige (Freiheit und Humanität zum Beispiel). Vor allem aber ist der Schweizer von seiner Auserwähltheit überzeugt; er glaubt, daß sein Land gottgefälliger sei als jedes andere.

Der Glaube an die Auserwähltheit und Gottgefälligkeit ist eine Voraussetzung für den Nationalismus. Ein Land erscheint so nicht mehr als menschliche Leistung, sondern als göttliche; es wird damit unkontrollierbar und übermenschlich, und eine Kritik an diesem Land wird damit zur Gotteslästerung.

Schon der Feudalismus gab vor, daß die Regierung von Gott eingesetzt sei und entzog sich damit jeder möglichen Kritik. Die Formel »Gott und Vaterland« ist eine der gefährlichsten und unseligsten, die es gibt. Der Leitspruch, den deutsche Soldaten auf ihren Gurtschnallen trugen – »Gott mit uns« – hatte seine direkten Folgen, und trotzdem würden wohl Leute den Spruch für unsere Soldaten als wünschenswert halten.

Genau hier wird auch die Aufgabe des Feldpredigers gefährlich, dann nämlich, wenn er mehr tun will, als den einzelnen Soldaten betreuen; wenn er sich für die Arbeits- und Kampfmoral der Truppe verantwortlich fühlt und macht, dann, wenn er Vaterland und Gott in Verbindung bringt.

Der Nationalismus scheint leider etwas fast Natürliches zu sein, er ist tief in uns verwurzelt, und ein Politiker, der sich ihn nutzbar macht, hat deshalb meist ein leichtes Spiel.

Ich stelle selbst fest, daß mich ein Sieg der Fußballnationalmannschaft freut, obwohl ich an Fußball nicht besonders interessiert bin. Eine olympische Siegerehrung für einen Schweizer, oder gar das Abspielen der Nationalhymne bei dieser Gelegenheit, rührt mich, so sehr ich mich auch dagegen wehre und so sehr ich mich dafür schäme. Sportveranstaltungen sind die Hochburgen des Nationalismus und von einem »friedlichen Wettkampf« auf dem Sportplatz kann keine Rede sein, es sind meist gefährliche nationale Auseinandersetzungen.

(Man denke an den Sieg der tschechoslowakischen Eishokkey-Mannschaft über die Russen, der ein Volk, das durch sein ruhiges und überlegtes Handeln gegenüber den Besetzern bestaunenswert war, zu unüberlegten Handlungen gegenüber den »Verlierern« hinriß, was eine Verhärtung der Situation zur Folge hatte.)

Der Nationalismus wird auf die Dauer immer zum innern Feind eines Landes. Er drängt auf äußere Erfolge (auf den Wettkampf), lenkt von innern Problemen ab oder erhebt sie sogar zu Tabus und führt damit zur überheblichen Selbstgerechtigkeit.

Trotz allem, die Schweiz geht mich etwas an. Ich bin mit ihr verbunden wie mit keiner andern Gegend, vorerst und vor allem einmal durch die Sprache, durch unsere Mundart. In ihr denke ich, mein Denken wird also ohne mein Dazutun mit Begebenheiten dieser Gegend, dieser Gesellschaft durchsetzt sein; was vorerst einmal ein Zufall war – daß ich hier geboren bin – ist inzwischen meine Wirklichkeit geworden.

Obwohl ich sehr viele Bekannte und Freunde in Deutschland habe, obwohl ich als Schriftsteller in Deutschland eher mehr zu tun habe als hier, brauche ich mehr Dreißiger- als Fünfzigermarken, habe ich fast ausschließlich Inlandgespräche auf meiner Telefonrechnung.

Denn es gibt eine Landesgrenze, und was jenseits von ihr

liegt, heißt Ausland. Obwohl Genf für mich eine restlos fremde Stadt ist – Berlin, Frankfurt, Köln sind mir bekannter – obwohl ich beschämend spärlich Französisch spreche, befällt mich nach dem Grenzübertritt in Genf das Gefühl, zu Hause zu sein; ein Gefühl, das sozusagen unmotiviert ist.

Immerhin, von jetzt an – nach dem Grenzübertritt – wird sich das Leben für mich wieder vereinfachen. Eine Autopanne wird hier weniger Komplikationen verursachen. Ich bin auch wieder kreditwürdig, ich muß die Währung nicht mehr umrechnen, ich kann meine Adresse – Solothurn – angeben, ohne erklären zu müssen, wo Solothurn liegt.

Sehr wahrscheinlich ist dies das Gefühl, das man pathetisch als Heimat bezeichnet.

Wo man es für mehr als einen Zufall hält, beginnt der Chauvinismus, wer stolz auf diesen Zufall ist, glaubt an eine Auserwähltheit und ist zum Nationalisten und (selbst in einem neutralen Land) zum Kriegshetzer prädestiniert.

Der heutige schweizerische Nationalismus ist weitgehend ein Produkt der Bedrohung durch einen andern Nationalismus während des Zweiten Weltkrieges. Wir hatten keine andern Möglichkeiten.

Auch das heutige Israel zum Beispiel ist eindeutig ein nationalistisches Land; ob es das von Anfang an war, oder ob es das durch Bedrohung geworden ist, darüber kann man diskutieren; jedenfalls ist auch hier der Bezug auf göttliches Recht der Motor des Nationalismus.

Was der Feudalismus zynisch für sich beansprucht – die Gottgefälligkeit –, haben die Demokratien bewußt übernommen, die Staatengründungen des 19. Jahrhunderts geschahen im Namen Gottes. Auch unsere Bundesverfassung beginnt mit den Worten: »Im Namen Gottes des Allmächtigen!« Und es waren nicht unbedingt fromme Leute, die diese Formel wählten. Die liberalen Autoren unserer Verfassung standen zum größten Teil der Kirche fern oder bekannten sich sogar zum Atheismus.

Trotzdem wußten sie, daß der Bezug auf Gott die günstigste Voraussetzung zur Bildung einer Nation ist.

Sie mißbrauchten also den Namen Gottes. So gesehen, beginnt unsere Verfassung mit einem Fluch.

Die Kirche sollte sich eigentlich gegen diesen Mißbrauch verwehren. Sie wird es nicht tun (im Gegenteil?) und damit mitschuldig sein an der verfassungsmäßigen Grundlage des Nationalismus aller Länder und an seinen Folgen. Wer ein Land als Vaterland und nicht einfach als Staat bezeichnet, versucht es zu entpolitisieren, er entzieht es bewußt oder unbewußt der Beeinflußbarkeit durch die Gesellschaft, durch den Menschen. Er glaubt an das Übermenschliche des Vaterlandes und legt damit die Grundlagen zum Unmenschlichen.

Ansprache zur Eröffnung der gemeinsamen Geschäftsräume

Meine Damen, meine Herren,

Wir befinden uns hier in der Altstadt. Hier ist Geschichte erwünscht.

Als also im Jahre 1312 eines Morgens kurz nach Sonnenaufgang der Hausbursche des damaligen Schultheißen den damaligen Hund des Schultheißen – denn es war nicht sein letzter Hund, weil dieser bald starb und er sich kurz darauf einen andern zwar gleicher Rasse kaufte – als also dieser Hausbursche – dessen Name uns keine Chronik übermittelt – morgens kurz nach Sonnenaufgang also den damaligen Hund des damaligen Bürgermeisters hier in dieser Gegend zu seiner Notdurft führte, hätte er sich nicht gedacht, daß ...

als im Jahre 1725 (vierhundert Jahre später also) am 22. März zum Beispiel, einer damals noch jungen Frau hier in diesem Haus eine Tasse aus der Hand fiel und in Scherben ging, wäre es ihr nicht im Traum eingefallen, daß ...

als Napoleon wiederum Jahre später unweit von hier vor der Krone sein Glas Wasser trank, wußte er nichts davon, daß kurz zuvor eine 92jährige Frau starb, die hier in diesem Haus als junge Frau eine Tasse fallen ließ – in diesem Haus, wo der Hund des Schultheißen – sein dritter, denn er mußte sich bald einen vierten kaufen – wo der Hund des Schultheißen also, dessen Nachfolger nun vor der Krone stand und Napoleon sein Glas Wasser reichte – wo der Hund des Schultheißen 486 Jahre vorher seine Notdurft verrichtete, an der Leine eines Hausburschen, dessen Familie mit ihm als letztem ausstarb –.

Wir befinden uns hier in der Altstadt.

Hier ist Geschichte erwünscht.

Mir jedenfalls gefallen die Reden von Pfarrern anläßlich der Einweihung öffentlicher Häuser, die davon sprechen, daß auch dieses Haus dereinst sein Ende haben wird, zu Staub verfalle, ein Nichts wie die Losung des Hundes, wie die Scherben der Tasse, wie Napoleons Glas, des Schultheißen Hund, des Schultheißen Hausbursche und wie der Schultheiß selbst.

Wir befinden uns hier in der Altstadt.

Hier ist Geschichte erwünscht.

Hier leben die Lebenden für die Toten.

Geschichte erinnert mich an die Endlichkeit des Lebens.

Daß Napoleon tot ist,

und daß jener Hausbursche, der sich 1312 des Sonnenaufgangs erfreute, tot ist, das beeindruckt mich.

Ich weiß, ich habe hier ein Haus zu eröffnen.

Sie sehen, es fällt mir schwer. Denn der Anfang mit der Geschichte ist offensichtlich ungeeignet aber üblich für Eröffnungen von Häusern. Ich hätte nun die Möglichkeit, zu behaupten oder zu hoffen, daß dieses Haus Geschichte machen wird, ein klein bißchen Geschichte, daß es sich würdig in die solothurnische Tradition einfüge, im Geiste Fröhlichers, Buchsers, Amiets – im Geiste Wengis vielleicht.

Ich hätte es gesagt, und sie würden es zur Kenntnis nehmen.

Aber ich komme vom Hausburschen nicht los und von seinem Morgenspaziergang, und ich gebe gern zu, daß der Hausbursche und die Tasse, die in Scherben ging, ein zufälliger Einfall war. Ich weiß auch mit ihm in diesem Zusammenhang wenig anzufangen. Und Sie sind Zeuge einer mißlungenen Eröffnungsrede.

Führen wir das Mißlingen weiter, denn der Hausbursche von 1312 hat immerhin mit uns und mit diesem Ereignis etwas gemeinsam, er und seine Tat (das sich Erfreuen am Sonnenaufgang) sind nicht historisch geworden. Er, der Hausbursche, hat keine nennenswerte Spur hinterlassen.

Aber vielleicht, wer weiß, stammt irgendein Kratzer auf irgendeinem uralten Stein in unserer Stadt von ihm. Oder vielleicht hat er im frühen 14. Jahrhundert einen politischen Entscheid, der vielleicht entscheidend wurde, damit beeinflußt, daß er zufällig im entscheidenden Augenblick seinen Meister, den Schultheißen, erzürnte oder ihm etwas Gutes tat –

vielleicht –

denn weder er, der Hausbursche, noch irgendeine Spur von ihm sind nachzuweisen.

Daß er gelebt hat, ist möglich, und wenn er gelebt hat, hat

er ausschließlich für die Lebenden gelebt, und es wird auch Leute gegeben haben – einige Knechte, eine Magd vielleicht, vielleicht ein Gastwirt – es wird Leute gegeben haben, die bei seinem Tod um ihn trauerten und ihn unersetzlich fanden.

Als William Faulkner einmal gefragt wurde, was der Sinn des Lebens sei, antwortete er, ein anständiges Kilroy zu hinterlassen. Er meinte damit jene Wandkritzeleien, jenes »Kilroy was here«, dessen eigentlicher Grund nicht bekannt ist, und das von amerikanischen Soldaten auch nach Europa gebracht wurde; jene Wandkritzeleien, die anonym bleiben, die nur davon sprechen, daß ein Mensch hier war und nicht wer persönlich.

Er meinte damit die Spur des Hausburschen. Spuren, die nichts anderes und selten mehr sagen als: hier hat jemand gelebt.

Und das wird letztlich die Spur dieses Hauses sein, und die Aufgabe von Kunst ist die, Spuren zu hinterlassen, Marken zu setzen. Wer von zeitloser Kunst spricht, hat nichts begriffen, er meint immer die Toten und nicht die Lebenden.

Auch Michelangelo ist nicht zeitlos, sondern der Ausdruck einer Zeit, die weit zurückliegt.

Roman Candios Bilder, die die Galerie Bernard hier ausstellt, sind vergänglich wie die Michelangelos. Wären sie es nicht, hätten sie hier nichts zu suchen.

Die Gegenstände, die sie bei Roberto Medici kaufen können, Stühle, Tische, Lampen, Aschenbecher, werden kaum als Erbstücke geeignet sein. Die Stühle sind zum Sitzen, die Aschenbecher zum Deponieren von Asche, und Ihr Enkel wird bestimmt – sollte er einmal so aufgeschlossen sein wie Sie – den Briefkopf, den Ihnen Roberto Medici anfertigt, abändern lassen, weil es Ihr Briefkopf war. Ihre Marke, Ihre Spur und weil eine andere Zeit andere Spuren setzt.

Wäre Hans Liechti davon nicht überzeugt, er hätte anderes – Langweiligeres aber scheinbar Bedeutenderes – zu tun, als eine Galerie Bernard zu führen.

Was bleiben wird, ist ein kleines Kilroy, ein kleiner Kratzer, ein Beweis, daß hier Menschen gelebt haben, sich etwas gedacht haben, sich an etwas gefreut haben.

Diese Spuren werden nicht von einzelnen gesetzt, weder von Malern, Musikern, noch von Schriftstellern, sondern von allen; wenn von einzelnen, dann nur stellvertretend.

Ein Ort wie dieser, eine Galerie, braucht ein Publikum, das einen Ort wie diesen braucht. Und ich finde den Wein, der hier ausgeschenkt wird, keinen Unsinn, denn was hier gezeigt wird (gegenwärtig die Bilder von Candio, und ich entschuldige mich, daß sie in meiner Rede zu kurz kamen wegen dieses elenden Hausburschen), was hier gezeigt wird, ist nichts Selbständiges, sondern ein Anlaß, eine Veranlassung – die Veranlassung, Wein zu trinken, sich zu treffen, zu sprechen, gemeinsam Spuren zu setzen; ein Anlaß, ein Grund zu leben.

Ich wünsche Roberto Medici, und ich wünsche Hans Liechti, der sich mit seiner Galerie in diesem Haus eingemietet hat – ich wünsche ihnen, daß ihnen mindestens so viel gelingt wie dem Hausburschen, nämlich eine Spur zu setzen. Ich wünsche Ihnen, daß sie zu diesem menschlichen Unternehmen die Unterstützung der Menschen, der Lebenden finden.

Ich danke Hans Liechti in Ihrem Namen für seine zehnjährige Arbeit, und ich danke Ihnen, meine Damen und Herren, im Namen Hans Liechtis für Ihre Aufmerksamkeit, Ihr Interesse. Denn die Arbeit der Galerie Bernard ist erst brauchbar, wenn Sie sie brauchen.

Von der Buchmesse zurück

Zurückgekehrt von der Buchmesse, fällt es mir schwer, das ganze Karussell mit Büchern nicht zu hassen.

Mein Vater jedenfalls besaß nur etwa fünf, sechs Bücher, darunter »Kochs großes Malerhandbuch«; meinem Vater zu Ehren spielt es eine wichtige Rolle in meinen »Jahreszeiten«; meine Kritiker mögen »Kochs großes Malerhandbuch« nicht; mein Vater mag es und ich auch.

Zurückgekehrt von der Buchmesse erinnere ich mich an die wenigen Bücher meines Vaters und bin froh darüber, unter wenigen Büchern aufgewachsen zu sein. Ich habe sie in meinem Lesehunger alle mehrmals gelesen und ich kenne sie.

Daß die Bibel darunter war, war mein Glück – sonst wär ich wohl mit lauter unbedeutenden Büchern aufgewachsen, mit einem Bericht aus der Wüste Gobi, mit einem Buch über Gefangene in Sibirien – ich weiß nicht mehr, ob es die Kommunisten oder der Zar war – mit einem dicken Buch über Martin Luther und mit Meyers Konversationslexikon.

Als ich die Stadtbibliothek Olten entdeckte, versteifte ich mich in meinem jugendlichen Snobismus gleich auf Gesamtwerke, las sie schön in der Reihenfolge, verstand anfänglich nicht viel davon, aber fühlte mich mehr und mehr meinem Vater überlegen – zurückgekehrt von der Buchmesse sehe ich, meine Überlegenheit war ein Irrtum.

Wenn ich in Frankfurt in den stinknobeln Hotels die Leute sehe, die viele Bücher besitzen, dann ziehe ich die, die wenige Bücher lesen vor. Jedenfalls keiner von ihnen liest und besitzt »Kochs großes Malerhandbuch«. Es ärgert mich fast, daß ich ihm damals aus Snobismus entwachsen bin. Nun, als meine Tante meinen Lesehunger sah, drückte sie mir Geld für ein Buch in die Hand. So kam ich zu meinem ersten Kontakt mit dem Buchhandel und auch zu meiner ersten Niederlage gegenüber ihm.

Ich hatte etwas von Kafka gehört und wollte nun – zwölf- oder dreizehnjährig – etwas von ihm besitzen. Das wurde mir vom Buchhändler entschieden abgeraten, und ich verließ mit einem grünen Band »Deutsche Lyriker« den Laden und schwor mir, daß ich mich ein nächstes Mal durchsetzen werde.

Ich kann es dem Buchhändler nicht übelnehmen. Er konnte nicht wissen, daß ich bereits die Gesamtwerke Goethes, Marie Ebner-Eschenbachs, Federers und schon einen recht guten Teil Adalbert Stifters gelesen hatte.

Was mich aber trotzdem ärgerte, war, daß er mich ganz selbstverständlich als Nichtleser behandelte. Buchhändler behandeln Kunden als Nichtleser. Sie sagen: »Dieses Buch ist sehr schwer zu lesen«, ohne zu wissen, wie gut er lesen kann.

Ich habe es auch später erlebt, Jahre später beim Kaufe von James Joyces »Ulysses«. Mein Ärger war damals allerdings größer, weil mir klar wurde, daß meine äußere Erscheinung nicht gepflegt genug war für einen geübten Leser.

Ich bin also mit meiner Lesefreudigkeit in eine falsche Gesellschaft geraten.

Nun schreibe ich selbst Bücher und von den »Jahreszeiten« werden nun Buchhändler sagen: »Die sind sehr schwer zu lesen.« Aber das ist nicht wahr. Die Sätze sind kurz und die Wörter sind deutsch. Wahr ist vielleicht: »Es ist sehr langweilig«, »Es steht nicht viel drin«, »Der Held heiratet nicht, stirbt nicht, kommt nicht in Konflikte«. Mir selbst hat jener Buchhändler große Freude gemacht, der einen Kunden fragte: »Mögen Sie Diderot?« Und als er die Frage verneinte, riet er ihm von den »Jahreszeiten« ab.

Aber zurück zu den Buchhandlungen. Ich habe ihre Funktion erst in Berlin begriffen. Dort war es so, daß man am Morgen nach dem Aufstehen zuerst einmal in die Buchhandlung ging, dort Leute traf und den neuesten Literaturklatsch vernahm, wer mit wem und an welchem Kapitel, was und warum usw. – Sicher unwichtiger Klatsch, aber immerhin, wo kein Klatsch ist, ist auch kein Interesse, und in der Buchhandlung traf man die Leute, die ähnliche Interessen haben. Berlin ist erstens groß und zweitens eine literarisch interessierte Stadt. Es ist an und für sich schwer, bei uns in der Schweiz aus Buchhandlungen Treffpunkte, geistige Mittelpunkte zu machen. Nur, wenn sie es nicht werden, dann sehe ich ihre Funktion nicht mehr ein, dann sehe ich nicht ein, weshalb man nicht auch hier die Entpersönlichung des Geschäfts – wie etwa beim Lebensmittelhandel – als Tatsache entgegennehmen soll.

Persönliche Beratung wird jedenfalls dann zur Farce, wenn man die zu Beratenden nicht kennt. Eine Buchhandlung sollte dafür besorgt sein, daß sie nicht nur von Käufern betreten wird, sondern von allen Interessierten immer wieder.

Ich habe Bücher gekauft auf Empfehlungen von Buchhändlern – Bücher, von denen ich vorher nichts wußte. Einige davon sind zu meinen Lieblingsbüchern geworden. Diejenigen, die sie mir empfohlen haben, vergesse ich nicht. Da gibt es zum Beispiel »Tewje den Milchmann« von Scholem Alejchem – der Titel meiner Geschichten ist kein Zufall – den hat mir ein Buchhändler namens Gottfried Bürgin verkauft – oder da gibt es die »Toten von Spoon River«, die habe ich von der Buchhandlung Fehr und die sind mir lieb und wichtig. Ich hätte sie ohne die Fehrs nie bekommen, weil sie damals bereits vergessen waren, weil sie niemand wollte.

Den Fehrs haben sie gefallen, also haben sie sie eingekauft und gehütet bis die richtigen Leute kamen. Das ist bei dauernder Lagerraumnot eine Leistung – nicht die Leistung eines Buchhändlers, sondern eines Lesers.

Die Widmung, die mir Claire und Peter Fehr in dieses Buch geschrieben haben, ist mir so viel wert wie die Widmung eines Autors, es ist die Widmung von jemandem, der sehr viel mit diesem Buch zu tun hat.

Und das ist es, was ich von einer Buchhandlung wünsche und erhoffe, daß sie mit den Büchern zu tun hat, daß der Buchhändler nicht nur Verkäufer ist, sondern Partner des Autors, Partner des Lesers; daß die Buchhandlungen Treffpunkte werden.

Und sie dürfen sagen, was sie wollen

Der 1. August, Nationalfeiertag einer Nation des 19. Jahrhunderts, ist tot; es wäre an der Zeit, ihn zu begraben und zu vergessen.

Beerdigungen – ich weiß es – sind nicht lustig, es ist bitter, von einem Geliebten Abschied nehmen zu müssen. Begräbnisse sind nie freiwillig. Niemand kann sich entscheiden, ob er jemanden begraben will oder nicht, denn das Begräbnis ist eine Folge des Todes, eine Beseitigung der Überreste, die Leiche stinkt.

Der 1. August ist tot, und daß die Nationalhymne provisorisch ist, halte ich für einen kleinen ersten Schritt ins zwanzigste Jahrhundert. Ich hoffe, daß sie nie mehr definitiv wird. Für Ehrungen bei internationalen Sportwettkämpfen genügt sie.

Das heißt nun nicht, daß der 1. August nicht seine Bedeutung gehabt hätte. Er war vor Zeiten der Tag des patriotischen Pathos, der Tag der sentimentalen nationalen Einheit, die nationale Messe für den Gott des Vaterlandes. Daran glaubten Menschen des 19. Jahrhunderts, der 1. August war für sie eine

Erinnerungsfeier an die Gründung eines Staates; heute ist der 1. August nur noch eine Erinnerungsfeier an den 1. August, und wer dabei sentimental wird, der denkt nicht vor allem an unsern Staat, sondern eben an den 1. August, etwa an den 1. August seiner Kindheit. Der Nationalfeiertag ist zum Selbstzweck geworden, er ist nichts mehr anderes als sich selbst, und er könnte deshalb von jeder beliebigen Macht umfunktioniert werden. Höhenfeuer und Lampions, Feuerwerk und eine Rede haben ihre politische Symbolkraft verloren. Sie können inzwischen Symbol für irgend etwas oder irgendwen sein. Das ist vielleicht traurig, vielleicht bedauerlich, aber Tote soll man begraben.

Ein Nationalfeiertag ohne Bezug ist eine Gefahr. Er sentimentalisiert Dinge, die mehr wert sind als ein paar Tränen. Der Staat ist nicht eine Sache des Gefühls, nicht eine Sache des höher schlagenden Herzens, sondern eine Sache der Vernunft, des klaren Verstandes, der klaren Entscheidungen. Die Liebe zum Vaterland macht den Staat nicht besser, und die vorbehaltlose Liebe entzieht ihn der Kritik, der vernünftigen Behandlung.

Der 1. August entlockt uns ein paar Tränen der Erinnerung, er ist schön und erhaben, und unsere Rührung versöhnt uns mit allen Problemen des Staates, täuscht uns darüber weg, daß der Staat eine menschliche Einrichtung ist, an der wir zu arbeiten haben, und schwindelt uns vor, der Staat sei ein göttliches Wunder, für das wir nichts als dankbar zu sein hätten.

Der 1. August ist ein undemokratisches Fest. Er ging und geht von der Vorstellung aus, daß das Volk nur zu glauben und zu lieben habe. Er ist, wie so vieles in unserer Demokratie, ein Kind des aufgeklärten Totalitarismus, ein Kind des Feudalismus. Am Nationalfeiertag tritt der Staat vor sein Volk, klopft ihm auf die Schulter und gibt ihm Gelegenheit, ihn zu lieben.

Am ersten August ist unser Staat etwa so viel wert wie Eddy Merckx am 19. Juli.

Volksfeste wurden vom Staat immer wieder dort eingesetzt, wo es nötig war, das Volk über Unzulänglichkeiten hinwegzutäuschen. In der Festfreude soll das Volk seine Unzufriedenheit vergessen, und voreilige Zufriedenheit führt immer zur Entpolitisierung. (So ist zum Beispiel auch der schweizerische Fremdenhaß bestimmt eine Folge von emotional verstandener Schweizer Geschichte, eine Folge auch der unvernünftigen Erstaugusttränen.)

Mehr und mehr Gemeinden versuchen dem Fest einen neuen Rahmen zu geben. Sie versuchen es zum Beispiel mit Beat und Tanz; doch das Ziel bleibt das alte: Die Institution Erstaugust soll gerettet, die Jugend mit allerlei Schabernack herangelockt werden.

Zu diesem Schabernack gehört auch die progressive Rede, und es ist rührend, wie viele Anfragen für Festreden und Festartikel ein nicht unbedingt beliebter Linker für diesen Tag bekommt.

Nun braucht man plötzlich eine APO, nun möchte man doch einen jungen Langhaarigen auf der Rednertribüne und die schriftliche Anfrage endet mit dem stereotypen Satz: »... und Sie dürfen sagen, was Sie wollen!«

Städte und Dörfer kämpfen um die böseste, nonkonformste, linkeste Erstaugustrede. Kantons- und Nationalräte werden progressiv. Nun wird geschrien für das Frauenstimmrecht und gegen administrative Versorgung, für einen modernen Strafvollzug, für eine großzügige Altersversicherung, für ein geeinigtes Europa, für Frieden und Verständigung, für ein modernes Stipendienwesen usw. usw., und wir sind eine Stunde lang an einem warmen Sommerabend ein moderner, progressiver Staat.

Aber kaum jemand bemerkt, daß die moderne Rede ebenso konservativ ist wie die alte, ebenso vaterländisch und ebenso verlogen optimistisch. Mit der progressiven Rede wird nichts anderes demonstriert als Redefreiheit – und weil die Redefreiheit ein Menschenrecht ist, überzeugt seine Demonstration davon, daß unser Staat durch und durch gut ist.

Der Herr Nationalrat kann sagen was er will, seine Worte binden ihn nicht. Gesagtes gilt nicht – das ist der eigentliche Sinn schweizerischer Redefreiheit.

Der Bürger wird damit getröstet, daß man ihm am 1. August vorführt, daß er in einem Land lebt, in dem man ohne Gefahr alles sagen kann. (Erstens ohne Gefahr, gestraft zu werden, zweitens ohne Gefahr, an das Gesagte in irgendwelcher Art gebunden zu sein.)

Der 1. August ist der Tag des eidgenössischen Gratismutes. Die Erstaugustrede steht außer Diskussion, eine Hydepark-Rede sozusagen.

Daß uns die ausländische Presse in letzter Zeit ziemlich durchwegs das Prädikat »konservativ« verliehen hat (»die konservative Schweiz«), stört uns. Also bemänteln wir uns wenigstens einmal im Jahr mit kritischer Progressivität. (Auch der Erfolg meines Aufsatzes »Des Schweizers Schweiz« hat weitgehend damit zu tun und dient der Reaktion wie eine innig-patriotische Rede, das tut mir leid.)

Unsere konservative Reaktion ist schnell bereit, alles in ihr Denksystem zu integrieren. Die Kritischen können sagen was sie wollen, sie beweisen damit nichts anderes als daß sie es sagen dürfen. Sie beweisen damit, daß alles in bester Ordnung ist.

Das sind die Methoden des aufgeklärten Totalitarismus, die Methoden humaner Feudalherren, die ihrem Völklein ein Festchen spenden.

Ich werde mich dafür nie mehr hergeben. Der 1. August ist ein verbaler Betrug. Wer am 1. August kritisch spricht, dient damit den Unkritischen. Wer am 1. August etwas anprangert, tröstet damit die Verantwortlichen. Erst-August-Redner sind (auf welcher Seite sie auch stehen) die Hofnarren unseres Staates. Die Erstaugust-Feier hat die Funktion des Amphitheaters bei den Römern. Sie verpflichtet zu nichts, sie tröstet und täuscht über alles weg.

Deshalb ist das Feuerwerk nur dann sinnvoll, wenn es WÄHREND der Rede abgebrannt wird. Oder noch besser: NACH dem Frauenstimmrecht, NACH dem modernen Strafvollzug, NACH der vollausgebauten Altersversicherung, NACH der Einigung Europas.

Mit dem Feuerwerk ist sorgfältig umzugehn. Es könnte vielleicht noch – richtig eingesetzt – ein Symbol sein.

»Macht euren Dreck allein!«

Es hat sich nach und nach eingespielt, daß ein Dienstverweigerer seinen privaten Verteidiger mitbringt, der seine Rede hält – mutige, böse, intelligente Worte – und der dabei nicht um Milde bittet, sondern darum, daß das Gericht seines erbärmlichen Amtes walte, oder der die Richter auf die Anklagebank setzt oder was auch immer.

Ich finde, so viel Aufmerksamkeit ist dieses Gericht nicht wert. Es hat seine eigenen Gesetze, die ich nicht begreife, nicht begreifen will, nicht begreifen kann. Ich kann nicht einen Angeklagten vor einem Gesetz, das ich verabscheue, verteidigen. Daß das Militär für einen zivilen Dienstverweigerer zuständig ist, finde ich mehr als eine Machtanmaßung, das Militär führt damit ein politisches Amt aus, für das nur der Staat zuständig sein kann, und ich weigere mich, Staat und Militär als identische und auswechselbare Begriffe zu betrachten.

Jürg Wehren hat gegen einen Paragraphen der Verfassung verstoßen, nicht gegen eine Dienstvorschrift – er gehört vor ein ziviles Gericht. Für die Beurteilung seines Falles sind keine militärischen Kenntnisse erforderlich.

Aber es hat sich eingespielt, daß bei Dienstverweigerungsprozessen ein privater Verteidiger vor lächelnden Richtern spricht. Es hat sich eingespielt, daß der Richter nachdenklich und ernst sein Haupt hebt und senkt oder schüttelt. Private Verteidiger geben dem Gericht eine Legalität, die ihm nicht zusteht – erst der private Verteidiger macht aus dem Scheinprozeß einen wirklichen Prozeß. Er erweckt den Anschein, daß im Saale beide Seiten vertreten sind, und er erweckt den Anschein, daß hier über einen Einzelfall – über den ganz persönlichen Fall Jürg Wehren – verhandelt wird.

Dieser Anschein dient dem Gericht, denn seine Aufgabe besteht darin, die Öffentlichkeit daran zu hindern, in Jürg Wehren einen unter vielen zu sehen – er soll hier vor Gericht seine persönliche Geschichte bekommen und von anderen Dienstverweigerern unterschieden werden. Die Urteile dieser Gerichte sind zufällig, sie geben einige Monate mehr oder einige Monate weniger, sie schließen aus der Armee aus oder tun es nicht – nur um den Schein zu erwecken, daß es sich um verschieden harte Fälle handle, um damit aus einer politischen Haltung eine private, psychisch bedingte Handlung zu machen.

Sie führen Scheinprozesse um den Anschein zu wahren. Sie hören – vom geliebten zivilen Verteidiger – immer wieder dieselben Argumente, und sie fällen zum Spaß Strafen, die etwas höher oder etwas tiefer sind.

Und selbst die Richter sind – selbstverständlich inzwischen – Befürworter eines Zivildienstes, und selbst die Richter können nicht anders, denn die Gesetze sind so, und man kann ihnen keinen Vorwurf machen.

Jürg Wehren könnte anders, und sollte anders. Denn er ist der einzige, der nicht mit zum Spiel gehört. Sein Delikt ist kein Gentlemansdelikt wie etwa die Anstiftung zum illegalen Waffenhandel. Es ist ihm nicht einfach etwas passiert, er hat etwas getan, er hat sich geweigert. Ich habe Hochachtung vor seiner Tat, vor seiner Nichttat, und ich würde mich schämen, vor einem Gerechtigkeitsspielchen mit meinem Gratismut etwas zu seinem Mut sagen zu müssen. Ich würde mich schämen, ihn, der auch anders könnte, vor Richtern verteidigen zu müssen, die nicht anders können. Wenn Wehren schon von Männern in Uniform verurteilt wird, dann soll er auch von ihnen verteidigt werden. Macht euren Dreck allein!

Warum mir die Geschichte mißlungen ist – auch der Esel hat eine Seele

Ich wollte eine Geschichte schreiben über einen geistig Behinderten, und es ist immer wieder eine zu schöne Geschichte geworden, und eine schöne Geschichte tröstet, entlastet das Gewissen und täuscht über vieles weg. Was die Leute von der Literatur wollen, ist Schönheit als Trost. Die Schönheit soll sie dann über die Häßlichkeit des Alltags hinwegtrösten. Deshalb ist meine Geschichte über den geistig Behinderten nicht gelungen.

Denn es wäre eine Lüge zu schreiben, daß er schön und nett und unkompliziert ist. Im Gegenteil, sein Gesicht ist schräg und er geifert, und die Sätze, die er spricht sind immer dieselben. Aber ich mag seine Sätze, weil irgend etwas hinter ihnen steht, etwas, das nur er weiß und das er nicht formulieren kann; und etwas, das ich – wenn ich mich bemühe – erahne.

Seine Sätze sind unbedeutend, vielleicht irgendwo angelernt, irgendwo gehört, und sie haben sich ihm eingeprägt, sie sind eingebrannt in sein Gehirn.

Einer seiner Sätze heißt: »Auch – der – E – sel – hat – ei – ne – See – le.«

Und wenn ich den Satz höre, dann weiß ich, daß er etwas anderes hätte sagen wollen, etwas sehr viel Komplizierteres, für das es keine Wörter gibt. Und ich ahne, daß nicht er der einfachere ist, sondern ich: daß er vielleicht in einer viel komplizierteren Welt lebt als ich; daß er – im Unterschied zu mir – Dinge weiß, für die es keine Wörter gibt.

Dieses etwa hätte ich schreiben wollen, und es hätte sehr schön getönt und ihm nichts genützt. Denn so schön wie das in Wörtern klingt, ist das ganze nicht. Vielleicht hat er selbst keine Wörter, weil ihm alle zu schön sind für die Darstellung seines Elends.

In zwei Wirtschaften wird er noch bedient und auch dort schiebt man ihn in die Ecke, um die Ruhe der Gäste zu garantieren, die abends nichts Häßliches sehen wollen. Das Geifern könnte ihnen den Appetit verderben.

Er – ich kenne seinen Namen nicht, er hat keinen Namen – er ist unappetitlich. Das macht man ihm zum Vorwurf. Er gleicht den Männern nicht, deren Bild auf den Illustrierten ist, und er wird es im Leben zu nichts bringen: zu keiner Reederei, zu keinem Gemüseladen, nicht einmal zu einer Frau. Er lächelt den Frauen zu und ist sehr höflich. Deshalb hält man ihn für gefährlich.

Er ist ganz einfach mißlungen, eine Beleidigung für die Schönheit der Natur, eine Beleidigung für die Schönheit der Menschen, für die Schönheit des Lebens. Er ist für die andern ein ebenso großes Ärgernis, wie für einen Handwerker eine mißlungene Arbeit. So urteilen die Leute, wenn sie auch wissen, daß sie das nicht sagen dürfen.

Denn sie haben – so behaupten sie – nichts gegen ihn. Sie lassen ihn leben, und sie sind auch oft, aber ganz nebenbei, freundlich zu ihm.

Wenn er sagt: »Auch – der – E – sel – hat – ei – ne – See – le.«, dann widerspricht ihm niemand. Es gibt sogar besonders freundliche, die wiederholen seinen Satz, und dann schaut er sie entgeistert an, weil er sieht, daß die Leute nicht begriffen haben, daß er etwas anderes sagen wollte.

Denn eigentlich spricht mit ihm niemand, und die wenigen, die etwas zu ihm sagen, tun nur so, als ob sie sprechen würden. Eine Antwort erwartet niemand. Und er sitzt am Rande und wartet darauf, aufgenommen zu werden.

Er möchte Mitglied sein, Mitglied von irgend etwas.

Ich kenne einen andern, der jahrelang am Rande saß, schwer krank, schwerhörig, sehbehindert. Der hatte in seiner Tasche einen alten vergilbten Mitgliederausweis für das Jahr 1921 eines Radfahrervereins. Und dieser Mitgliederausweis war sein letzter und wichtigster Besitz.

Er zeigte ihn den Leuten und sagte: »Ich bin Mitglied.« Und als ihm einmal jemand sagte: »Der ist nicht mehr gültig, den kannst du wegwerfen«. Da gab er zur Antwort: »Das darf man doch nicht, es ist nämlich ein Dokument.«

Aber auch diese Geschichte ist zu schön, weil sie lustig ist und ein bißchen traurig, und weil sie vortäuscht, dieser Mann habe eine Geschichte, habe ein Schicksal.

Aber das ist nicht wahr. Er hatte nur noch täglich eine Flasche Bier, seine Augentropfen und sich selbst.

Und wiederum tönt das wunderschön: ein Bier, seine Augentropfen und sich selbst. Das ist ein großer Satz, ein schöner Satz – wenn man das so schön sagen kann – dann stimmt die Welt, dann ist alles in Ordnung, schöne Sätze über häßliche Dinge: Wörter machen Unappetitliches salonfähig.

In einer Geschichte bekommt der Außenseiter, der Weggeschobene, Größe. Wenn er da sitzt, ist er nichts als ein Ärgernis – wenn ich ihn beschreibe, blüht er auf, wird er etwas – und alle, die etwas tun sollten für ihn, sind getröstet und tun nichts. Mit meiner Beschreibung schade ich ihm, weil ich damit das Gewissen derjenigen beruhige, die ihm helfen sollten.

Sollte es mir aber gelingen, sein Elend zu schildern; dann weinen vielleicht meine Leser, und dann geben sie vielleicht etwas Geld – aber nicht für ihn, sondern nur um die eigenen Tränen zu stillen. Aus Rührung und aus Erbarmen vielleicht – weil er ein Armer ist.

Doch ihm gefällt die Rolle des Armen gar nicht. Er möchte nicht bemitleidet werden, er möchte nichts anderes als dazugehören: Mitglied sein. Er hat einen Anspruch auf unsere Hilfe, weil er zu uns gehört – aus keinem andern Grund.

Er hat einen Anspruch auf unsere Hilfe, weil er Mitglied der menschlichen Gesellschaft ist. Aber eben: er hat nur noch einen Mitgliederausweis eines Radfahrervereins von 1921 – und der gilt nichts mehr.

»Ich kannte einen Mann, der wußte den ganzen Fahrplan auswendig«, so beginnt eine meiner Kindergeschichten. Und eben auch diese Kindergeschichte ist nichts anderes geworden als eine Geschichte, etwas lustig, etwas traurig und sehr tröstlich.

Aber ich habe diesen Mann, Emil hieß er, wirklich gekannt, und ich habe ihn gern gehabt und habe ihn damals – ich war ein kleines Kind – sehr verehrt, weil er den ganzen Fahrplan, das ganze Kursbuch auswendig konnte. Ich habe mit ihm Spaziergänge gemacht durch den ganzen Bahnhof, und er schickte mich in die Reisebüros, um Prospekte über Eisenbahnen zu betteln. Ich tat das zwar sehr ungern und mit Hemmungen, aber jemand mußte es tun, weil Emil keine Prospekte bekommen hätte mit seinem Gesicht und seiner Aussprache.

Der Mann im Reisebüro hat mir die Prospekte gegeben, weil ich vielleicht ein zukünftiger Kunde werden könnte und weil man die Jugend heranziehen muß.

Denn Emil, das sah man ihm an, war kein Kunde. Ihm fehlte das Geld und der Mut zum Eisenbahnfahren. Aus mir konnte noch ein Konsument werden – aus ihm nicht.

Ich wußte es damals nicht – heute weiß ich es. Denn ich wußte damals nicht, daß Emil nicht normal ist. Ich habe ihn ganz einfach gern gehabt, viel lieber als seine normalen Brüder, und ich habe ihn verehrt, denn er hat mir viele Sachen erzählt und die Eisenbahn erklärt. Und für mich war es gut, daß er undeutlich sprach – ich mußte ihm umso besser zuhören.

Nur eine Sache an ihm war mir unangenehm. Er trug in seinem Hosensack immer gedörrtes Obst mit, und er bot allen Leuten davon an. Die Apfelschnitze waren aber schmutzig und er trug sie oft auch unter dem Taschentuch, und die Leute lehnten die Schnitze dankend ab.

Ich bemerkte, daß ihn das traurig machte. Und jemand mußte eben die Schnitze essen, und ich schloß meine Augen und würgte sie hinunter, und er hatte immer noch welche im Sack, und ich würgte bis sie weg waren.

Ich habe nie bemerkt, daß etwas nicht stimmte mit ihm. Aber heute, nachträglich, erinnere ich mich daran, daß es die Erwachsenen, meine Verwandten, nicht gern sahen, wenn ich zuviel mit ihm zusammen war. Vielleicht hatten sie Angst vor einer geheimen Ansteckung. Vielleicht hatten sie Angst, daß er auch meinen Geist verwirren könnte. Und vielleicht hat er es auch getan – ich schreibe heute Geschichten, und ganz so normal ist das auch nicht.

Ich habe nie bemerkt, daß er nicht zu uns, nicht ganz zu den Menschen gehört.

Ich fand ihn wie all die andern und unter all den andern einer der besten.

Ich glaube auch, daß ich bemerkte, daß er sich von andern unterschied, so wie eben der eine blonde und der andere schwarze Haare hat, der eine Kinder nicht mag und der andere nett ist, der eine ein Schreiner ist und der andere ein Lokomotivführer – aber ich hatte nie den Verdacht, daß er ganz außerhalb von dem allem steht.

Sie alle, die ich gekannt habe, wurden in Heime gesteckt. Nicht etwa weil sie der Gesellschaft gefährlich geworden wären, nicht etwa weil sie eine besondere Pflege benötigt hätten – sondern ganz einfach, weil sie zu unappetitlich waren für die feine Stube der verlogenen Gesellschaft.

Nun hat die Gesellschaft vor ihnen Ruhe, und es gibt die drei, die vom Rande her zuschauen nicht mehr, und die Gesellschaft hat kein schlechtes Gewissen, die Natur ist wieder schön und der Mensch etwas Ästhetisches.

Und die Gesellschaft hat mit dem Ausschluß der drei wieder einmal mehr eine Chance verpaßt; die Chance nämlich, an ihnen zu wachsen, an ihnen zu lernen und sich im Umgang mit ihnen – die kompliziert und nicht ästhetisch leben – Gedanken über das Menschliche zu machen. In einem Fall allerdings war es so, daß die Familie des Kranken feststellte, daß er im Spital billiger kommt, weil dort der Staat, die Armenpflege, alles bezahlt und weil die Rente zu klein war für all die Umstände, die er machte.

Vielleicht ist deshalb der finanzielle Einsatz der Gesellschaft, des Staates, immer noch so klein, weil die Gesellschaft, der Staat daran interessiert ist, daß man die drei wegbringt in ein Heim, in eine Anstalt.

Vielleicht ist diese Gesellschaft an nichts anderem interessiert als an Appetitlichkeit, an einer schönen, ästhetischen Fassade.

Und wenn es so ist, wird die Fassade einmal einstürzen, und die Gesellschaft unter sich begraben.

In diesem Sinne wäre es politisch wichtig und staatserhaltend, wenn wir die drei bei uns behielten, zu uns zählen würden.

Die drei könnten uns zwingen, vom Leben mehr zu erwarten als Appetitlichkeit.

Und darüber gibt es keine Geschichte zu schreiben, und deshalb ist mir diese Geschichte mißlungen.

Mit Tell leben

Die Frage, ob es Schwejk, Romeo und Julia, Hamlet gibt, ist mit ihrer historischen Unwirklichkeit noch längst nicht verneint.

Nur liegt bei den erwähnten Figuren die Sache etwas glücklicher als bei Tell, denn ihre körperliche Wirklichkeit steht nicht zur Debatte. Sie bleiben geistige Figuren, die sich höchstens hie und da inkarnieren, d. h. wir vergleichen etwa ein unglückliches Liebespaar mit Romeo und Julia, den Widerstand der Tschechen mit Schwejk.

Tell gehört so oder so zu den erwähnten Figuren. Weder der Beweis seiner Existenz noch der Beweis seiner Nicht-Existenz werden ihm etwas antun können. In beiden Fällen wird er ein Gegenstand schweizerischer und europäischer Allgemeinbildung bleiben. Wir würden es wohl doch alle nicht verstehen, wenn ein Schüler in zehn oder zwanzig Jahren nichts mehr von ihm wissen wollte. Daß Tell ein geschichtlicher Gegenstand ist oder nicht, ändert an der Geschichte Tells nichts.

Daß die Historiker das Geschichtliche an dieser Geschichte interessiert, ist selbstverständlich. Sie haben eine unangenehme Aufgabe, denn ihre Schlußfolgerung »Diese Geschichte ist keine Geschichte«, leuchtet sprachlich nicht ein.

Es wird kein Zufall sein, sondern eine gezielte Eigenwilligkeit der Sprache, daß sie für zwei einander entgegengesetzte Sachen denselben Ausdruck anbietet: Geschichte ist erstens etwas was wirklich (was historisch) ist.

Eine Geschichte hingegen ist etwas Erfundenes, etwas Erzähltes.

Zurück zu Schwejk. Hašek hat ihn eindeutig erfunden. Man könnte auf Schwejk den dummen Satz anwenden: gäbe es ihn nicht, hätte man ihn erfinden müssen. Hašek wird es aus diesem Grunde getan haben, und Schwejk bekam seine Notwendigkeit. Diese Notwendigkeit wiederum ist Existenzbeweis genug.

Würde sich nun ein Historiker in den Kopf setzen, den wirklichen Schwejk (also Hašeks Vorbild) zu beweisen, würde er wohl nicht nur sich selbst, sondern vor allem auch die Figur lächerlich machen: ein wirklicher Schwejk würde an Glanz bestimmt verlieren.

So kann also die Auseinandersetzung der Historiker ausgehen wie sie will: Ein wirklicher Tell wäre lächerlich vor dem Tell Schillers oder dem Tell des alten Urnerspiels. Der Beweis seiner Nichtexistenz hingegen würde die Fiktion Tell eher aufwerten; würde beweisen, daß unsere Vorfahren nicht nur

Haudegen waren, sondern auch phantasiebegabt; daß sie sich nämlich erfinden konnten und aus andern Geschichten zusammenbauen, was sie aus irgendwelchen Gründen, aus politischen zum Beispiel, nötig hatten.

Und ich glaube, daß auch eine eventuelle historische Wirklichkeit Tells nur nach dem Nützlichkeitsprinzip übermittelt worden wäre, also nur weil man sie nötig hatte.

Das Interesse der Historiker ist ein anderes, mich interessiert die Notwendigkeit Tells.

Ich glaube, daß Tell eine notwendige Leitfigur der alten Eidgenossenschaft war, ein Symbol der Unabhängigkeit, aber nicht mehr. (Daß Unabhängigkeit immer wieder mit Freiheit gleichgesetzt wird, ist lediglich Staatsraison, denn Unabhängigkeit ist etwas wesentlich Einfacheres als Freiheit, und es gibt unabhängige, unfreie Staaten – wenn auch sicher Unabhängigkeit eine Voraussetzung der Freiheit ist.)

Die alte Eidgenossenschaft war vor allem ein Wehrbündnis, man brauchte also ein Symbol der Unabhängigkeit, des Wehrwillens, der Landesverteidigung; ein Symbol, das so wenig Eigenschaften hatte wie die Bündnisse selbst, das in seinen Intentionen nicht über den Willen der Bündnisse hinausging und deshalb von allen anerkannt werden konnte.

Bereits Schiller hat ihn mit mehr Aspekten versehen. Sogar ein bißchen Sozialrevolutionär hat er ihm angedichtet, dazu eine tiefgründige Humanität, Einsicht und persönliche Entscheidungskraft. Alles in allem: Aus Tell wurde ein Idealist.

Und nun haben wir ihn.

Die Liberalen von 1830 haben es verpaßt, ihn fallenzulassen, oder besser, es fehlte ihnen jede Möglichkeit, es zu tun. Es war in nützlicher Frist kein Ersatz aufzubauen, und das symbolfreudige 19. Jahrhundert war ohne Leitfigur schwer in Bewegung zu setzen. Ein Bauernführer des 17. Jahrhunderts wäre mir zur Not lieber gewesen, aber ein Bürgerkriegler war den Kantonen nicht zumutbar, zudem hatte man sie ja besiegt. Die Leute, die für mich heute als Ersatzleitbilder denkbar wären (Stapfer, Munzinger, Pictet de Rochemont), waren damals noch lebend und am Werk und nicht zu Legenden aufzubauen.

Zudem war die Zeit mündlicher Überlieferungen längst vorbei, die Phantasie des Erzählers deshalb unwesentlich und eingeschränkt. Eine neue Leitfigur war schon deshalb nicht aufzubauen, weil dies nur mit schöpferischer Phantasie möglich ist. Die Schwarz-auf-Weiß-Wahrheiten ließen dies (leider und vor allem glücklicherweise) nicht zu. Leider, weil wir uns jetzt noch mit Tell abmühen müssen; glücklicherweise, weil wir nicht noch dazu neue Legenden abbauen müssen.

Es bleibt uns wohl nichts anderes übrig, als mit Tell zu leben; ich betrachte ihn als Ballast, aber selbst ich persönlich kann ihn nicht ganz abwerfen.

So tut es mir eigentlich leid, daß das Haus, in dem ich wohne, vor zwei Jahren der Tellstraße weggenommen und dem Nelkenweg zugeordnet wurde. (Nelken finde ich immerhin schrecklicher als Tell, sind sie doch die Blumen der Ehrendamen nationaler Festredner.)

Und ich gestehe auch, daß ich kürzlich – wie ich zufällig vorbeikam – die Hohle Gasse ohne zynisches Lächeln besichtigt habe.

Ich habe – ich gestehe es – meinen Kindern die Geschichte vom Tell erzählt; auf die Blutrünstigkeit hat mich meine Tochter aufmerksam gemacht, mir fiel sie nicht einmal mehr auf.

Aber wenn ich den Namen »Tell« höre, denke ich viel mehr an den flammenden Patriotismus, an die feurigen Augen meines Primarschullehrers als an den Vierwaldstättersee. Und ich habe diesen Lehrer und seinen Patriotismus glühend verehrt.

Nach und nach macht er mir Angst.

Denn Tell ist eine derart positive Figur, daß man schnell zur Ansicht kommen könnte, jetzt – nach seiner Freiheitstat – sei es nur noch nötig, zu bewahren und zu erhalten. Er ist zur Figur der ewig Konservativen geworden, will man unsere Probleme mit dieser Figur lösen, wird unser Staat zum Landesverteidigungsstaat (l'art pour l'art sozusagen), der sich lediglich für seine Grenzen anstrengt und nach innen nichts tut.

Gewässerschutz und AHV, Fürsorge, Sozialrecht, Industrie und Arbeit sind nicht die Angelegenheiten Tells.

Es ist kein bärtiger Tell, der die Uhren herstellt, der den Sonnenwind mißt, der als Entwicklungshelfer dient, der in einem modernen Industriestaat täglich zur Arbeit geht.

Aber wir haben das Pech, daß kaum ein Nationalheld einen derart internationalen Ruf hat wie der unsrige, und wir reagieren als kleines Land auf Schmeicheleien von Ausländern geschmeichelt.

Sollte es uns auch gelingen, die Tellfigur zu überwinden, das Ausland wird sie uns doch weiterhin aufbinden und zum liebevollen Vorwurf machen.

Denn er ist inzwischen zu einer niedlichen und sehr ungefährlichen Figur geworden; ihn zu beanspruchen wird nur den Opportunisten zugestanden, und ein Opportunist war er nun eigentlich nicht.

Nun, ich schätze die Gefahr, daß eine moderne Schweiz auf das Leitbild Tell hereinfällt, nicht hoch ein. Hingegen besteht die Gefahr, daß wir auf all jene hereinfallen, die auf ihn hereingefallen sind. Denn Tell hat jahrhundertelang unsere Geschichtsschreibung ganz eindeutig beeinflußt. Man versuchte sozusagen bei jedem eidgenössischen Ereignis das Blut und das Erbe Tells nachzuweisen.

Das wird auch der Grund sein, daß unsere ganze Schweizergeschichte – so wie sie der Schüler vorgesetzt bekommt –

eine reine Helden- und Kriegsgeschichte ist, daß von geistigen Leistungen kaum die Rede ist, von Kultur überhaupt nicht.

Dabei ist gerade die Tellgeschichte ein Beweis dafür, daß es eine alteidgenössische Kultur gegeben haben muß, eine Erzählkultur, die fähig war, äußere Ereignisse geistig und schöpferisch zu verarbeiten, die fähig war, mit diesen Schöpfungen ein Volk beisammen zu halten.

Der und die Historiker, die versuchen, ihre Zweifel an der historischen Wirklichkeit Tells darzustellen, werden angegriffen. Von wem?

Offensichtlich von all jenen Leuten, die geistige Leistungen erstens für unwirklich (oder wie sie sagen unpraktisch) und zweitens für gefährlich halten. Sie verwehren sich dagegen, daß Tell der Welt des Geistes, der Phantasie zugeordnet würde, weil sie die Welt der Phantasie verabscheuen, weil Geist ihren reaktionären Zielen nur schaden könnte. Für sie hat Tell seit Jahrhunderten ganz deutlich die eine Aufgabe: Kultur, Kulturpolitik und Kulturgeschichte zu verhindern.

Für sie ist wohl das eidgenössische Schwingfest ein tief nationales, patriotisches und echtes Ereignis. Autobahnen und Universitäten, Altersfürsorge und Globuskrawalle, Konjunkturprobleme und Währungspolitik usw. halten sie dementsprechend für Zufälle. Für mich hat das alles viel mehr mit der Schweiz zu tun als das Schwingfest. Von Ludwig von Moos – um einen Innerschweizer zu nennen – bin ich abhängiger als von Tell. Seine historische Wirklichkeit interessiert mich.

Nachwort des Herausgebers

> Ich wollte damit nur noch einmal feststellen, daß mich nichts anderes als die Buchstaben zum Schriftsteller gemacht haben. (Der Leser. Das Erzählen)

> In der Literatur ist der Versuch das Höchste ... Ich plädiere gegen die praktische Anwendung meiner Vernunft ... Ich weiß, daß ich mir widerspreche, aber lassen Sie mir das. Ich widerspreche mir gern. (Erfahrungen beim Fremdsprachenlernen)

Die Faszination durchs erzählte und geschriebene Wort ist »bis zur Vergiftung« in Peter Bichsels Biographie angelegt. Schon mit elf legte er ein Heft mit der Aufschrift »Was ich alles weiß« an. In den folgenden Jahren schrieb er, nach eigener Aussage, mehr als er später veröffentlicht habe. Darunter war auch eine Vielzahl von meist kurzen Theater- und Ausstellungskritiken für die sozialdemokratische Oltener Regionalzeitung »Das Volk«. 1960 erschien im bibliophil gestalteten Privatdruck sein Erzähldebüt »Versuch über Gino«.

Erstmals Aufsehen erregte Peter Bichsel 1964 mit dem Geschichtenband »Eigentlich möchte Frau Blum den Milchmann kennenlernen«. Sein Erfolg war durchschlagend. Selbst der Literaturkritiker Marcel Reich-Ranicki schrieb: »Glanz, Bravour und Brillanz sind Bichsels Sache nicht«, um damit seine hohe Wertschätzung kundzutun. Peter Bichsel wurde infolge der »Milchmann«-Geschichten von der Literaturkritik zum legitimen Erben von Johann Peter Hebel und Jean Paul erhoben – zwei Autoren, die er selbst seit jeher außerordentlich schätzt. Das zweite Buch, »Die Jahreszeiten«, stieß 1967 – sehr zu Unrecht – auf weit weniger gefällige Resonanz, doch mit dem Erscheinen der »Kindergeschichten« 1969 war sein Ruf als begnadeter Erzähler in der literarischen Öffentlichkeit wiederhergestellt.

Diese Aufmerksamkeit trug mit dazu bei, daß der »junge Schweizer Autor« Peter Bichsel ab 1966 zuerst periodisch und bald schon regelmäßig für die »Weltwoche« schrieb. Von 1965 bis 1967 verfaßte er in loser Folge Beiträge über so unterschiedliche Themen wie die politische Jura-Frage, eine Schweizer Filmtagung, ein Treffen der Gruppe 47 oder Werner Webers Verteidigung einer Rede von Emil Staiger.

Am 3. Mai 1968 sodann erschien der erste Text, der akkurat in eine Zeitungsspalte paßte und daher mit Recht als Kolumne bezeichnet werden konnte. Er war mit »am rand notiert« überschrieben. Auch wenn sich diese Überschrift nur kurze Zeit hielt, wartete Peter Bichsel bis zum Februar 1969 in regelmäßigen Abständen alle drei bis vier Wochen mit einer neuen Kolumne auf. Als redaktionellem »Weltwoche«-Mitarbeiter wurden ihm darüber hinaus immer wieder auch journalistische Beiträge übertragen, so etwa ein Bericht über die Frankfurter Buchmesse oder abermals ein Beitrag zur brisanten Jura-Frage (»Scharfe Munition im Jura«), der ein eigentlicher journalistischer Primeur war und die Schweizer Innenpolitik stark beschäftigte. Mit »Abschied von 1939«, einem Text zur »geistigen Landesverteidigung«, nahm Peter Bichsel Anfang 1969 Abschied von der »Weltwoche«, um fortan für das »Sonntags-Journal / Zürcher Woche« zu schreiben.

Diesen Wechsel hatte der ehemalige »Weltwoche«-Chefredakteur Rolf R. Bigler veranlaßt, der im März 1969 die kleine nonkonformistische »Zürcher Woche« übernahm und sie in »Sonntags-Journal / Zürcher Woche« umbenannte. Er verfolgte damit ambitionierte Ziele, die Zeitung sollte eine Konkurrenz zur »Weltwoche« werden. Friedrich Dürrenmatt, Jean Rudolf von Salis und andere konnte er als potente Mitherausgeber gewinnen. Unter den regelmäßigen Mitarbeitern waren auch Schriftstellerkollegen von Bichsel wie Paul Nizon,

Jürg Federspiel, Jörg Steiner, Walter Vogt, Kurt Marti oder Dieter Bachmann zu finden. Einige von ihnen, unter ihnen Bichsel, waren im Impressum sogar als redaktionelle Mitarbeiter aufgeführt. Für die meisten der Genannten dauerte das Abenteuer allerdings nur wenige Monate. Ab Februar 1970 versiegten die Beiträge Bichsels, und nach der letztmaligen Erwähnung am 3. Oktober 1970 verschwand er auch aus dem Impressum der Wochenzeitung. Sie stellte zwei Jahre später die Produktion ein.

Wie bei der »Weltwoche« hatte Peter Bichsel schon ab 1966 in loser Folge für die »Zürcher Woche« geschrieben, darunter Literaturkritiken zu Joseph Brodskji oder Henri Michaux. Von Juni 1969 bis Februar 1970 war er dann regelmäßig mit seiner Kolumne »Nachtrag« im »Sonntags-Journal / Zürcher Woche« zu lesen. Subtil variierte er darin seinen Stil und tastete sich in Form und Ton allmählich an jene Schreibweise heran, die später zu seinem literarischen Markenzeichen reifen würde.

Nach dem Erfolg der »Milchmann«-Geschichten erkannte die »Weltwoche« und später das »Sonntags-Journal / Zürcher Woche« in Peter Bichsel nicht nur ein erzählerisches, sondern auch ein journalistisches Potential, sodaß er Aufträge für politische Kommentare und literarische Kritiken erhielt. Diese Präsenz in den Medien wiederum steigerte seine Bekanntheit und machte ihn interessant für Reden und Referate. Er wurde 1966 für eine Ansprache zum Schweizer Nationalfeiertag gewonnen, drei Jahre später sprach er auf dem Verbandstreffen der Schweizer Industrial Designers. Die Reden wurden in »Weltwoche« und »Sonntags-Journal / Zürcher Woche« auch gedruckt. Von Otto F. Walter, dem damaligen Verleger des Walter Verlags, erhielt er Aufträge für Vorworte zu Titeln seiner Edition Walter-Druck.

Schon 1963 wurde Peter Bichsel erstmals ans Literarische Colloquium in Berlin (LCB) eingeladen. Gemeinsam mit fünfzehn anderen Jungautoren und -autorinnen, unter ihnen Nicolas Born, H. C. Buch und Hubert Fichte, wurden in Workshops Texte erarbeitet und anschließend mit gestandenen Autoren wie Günter Grass, Peter Weiss, Hans Werner Richter, Peter Rühmkorf oder Walter Höllerer kritisch diskutiert. Im Nachgang fanden die Texte Eingang in eine LCB-Publikation unter dem Titel »Prosaschreiben«. Im Folgejahr trafen sich etliche dieser Autoren abermals im Literarischen Colloquium, um unter der Mentorschaft von Walter Höllerer den Gemeinschaftsroman »Das Gästehaus« zu schreiben.

In Berlin erlebte Peter Bichsel zeitweise einen »Colloquium-Fasching«, der ihn ein wenig befremdete. In einem Brief vom 18. November 1963 an Otto F. Walter beklagte er sich, daß die Behutsamkeit in seinen Texten beargwöhnt werde. »Der Einfall ist das Wichtigste. Durch Originalität unterscheidet sich der Dichter. Kein Trommler kann hier zu klein sein, kein Pfarrer zu obszön.« Der Anlaß für die Korrespondenz, die Otto. F. Walter in die Nullnummer der neu gegründeten Reihe Walter-Druck aufnahm, war die im Februar 1964 konkretisierte Aussicht, daß Bichsels Geschichten im Walter Verlag erscheinen könnten. Froh darüber, »daß ich in Zuchwil schreiben darf«, mokiert sich Bichsel über das Gesellschaftsspiel mit der allgegenwärtigen Ironie und spricht sich selber Mut zu: »Wenn mir das ganze von Nutzen sein kann, dann darin, daß ich mich im Durchhalten übe, und ich werde durchhalten und weiter jeden Einfall in meinen Texten überwinden.«

So sind im Zeitraum von 1963 bis 1971 gut 90 Texte zusammengekommen: Kolumnen und Erzählungen, Vorworte und Reden, freundliche Beiträge für junge Buchhändler oder ein Essay, der im Titel das Mißlingen anführt und der gerade deshalb auf eine wunderbare, berührende Weise gelingt. Es ist immer wieder ein reines Vergnügen, mitzulesen, wie Peter Bichsel seine Gedanken entfaltet und sprachlich formuliert. Er entwickelt dabei eine ganz eigene Dialektik des Erkennens, die dem Widersprüchlichen Raum gibt und in der fortlaufenden Bewegung der Gedanken stets auch deren Scheitern mit einbehält. Peter Bichsel ist ein Meister des Verzögerns von »endgültiger« Erkenntnis. Schon in diesen frühen Texten ist seine Handschrift zu erkennen.

Die meisten der hier versammelten Texte haben bisher nicht Eingang in sein literarisches Werk gefunden. Immerhin, so sei mit einem von Peter Bichsel gerne verwendeten Adverb hinzugefügt, will diese Publikation das ändern. Seine entlegen erschienenen frühen Texte zeigen einen jungen Autor, der parallel zu seinen vertrackt einfachen Geschichten für Kinder und Erwachsene allen Alters an einer Erzählweise arbeitet, die schon in den frühen journalistischen Beiträgen einen sehr persönlichen, eigenen Ton verrät, den Bichsel nach und nach zu der für ihn charakteristischen Erzählung im Format einer Kolumne entfaltet. Am 15. März 1975 erschien dann unter dem Titel »Eine Geschichte zur falschen Zeit« im Magazin des Zürcher »Tages-Anzeigers« die erste jener legendären »PS«-Kolumnen, die 1979 gesammelt in Buchform veröffentlicht wurden. Seither sind insgesamt zehn Bände mit Kolumnen von Peter Bichsel erschienen, in denen er auf immer wieder staunenswerte Weise die Einfachheit des Erzählens mit höchster poetischer Raffinesse verbindet; sie dürfen mit Recht als sein literarisches Opus magnum bezeichnet werden.

Der vorliegende Band versammelt die bisher verstreut erschienenen Texte aus dem Zeitraum von 1963 – 1971. Es fehlen einzig vier Texte, die Peter Bichsel in zwei seiner Sammelbände aufgenommen hat. Es handelt sich um »Sitzen als Pflicht« aus der »Weltwoche« vom 21. Juni 1968 und »Dem Bestehenden Schwierigkeiten machen« aus der »Weltwoche« vom 24. Januar 1969 (in »Des Schweizers Schweiz«, Neuausgabe von 1989); sowie um »Die Primarschule – ein Geschäft ohne Partner« aus dem »Sonntags-Journal / Zürcher Woche« vom 5./6. April 1969 und »Rassismus und Faulheit«, 1970 als Vorwort zu »Die Schülerschule« der Scuola di Barbiana erschienen (in den »Schulmeistereien« von 1985). Die beiden Bände sind als Taschenbücher greifbar.

Für die vorliegende Ausgabe wurden Orthographie und Zeichensetzung behutsam angepaßt unter Wahrung der Eigenheiten von Bichsels Schreibweise. Offenkundige Schreibfehler wurden berichtigt.

Nachweise und Anmerkungen

1 Eine Kolumne aus »Die Tat« 1963

S.15 *In seinem Gedächtnis,* abgedruckt in: Die Tat vom 23. Februar 1963

»Die Tat« war eine 1935 begründete sozial-liberale Schweizer Tageszeitung, die im September 1978 eingestellt wurde.

2 Texte und Kolumnen in der »Weltwoche« 1965-1968

S.19 *Vom Fahnenstangenfallenlassen.* Der Jura und die Idee der Schweiz. Eine Betrachtung von Peter Bichsel, abgedruckt in: Die Weltwoche vom 27. August 1965

Red. – Der junge Schweizer Autor Peter Bichsel, im solothurnischen Zuchwil lebend, Lehrer von Beruf und Schriftsteller, der vor einem Jahr mit seinem ersten Bändchen »Eigentlich möchte Frau Blum den Milchmann kennenlernen« weit über die Grenzen der Schweiz hinaus bekannt wurde, versucht in seinen Notizen etwas, was man mit Fahnenstangenaufstellen oder -fallenlassen nicht tun kann: nämlich den Bereich zwischen den Parolen für und gegen auszuschreiten und im fortschreitenden Denken die Entscheidung immer wieder neu zu gewinnen. Oberflächlich betrachtet ist das Thema seines Aufsatzes der Jura; in der Intensität von Bichsels Nachdenken zeigt sich aber etwas viel Wesentlicheres: die Auseinandersetzung eines jungen Menschen unserer Zeit mit der Gemeinschaft, in die er hineingeboren wurde. Was an dieser Auseinandersetzung überrascht, ist die Toleranz gegenüber dem Nächsten, eine Toleranz, aus der man erst verstehen kann, wie der andere sich zur Welt, zur Schweiz, zu seinen Mitmenschen verhält. Peter Bichsel versteht die Jurafrage, indem er sie kritisch und teilnehmend betrachtet, sich selbst und seinen Standpunkt in Zweifel zieht, die Positionen der Betrachtungsweise immer wieder wechselt, wie um sich selber einzukreisen. Und was dabei neben Klärendem zum Juraproblem herauskommt, ist vielleicht auch eine Art Selbstporträt des Schriftstellers und Schweizers Peter Bichsel.

Am Wiener Kongreß 1815 wurde die katholisch geprägte, französischsprachige Region Jura nördlich von Biel, die seit dem Mittelalter dem Fürstbistum Basel gehörte, größtenteils dem protestantischen deutschsprachigen Kanton Bern zugeschlagen. Die daraus folgenden Spannungen führten bald zu einem Kulturkampf und zu einer Sezessionsbewegung. Die teils gewalttätigen Auseinandersetzungen zwischen Separatisten (Béliers) und Berntreuen (Sangliers) versuchte der Kanton Bern mit einem externen Bericht zu besänftigen. Volksabstimmungen im Kanton Bern und gesamtschweizerisch ermöglichten schließlich 1979 die Gründung eines neuen Kantons Jura. Drei der sechs Amtsbezirke entschieden sich allerdings für den Verbleib beim angrenzenden Kanton Bern.

Der Schriftsteller und SP-Politiker Roland Béguelin (1921-1993) galt als Kopf der jurassischen Separatisten.

S.26 *Kino*. Peter Bichsel sprach bei der Tagung »Schweizer Film heute« in Solothurn, abgedruckt in: Die Weltwoche vom 4. Februar 1966

S.31 *Vier Autoren über einen Autor*, abgedruckt in: Die Weltwoche vom 18. März 1966

Red. – Dürrenmatts »Meteor« ist, nachdem der Zürcher Aufführung diejenigen von München, Hamburg, Heidelberg und Mannheim folgten und weitere bevorstehen, zum großen Erfolg dieser Theatersaison geworden. Das Stück fand zahlreiche ablehnende Kritiken, aber auch wohl noch mehr zustimmende. Neben den Theaterkritiken haben sich – begreiflicherweise – vor allem auch die Theologen zum Wort gemeldet, allerdings, wie es scheint, noch nicht mit dem zum sachlichen Urteil notwendigen Abstand. Wie wirkt das Stück auf die Schriftsteller? Um diese Frage zu beantworten, hat das Schauspielhaus Zürich einige Autoren eingeladen, sich über ihre Eindrücke zu äußern.

Neben Peter Bichsel gaben Otto F. Walter, Herbert Meier und Walter Vogt ihr Urteil ab.

S.33 *Diskussion um Rezepte*, abgedruckt in: Die Weltwoche vom 1. April 1966

Red. – Max Frisch und Otto F. Walter eröffneten in der »Weltwoche« (Nr. 1687) eine Diskussion um die Präsenz der Schweiz in der jüngeren Schweizer Literatur. Die beiden Aufsätze haben ein lebhaftes Echo ausgelöst. Letzte Woche bezog der Historiker J. R. von Salis Stellung. Als Vertreter der jüngsten Schweizer Schriftsteller-Generation meldet sich jetzt Peter Bichsel zu Wort. Der Lehrer aus Zuchwil im Kanton Solothurn errang mit seiner Prosa internationale Aufmerksamkeit.

Peter Bichsel äußerte sich im Rahmen einer Debatte, die Max Frisch und Otto F. Walter unter dem Titel »Unbewältigte Schweizer Vergangenheit?« ausgelöst hatten; neben Bichsel antworteten auch Jean Rudolf von Salis, Adolf Muschg und Walter Matthias Diggelmann. Die ganze Debatte ist dokumentiert in: »Die Schweiz bewältigen. Eine literarische Debatte nach Max Frisch«. essais agités, Bern 2019.

Zur Jurafrage, s. Anm. S. 323 zu *Vom Fahnenstangenlassen*.

Bonjour-Bericht: Ab 1962 verfaßte der Berner Historiker Edgar Bonjour im Auftrag des Bundesrats einen Bericht zur schweizerischen Neutralitätspolitik in den Jahren 1939-1945. Dieser »Bonjour-Bericht« erschien 1970 in den Bänden IV-VI seiner »Geschichte der schweizerischen Neutralität«.

Diggelmann braucht in Bern ein Hausiererpatent, dazu schrieb »Der Spiegel« am 17. November 1965: »Die Berner Polizei wollte einen geplanten Diggelmann-Vortrag unter Hinweis auf das schweizerische Hausierer-Gesetz verbieten: ›Umherziehende Personen, die durch musikalische, theatralische oder andere Veranstaltungen, Aufführungen und Schaustellungen einen persönlichen Erwerb bezwecken, bedürfen hierzu einer Bewilligung der kantonalen Polizeidirektion.‹«

S.43 *Bundesfeieransprache in Grenchen*, abgedruckt in: Die Weltwoche vom 5. August 1966

Red. – Peter Bichsel hielt am vergangenen Montag in Grenchen, im Kanton Solothurn, die Bundesfeierrede, Er hat sich dabei an die Spielregeln gehalten und bewußt eine vaterländische Rede verfaßt, wie sie uns aus dem 19. Jahrhundert überliefert ist. Und er hat bewiesen, daß die Wahl dieser Form keineswegs auch zu antiquierten patriotischen Ansichten führen muß. Zuhörer und Leser werden ihn auch nach dieser Rede zu jenen erfolgreichsten Schweizer Schriftstellern zählen, denen wir Schweizer, nach der Ansicht von Adolf Guggenbühl (NZZ vom 1. August 1966), würdelos Beifall spenden. Wir freuen uns, die Rede drucken zu dürfen, denn es scheint uns nicht selbstverständlich, daß einer bei einem sprachlich so schwer zu bewältigenden Anlaß wie der Bundesfeier schlicht und ohne Umwege zu sagen vermag, was es zu sagen gibt.

S.51 *Die Wahrheit oder »Entdämonisieren wir weiter«*, abgedruckt in: Die Weltwoche vom 11. November 1966

Red. – Das Heft 20/1966 von Walter Höllerers Zeitschrift »Sprache im technischen Zeitalter« trägt den Titel »Kunst und Elend der Schmährede«. Anlaß dieses Sonderheftes ist die Diskussion über die Gruppe 47, sind im besonderen die Angriffe Robert Neumanns und Hans Erich Nossacks gegen die Gruppe, die in der Zeitschrift »konkret« erschienen sind. Die Autoren des Heftes gehen mit diesen Angriffen, deren unleidliche Tonart sie für symptomatisch halten, unerbittlich ins Gericht. Theoretische Untersuchungen stehen neben Entgegnungen. Alfred Andersch etwa steuert ein Gedicht bei unter dem Titel »Zeilen schinden für die Gruppe«, Günter Grass schreibt einen Brief an den Beschimpfer Peter Handke, Reinhard Lettau erweist sich in zwei kurzen Texten gegen Neumann und Nossack als glänzender Polemiker,

Hans Dieter Zimmermann untersucht die polemische Methode von Alfred Kerr und Karl Kraus, Karl Riha die polemische Meinungsmache der heutigen rechtsradikalen Presse. Wir drucken hier aus dem Heft, dessen Lektüre wir empfehlen, Peter Bichsels Beschreibung der Umstände, die ihm dazu verholfen haben, in Walter Höllerers Berliner Colloquium zu kommen.

S.53 *Von einem Mädchen und von der Übereinstimmung*, abgedruckt in: Die Weltwoche vom 18. November 1966

»Die Weltwoche« bat fünf Autoren um ein Urteil über Alexander Kluges Filmdebüt »Abschied von gestern«; nebst Bichsel waren dies Max Frisch, Alexander J. Seiler, Otto F. Walter sowie »unser Filmkritiker« Jürg Federspiel.

S.55 *Unverbindlichkeiten*, abgedruckt in: Die Weltwoche vom 6. Januar 1967

Mit der Dankesrede für die Verleihung des Literaturpreises der Stadt Zürich am 20. Dezember 1966, unter der Überschrift »Literatur und Öffentlichkeit« in der NZZ abgedruckt, löste Emil Staiger eine Kontroverse aus, die als »Zürcher Literaturstreit« in Erinnerung geblieben ist. Der von Staiger angeschuldigte Max Frisch antwortete vier Tage später in der »Weltwoche« mit seiner Replik »Endlich darf man es wieder sagen«.

S.58 *End of War Now. America Calling Mr. President.* Beitrag zu einer Umfrage, abgedruckt in: Die Weltwoche vom 5. April 1968

»Die Weltwoche«-Redaktion bat die Autoren Peter Bichsel, Max Frisch, Golo Mann und Hugo Loetscher um ihre Meinung zu Präsident Johnsons Fernseh-Ansprache vom 31. März 1968, worin dieser die Einstellung der Bombenangriffe in Vietnam ankündigte. »Ist das ein erster Erfolg der außerparlamentarischen Opposition, der Demokratie der Straße?« lautete die Frage an die Autoren.

S.60 *Geistige Entwicklungshilfe*, abgedruckt in: Die Weltwoche vom 3. Mai 1968 (am rand notiert)

Diese erste klassische Kolumne stand unter der Überschrift »am rand notiert«; drei Kolumnen später entfiel diese Überschrift wieder.

Die beiden Bücher erschienen 1968 im Rowohlt Verlag, Reinbek b. Hamburg. Damals war Heinrich Maria Ledig-Rowohlt Verlagsleiter und Fritz J. Raddatz sein Stellvertreter und Cheflektor.

S.62 *Gedichte und Gegengedichte*, abgedruckt in: Die Weltwoche vom 24. Mai 1968 (am rand notiert)

S.64 *Filmzentrum*, abgedruckt in: Die Weltwoche vom 7. Juni 1968 (am rand notiert)

S.67 *Tour de Suisse*, abgedruckt in: Die Weltwoche vom 28. Juni 1968

S.69 *Marx im Sand*, abgedruckt in: Die Weltwoche vom 19. Juli 1968

Tatsächlich sorgte Egon Monk im Oktober 1968 mit seiner Inszenierung von Schillers »Die Räuber« am Hamburger Schauspielhaus für heiße Köpfe und einen Skandal, so daß er sich nach nur 75 Tagen im Amt genötigt sah, als Intendant wieder abzutreten.

S.71 *Absolute Prosa*, abgedruckt in: Die Weltwoche vom 2. August 1968

S.74 *Sichtbar machen*, abgedruckt in: Die Weltwoche vom 16. August 1968

S.76 *Das private Staatsradio*, abgedruckt in: Die Weltwoche vom 23. August 1968

Red. – Offiziell sind Radio und Fernsehen der Schweiz private Organisationen. So wie die Dinge liegen, wäre es jedoch ehrlicher, sie zu verstaatlichen. Zu dieser unbequemen Schlußfolgerung kommt Peter Bichsel in seiner Untersuchung des Entwurfs zu einem Verfassungsartikel. Aufschlußreich ist der Vergleich mit dem bestehenden Konzessionstext. Bemerkenswert sind die Unterschiede zwischen dem allgemein verständlichen Wort »Meinungsfreiheit« und dem vom Bundesrat nun eingeführten neuen Begriff »Radio- und Fernsehfreiheit«.

SRG steht für die Schweizerische Radio- und Fernsehgesellschaft, heute SRF.

S.82 *Relativierungen*, abgedruckt in: Die Weltwoche vom 6. September 1968

Am 4. Januar 1968 übernahm der damalige Parteisekretär der slowakischen KP, Alexander Dubček, das Amt des ersten Generalsekretärs der KPČ und damit die Führung über die Regierungspartei. Seinem Reformkurs widerfuhr ein abruptes Ende durch den Einmarsch sowjetischer Truppen in der Nacht zum 21. August 1968. Zwei Tage später ging der Prager Frühling zu Ende, bis zum 4. September wurden 468 Studenten festgenommen.

S.84 *Gespräche mit Neckermann*. Peter Bichsel berichtet von der Buchmesse, abgedruckt in: Die Weltwoche vom 27. September 1968

Der Sozialistische Deutsche Studentenbund SDS (1946-1970) wirkte in den späten 1960er Jahren als treibende Kraft der »Außerparlamentarischen Opposition« gegen die Notstandsgesetze; Daniel Cohn-Bendit war einer der Wortführer. 1970 wurde der SDS wegen interner Spannungen aufgelöst.

Der senegalesische Dichter und Politiker Léopold Sédar Senghor erhielt 1968 den Friedenspreis des Deutschen Buchhandels.

Adolf von Thadden (1921-1996) stammte aus einem alten pommerschen Adelsgeschlecht, er war 1964 Mitbegründer der rechtsextremen Nationaldemokratischen Partei Deutschlands NPD, deren Bundesvorsitz er von 1967 bis 1971 innehielt.

S. 89 *Die Geschichte soll auf dem Papier geschehen*, abgedruckt in: Die Weltwoche vom 4. Oktober 1968

Der Text stand unter der Überschrift »Schreiben in unserer Zeit«, zusammen mit einem Beitrag von Paul Nizon; eine stark gekürzte Version erschien als Vorrede zu einem Auszug aus den »Jahreszeiten« in: Grenzverschiebung. Neue Tendenzen in der deutschen Literatur der 60er Jahre, Köln/Berlin 1970, S. 80; abgedruckt auch in: Akzente, 5/1968.

S. 95 *Scharfe Munition im Jura*, abgedruckt in: Die Weltwoche vom 18. Oktober 1968

EMD ist die Abkürzung für das Eidgenössische Militärdepartement.

WK steht für Wiederholungskurs, den Schweizer Soldaten jährlich als Teil ihres Militärdienstes zu leisten haben.

S. 101 *Eine Stadt wie ...*, abgedruckt in: Die Weltwoche vom 25. Oktober 1968

S. 103 *»Häbet Sorg zum Jura«*. Peter Bichsel über den Bericht zur Jurafrage der Kommission der 24, abgedruckt in: Die Weltwoche vom 8. November 1968

Zur Jurafrage, s. Anm. S. 323 zu V*om Fahnenstangenfallenlassen*.

Rassemblement steht verkürzt für das Rassemblement jurassien, die Sammelbewegung für einen unabhängigen Kanton Jura.

Im Rahmen des schweizerischen Vernehmlassungsverfahrens werden zur Klärung von »sachlicher Richtigkeit, Vollzugstauglichkeit und Akzeptanz«, wie es offiziell heißt, Gesetzesvorhaben in einem Vorverfahren den kantonalen und lokalen Behörden sowie interessierten gesellschaftlichen Institutionen unterbreitet, um deren Stellungnahmen dazu einzuholen.

S. 107 *Verzweiflung und Vermessenheit*, abgedruckt in: Die Weltwoche vom 15. November 1968

1968 war das Jahr des Prager Frühlings (s. Anm. S. 329 zu *Relativierungen*), der olympischen Sommerspiele in Mexico City und der amerikanischen Präsidentschaftswahlen, zu der Richard F. Nixon, Hubert Humphrey und der unabhängige George Wallace, ein erklärter Befürworter der Rassentrennungspolitik, antraten.

S. 109 *Wir empfehlen*, Einleitung für eine Umfrage, abgedruckt in: Die Weltwoche vom 6. Dezember 1968

Der Text leitete eine Empfehlungsliste »Schriftsteller raten den Lesern der ›Weltwoche‹« ein. Peter Bichsel verfaßte ihn als Mitarbeiter der »Weltwoche«-Redaktion. Nebst den »Maulwürfen« empfahl er Handkes »Kaspar«, »Schwierige Schweiz« von J. R. von Salis sowie »Die Erzählungen aus 1001 Nächten«. Mitbeteiligt waren Andersch, Diggelmann, Federspiel, Muschg, Nizon und andere mehr.

»Maulwürfe« ist ein Band mit Kurzprosa von Günter Eich. Bichsel hat ihn am 16. September 1968 für den »Spiegel« besprochen (s. S. 273-276).

Régis Debray: Révolution dans la révolution ? Lutte armée et lutte politique en Amérique latine [essai], Paris 1967.

S. 111 *Betroffenheit*, abgedruckt in: Die Weltwoche vom 20. Dezember 1968

S. 114 *Abschied von den Waldläufern*, abgedruckt in: Die Weltwoche vom 31. Januar 1969

S. 116 *Emotionskonventionen*, abgedruckt in: Die Weltwoche vom 28. Februar 1969

AHV steht für die Alters- und Hinterbliebenenversicherung, die in der Schweiz obligatorische Rentenversicherung.

S. 118 *»Geistige Landesverteidigung«. Abschied von 1939*, abgedruckt in: Die Weltwoche vom 7. März 1969

Red. – Das »Forum Helveticum« hat wenig Begeisterung ausgelöst, weder auf privater Seite noch in Bern. Der Bundesrat hat ihm kürzlich einen Kredit von 20 000 Franken gewährt; das ist wenig, wenn man bedenkt, daß der Anstoß zu diesem »Forum« vom Bundesrat ausging. Jedenfalls ersuchte das »Forum« um den doppelten Betrag, und das Budget für das geplante Sekretariat beläuft sich auf das Dreifache. An der Delegiertenversammlung vom 25. März soll nun davon gesprochen werden, wie die restlichen 40 000 Franken aufgebracht werden könnten. Diese Delegiertenversammlung findet im Stapferhaus auf dem Schloß Lenzburg statt. Schon bei den vorbereitenden Arbeiten vor Jahren wurde immer wieder davon gesprochen, daß das Sekretariat auf der Lenzburg stationiert werden könnte. Dies versucht man wohl jetzt zu verwirklichen. Aber bereits haben sich wichtige Organisationen vom »Forum« getrennt, vor allem die »Neue Helvetische Gesellschaft«, und ein großer Teil der verbliebenen Mitglieder ist nur noch sehr abwartend am »Forum Helveticum« interessiert. Sie werden sich auf der Lenzburg zu entscheiden haben, ob sie bereit sind, das »Forum Helveticum« mitzufinanzieren.

Die Landesausstellung 1939 in Zürich, die »Landi«, war eine patriotische Demonstration der kulturellen Eigenständigkeit einer Schweiz, die souverän dem Krieg trotzt. In diesem Sinn hat sie sich den Schweizern für lange Jahre im kollektiven Gedächtnis eingeprägt.

Die Liste der Zweihundert bezieht sich auf die »Eingabe der Zweihundert«, eine von rechtsbürgerlichen germanophilen Kreisen an den Schweizer Bundesrat gerichtete Aufforderung, strikte Neutralität zu wahren. Dahinter verbarg sich die Absicht einer verstärkten Anpassung ans nationalsozialistische Deutschland.

3 Texte und Kolumnen im »Sonntags-Journal / Zürcher Woche« 1966-1970

S. 129 *Äpfel sind nämlich meistens grün oder gelb*, abgedruckt in: Sonntags-Journal / Zürcher Woche vom 29./30. Juli 1966

Der Text erschien als Beitrag zum Thema »Tell 66«.

S. 131 *Notizen zum Tage*. Henri Michaux: Dichtungen/Schriften I (S. Fischer), abgedruckt in: Sonntags-Journal / Zürcher Woche vom 2./3. Dezember 1966

S. 133 *Endlich ein Gammler verurteilt*. Jossif Brodskij: Ausgewählte Gedichte (Bechtle), abgedruckt in: Sonntags-Journal / Zürcher Woche vom 16./17. Dezember 1966

S. 135 *Jenseits von Steinbeck*, abgedruckt in: Sonntags-Journal / Zürcher Woche vom 24./25. Februar 1967

Der Beitrag erschien prominent auf der Titelseite der Ausgabe.

»Die Tat«, s. Anm. S. 323 zu *In seinem Gedächtnis*.

S. 138 *Der große Untalentierte*, abgedruckt in: Sonntags-Journal / Zürcher Woche vom 3./4. Mai 1969

Der Beitrag wurde von zwei weiteren Essays zu Ludwig Hohl aus der Feder von Otto F. Walter (»Wenn ich Ludwig Hohl lese«) und Jörg Steiner (»Spinnen am Abend, erhaltend und labend«) begleitet.

Von dieser Ausgabe an bis ein letztes Mal in der Ausgabe vom 3./4. Oktober 1970 wurde Peter Bichsel als ständiger Mitarbeiter im Impressum von »Sonntags-Journal / Zürcher Woche« aufgeführt.

S. 141 *Die Schweiz 1938*, abgedruckt in: Sonntags-Journal / Zürcher Woche vom 7./8. Juni 1969

Frontisten oder Fröntler hießen die Anhänger des Nationalsozialismus in der Schweiz, die sich ab 1933 in der Frontenbewegung zusammenschlossen.

S. 144 *Von Menschen geformte Dinge*, abgedruckt in: Sonntags-Journal / Zürcher Woche vom 21./22. Juni 1969

Red. – Unser Mitarbeiter Peter Bichsel hielt an einem Podiumsgespräch vor dem Verband Schweizer Industrial Designers anläßlich der ersten Biennale Suisse Industrial Design in Yverdon (»Dybs«) das nachfolgend abgedruckte Referat.

Stationswagen ist die aus dem Englischen *station wagon* abgeleitete Bezeichnung für einen Kombinationskraftwagen, kurz Kombi.

S. 149 *Neuester Fall von deutscher Innerlichkeit*, abgedruckt in: Sonntags-Journal / Zürcher Woche vom 28./29. Juni 1969 (Nachtrag)

Dabei handelt es sich um die erste Kolumne unter der Überschrift »Nachtrag«, die Bichsel bis Anfang 1970 verfaßte.

S. 152 *Der Landesverteidigungsstaat*, abgedruckt in: Sonntags-Journal / Zürcher Woche vom 5./6. Juli 1969 (Nachtrag)

S. 154 *Die SEP*, abgedruckt in: Sonntags-Journal / Zürcher Woche vom 12./13. Juli 1969 (Nachtrag)

S. 157 *Nun liegt sie auf dem Mond*, abgedruckt in: Sonntags-Journal / Zürcher Woche vom 26./27. Juli 1969 (Nachtrag)

AHV, s. Anm. S. 332 zu *Emotionskonventionen*.

S. 159 *Das Lampion mit dem Mondgesicht*, abgedruckt in: Sonntags-Journal / Zürcher Woche vom 2./3. August 1969 (Nachtrag)

Pfarrer Ralph Abernathy (1926-1990) war ein US-amerikanischer Bürgerrechtler und enger Freund von Martin Luther King.

Werner Stauffacher, Arnold von Melchtal und Walter Fürst sind der Legende nach die drei Protagonisten beim Rütlischwur, wie sie bei Friedrich Schiller im 2. Aufzug seines »Wilhelm Tell« auftreten.

S. 162 *Mein Hauptmann Defregger*, abgedruckt in: Sonntags-Journal / Zürcher Woche vom 9./10. August 1969 (Nachtrag)

Matthias Defregger (1915-1995), Weihbischof im Erzbistum München und Freising, machte sich 1944 als Hauptmann der Wehrmacht und Kommandeur einer Nachrichtenabteilung im Abruzzendorf Filetto der Mitwirkung an einer Geiselerschießung mitschuldig. Zunächst unbeachtet, wurde der Fall in den 1960er Jahren von einem Gericht aufgegriffen, im Juli 1969 aber eingestellt. Durch den »Spiegel« gelangte der Fall Defregger am 7. Juli 1969 an die Öffentlichkeit und wurde publizistisch neu ausgeleuchtet.

S. 164 *Anstand oder Widerstand*, abgedruckt in: Sonntags-Journal / Zürcher Woche vom 16./17. August 1969 (Nachtrag)

Kurt Georg Kiesinger (1904-1988) war von 1966 bis 1969 deutscher Bundeskanzler, danach Bundesvorsitzender der CDU; er war ab 1933 Mitglied der NSDAP, seine Karriere im Dritten Reich war wiederholt Gegenstand von Diskussionen.

Der Text fand 1969 Aufnahme in der Erstauflage von Bichsels Sammlung »Des Schweizers Schweiz«; für die erweiterte Neuauflage 1989 wurde er fallengelassen.

S. 167 *Außerhalb der Weltgeschichte*, abgedruckt in: Sonntags-Journal / Zürcher Woche vom 23./24. August 1969 (Nachtrag)

S. 170 *Die drei Niederlagen des Denkers*, abgedruckt in: Sonntags-Journal / Zürcher Woche vom 30./31. August 1969 (Nachtrag)

S. 172 *Parteiprogramme*, abgedruckt in: Sonntags-Journal / Zürcher Woche vom 6./7. September 1969 (Nachtrag)

BGB steht für die Bauern-, Gewerbe- und Bürgerpartei, die 1971 in der Schweizerischen Volkspartei (SVP) aufging.

PdA heißt abgekürzt die kommunistisch ausgerichtete Partei der Arbeit.

S. 179 *15 Fragen an einen schweizerischen Telefonabhörer*, abgedruckt in: Sonntags-Journal / Zürcher Woche vom 13./14. September 1969 (Nachtrag)

Der Verdacht, abgehört zu werden, begleitete in jenen Jahren Peter Bichsel bei all seinen Telefongesprächen. Mit der Aufdeckung der Fichen-Affäre 1989 und der Öffnung der Staatsschutzarchive sollte der Verdacht zur Gewißheit werden.

S. 180 *In einem ruhigen Land*, abgedruckt in: Sonntags-Journal / Zürcher Woche vom 20./21. September 1969 (Nachtrag)

Im September 1969 besuchte der amerikanische Vietnam-General William C. Westmoreland (1914-2005) die Schweiz und wurde teils überschwenglich, teils mit heftigen Protesten empfangen; als Oberbefehlshaber der US-Truppen in Vietnam war er der Hauptverantwortliche für den Einsatz von Napalm gegen die Zivilbevölkerung.

Der Pilatus PC-6 war ein einmotoriges Allzweckflugzeug der Schweizer Pilatusflugzeugwerke, das mit Erfolg in alle Welt exportiert wurde. Weil es leicht für Kriegszwecke umgerüstet werden konnte, geriet es immer wieder in Konflikt mit der Schweizer Neutralität; der PC-6 gelangte auch im Vietnam-Krieg zum Einsatz.

Der »Bund« ist eine konservative Berner Tageszeitung; LNN steht für »Luzerner Neueste Nachrichten«; der »Blick« ist eine Schweizer Boulevardzeitung.

S. 184 *Grenzen?*, abgedruckt in: Sonntags-Journal / Zürcher Woche vom 4./5. Oktober 1969 (Nachtrag)

Bei den Bundestagswahlen 1969 scheiterte die NPD mit einem Wähleranteil von 4,3 % Prozent knapp an der Fünfprozenthürde.

Die neu gegründete Aktion Demokratischer Fortschritt ADF erreichte dabei einen Wähleranteil von 0,6%; sie verschwand kurz danach wieder von der politischen Bühne.

Adolf von Thadden, siehe Anmerkung S. 329 zu *Gespräche mit Neckermann*.

Am 7. Juni 1970 wurde die vom rechtskonservativen Publizisten James Schwarzenbach lancierte »Initiative gegen ›Überfremdung‹« mit 54% zu 46% relativ knapp abgelehnt. Die Initiative forderte »Maßnahmen gegen die bevölkerungsmäßige und wirtschaftliche Überfremdung der Schweiz« und prägte die politische Stimmung jener Jahre.

S. 186 *Die dezenten Töne*, abgedruckt in: Sonntags-Journal / Zürcher Woche vom 18./19. Oktober 1969 (Nachtrag)

S. 189 *Freiheiten sind nur schädlich*, abgedruckt in: Sonntags-Journal / Zürcher Woche vom 1./2. November 1969 (Nachtrag)

»Das Vaterland« war von 1871 bis 1991 eine konservative Schweizer Tageszeitung in Luzern.

S. 192 *Der kalte Bürgerkrieg*, abgedruckt in: Sonntags-Journal / Zürcher Woche vom 15./16. November 1969 (Nachtrag)

Der sozialdemokratische Politiker und Zeitungs-Chefredakteur Helmut Hubacher deckte 1969 Mißstände bei der Entwicklung und Beschaffung eines Flugabwehrsystems auf, von dem unklar war, ob es »eine Wolke von einem Flugzeug werde unterscheiden können«, wie es in einem publizierten »Geheimbericht« hieß. Der Oberstleutnant Varrone galt vorerst als der vermeintliche Maulwurf, ein Beamter namens Hübscher wurde dann als der richtige Maulwurf überführt.

S. 194 *Gegenwärtig wird ...*, abgedruckt in: Sonntags-Journal / Zürcher Woche vom 29./30. November 1969 (Nachtrag)

Das schweizerische Zivilverteidigungsbuch (s. auch Anm. S. 340 zu *Schriftsteller zu ihrem Austritt*) war eine Broschüre, die im Namen des Bundesrats im Herbst 1969 die »Geistige Landesverteidigung« in alle Haushalte tragen sollte. Verantwortlich dafür zeichnete der christlich-konservative Bundesrat Ludwig von Moos, s. Anm. S. 338 zu *Wer nicht 50 ist*.

S. 196 *Mer hei e kei Angscht*, abgedruckt in: Sonntags-Journal / Zürcher Woche vom 13./14. Dezember 1969 (Nachtrag)

wir haben keine angst / weil wir / um angst haben zu können / keine angst / vor der angst / haben dürften / wir haben keine angst; das Gedicht erschien unter dem Titel »kei angscht« in Kurt Martis Band »rosa loui« (1967).

Bonjour-Bericht, s. Anm. S. 325 zu *Diskussion um Rezepte*.

S. 199 *Wer nicht 50 ist, schadet der Heimat*, abgedruckt in: Sonntags-Journal / Zürcher Woche vom 10./11. Januar 1970 (Nachtrag)

Der Basler Schriftsteller Jakob Schaffner (1875-1944) schloß sich in den 1930er Jahren den Nationalsozialisten an und wurde zu einem ihrer Propagandisten. Darob geriet sein literarisches Werk weitgehend in Vergessenheit.

Der christlich-konservative Bundesrat Ludwig von Moos (1910-1990) sah sich 1970 durch die Zeitschrift »neutralität« mit der Behauptung konfrontiert, er habe in den 1930er Sympathien für die Frontenbewegung gehabt und als Redakteur im »Obwaldner Volksfreund« antisemitische Kommentare verfaßt. Unter Historikern ist seine politische Haltung jener Jahre bis heute nicht restlos geklärt. 1971 trat von Moos von seinem Amt zurück.

»Unbewältigte Vergangenheit«, s. Anm. S. 325 zu *Diskussion um Rezepte*.

S. 202 *Wer freut sich über den Einmarsch der Russen?*, abgedruckt in: Sonntags-Journal / Zürcher Woche vom 24./25. Januar 1970 (Nachtrag)

Die 1842 gegründete »Nationalzeitung« war eine linksliberale Basler Zeitung, die 1977 mit den »Basler Nachrichten« zur »Basler Zeitung« fusionierte.

WK, s. Anm. S. 330 zu *Scharfe Munition im Jura*.

BGB, s. Anm. S. 336 zu *Parteiprogramme*.

S. 204 *Ein weiteres Zitat*, abgedruckt in: Sonntags-Journal / Zürcher Woche vom 7./8. Februar 1970 (Nachtrag)

1970 stand der konservative Politiker Ludwig von Moos dem Justiz- und Polizeidepartement vor, s. Anm. S. 338 zu *Wer nicht so ist ...*

S. 206 *Die Langhaarigen*, abgedruckt in: Sonntags-Journal / Zürcher Woche vom 21./22. Februar 1970 (Nachtrag)

S.209 *Schriftsteller zu ihrem Austritt*, abgedruckt in: Sonntags-Journal / Zürcher Woche vom 23./24. Mai 1970

Das schweizerische Zivilverteidigungsbuch (s. Anm. S. 338 zu *Gegenwärtig wird ...*) wurde vom Autor Maurice Zermatten ins Französische übertragen und dabei sprachlich im Geist des Kalten Kriegs noch verschärft. Zermatten war Mitglied des Schweizer Schriftstellervereins (SSV), weshalb im Frühjahr 1970 eine Gruppe von 21 Autoren im Protest aus dem SSV austrat. Sie riefen ein Jahr später die »Gruppe Olten« ins Leben, die sich als Vereinigung politisch engagierter Autoren verstand, welche sich für die Verwirklichung »einer demokratisch sozialistischen Gesellschaft« einsetzen wollte.

Peter Bichsel antwortet hier zusammen mit den Schriftstellerkollegen Walter Vogt, Jörg Steiner, Adolf Muschg, Walter Matthias Diggelmann und Max Frisch.

4 Verstreute Texte 1963-1971

S.213 *Sonnenaufgang*, abgedruckt in: manuskripte, Nr. 7 / April 1963, S. 7

S.214 *Zwei Briefe eines Teilnehmers am Literarischen Colloquium. Berlin, Winter 63/64, an den Verlag*, abgedruckt in: Walter-Druck 0, Sammlung zu einer Sammlung von Büchern. Walter Verlag, Olten / Freiburg i. Br. 1964

Die beiden Briefe waren an Bichsels Verleger Otto F. Walter adressiert, in dessen Verlag 1964 sein Debüt »Eigentlich möchte Frau Blum den Milchmann kennenlernen«, im Brief »das Buch« oder »das Manuskript« genannt, erschien. Die beiden Briefe wurden in der Nullnummer der Reihe Walter-Druck abgedruckt.

Der »jüngste Teilnehmer« war mit Jahrgang 1944 Hans Christoph Buch, der 1963 schon mit 19 in der Gruppe 47 gelesen hatte.

Der Schriftsteller Klaus Roehler war vor allem auch als Lektor tätig, der ab 1965 das literarische Programm des Luchterhand Verlags wesentlich mitprägte.

S.218 *Prosaschreiben* [Fünf kurze Texte], abgedruckt in: Prosaschreiben. Eine Dokumentation des Literarischen Colloquiums Berlin. 1964, S. 15 *(Jemand entfernt sich in starker Beleuchtung)*, S. 127-130 *(Stadtrundfahrt für Alte und Einsame)*, S. 252-253 *(Der Doktorfisch)*, S. 189-190 *(Variationen über ein Kapitel aus Gottfried Kellers »Der grüne Heinrich«)* und S. 260 *(Wie es war)*

Die einzelnen Geschichten wurden in dieser Dokumentation jeweils begleitet durch die kritische Diskussion darüber. Stellvertretend sei ein abschließendes Statement von Günter Grass zu »Jemand entfernt sich in starker Beleuchtung« zitiert: »Dafür dürfen Sie auch ruhig mal danebenhauen. Wenn Sie das weitertreiben, werden Sie schon merken, wo für Sie der Gewinn liegt. Der Ansatz in der Erzählung von Bichsel war voller Wagnisse, er hat sie dann aber etwas voreilig harmonisiert, abgerundet und mit einigen Floskeln verknüpft. Dadurch wurde ein Großteil der Wagnisse wieder ausgeschieden.«

Die Variationen über ein Kapitel aus Gottfried Kellers »Der grüne Heinrich« beziehen sich vermutlich auf das 1. Kapitel von Teil 2 des »Grünen Heinrich« mit der Überschrift »Berufswahl/Die Mutter und ihre Ratgeber«.

S.231 *Abfahrt und mehrmalige Ankunft des Kellners Otto Büttiker, der kommt, geht, ohne zu einer Geschichte zu kommen.* Beitrag zu: Das Gästehaus. Kollektivroman, hg. von Walter Höllerer. Literar. Colloquium, Berlin 1965, S. 7-18

Am Kollektivroman mitbeteiligt waren nebst Bichsel die Autoren Walter Höllerer, Klaus Stiller, Peter Heyer, Hubert Fichte, Wolf Simeret, Elfriede Gerstl, Jan Huber, Hans Christoph Buch, Wolf D. Rogosky, Martin Doehlemann, Corinna Schnabel, Nicolas Born, Joachim Neugröschel und Hermann Peter Piwitt.

S. 244 *[Vorwort zu:] Daisy Ashford: Junge Gäste oder Mr. Salteenas Plan*. Ein Liebes- und Gesellschaftsroman um 1900 geschrieben von Daisy Ashford im Alter von 9 Jahren. Übers a. d. Engl. von H. C. Artmann, Ill. von Heather Corlass. Walter Verlag, Olten/Freiburg 1965, S. 7-8

S. 245 *Der Linksaußen*, abgedruckt in: Kunstmappe 1965, Genossenschafts-Druckerei Olten, S. 20

S. 247 *Schreiben*, abgedruckt in: Der Buchhändler. 46. Jahrgang des Schweizer Buchhandlungsgehilfen, Heft 5, Weihnachten 1965

Der Beitrag war Teil einer Reihe unter der Überschrift »Ob die Geschichte ankommt?«.

S. 249 *[Nachwort zu:] H.C. Artmann, Verbarium*. Gedichte. Walter Verlag, Olten/Freiburg i.Br. 1966, S. 91f.

S. 251 *Ein Schriftsteller möchte antastbar sein ...*, abgedruckt in: Oltner Tagblatt vom 11. Mai 1966

Dankesrede aus Anlaß der Verleihung des Oltner Literaturpreises 1966.

S. 255 *Was erwarte ich von einem Roman?* Abgedruckt in: Ad lectores 5, Luchterhand Verlag 1967, S. 7-9; unter dem Titel »Mitteilung zwischen Autor und Leser« erschien der Text auch in Ex Libris, September 1967

S. 258 *[Nachwort zu:] Jan Erik Vold: Von Zimmer zu Zimmer*. SAD & CRAZY. Aus dem Norweg. von Walter Baumgartner. Walter Verlag, Olten / Freiburg i.Br. 1968, S. 73-75

S. 261 *[Selbstportrait]*. Abgedruckt in: Der Jungbuchhandel, Heft 2, Februar 1968

S.262 *Zum Beispiel auch Berlin.* Peter Bichsel über Peter J. Chotjewitz: »Die Insel. Erzählungen auf dem Bärenauge«, abgedruckt in: Der Spiegel, Nr. 22, 27. Mai 1968

Der Besuch des persischen Schahs Mohammad Reza Pahlavi am 2. Juni 1967 in West-Berlin führte zu heftigen Straßenprotesten, in deren Verlauf der Student Benno Ohnesorg von einem Polizisten erschossen wurde. Dieses Ereignis trug wesentlich zur Radikalisierung der Studentenbewegung bei. Der Polizist wurde freigesprochen.

S.267 *Aus einem schönen alten Buch*, abgedruckt in: manuskripte 23/24, August 1968

S.270 *[Rede zur Tschechoslowakei 1968]*, anläßlich einer Matinee im Basler Theater am 8. September 1968, abgedruckt in: Tschechoslowakei 1968. Arche Verlag, Zürich 1968, S. 12-15

S.273 *Wie ein stiller Anarchist.* Peter Bichsel über Günter Eich: »Maulwürfe«, abgedruckt in: Der Spiegel, Nr. 38, 16. September 1968

S.276 *Der Zeichner des Möglichen*, abgedruckt in: Die Zeit, Nr. 39, 27. September 1968

Red. – Am Rande der Frankfurter Buchmesse wurden im Buch- und Kunstantiquariat Siegfried Brumme Zeichnungen von Paul Flora ausgestellt. Der Schweizer Schriftsteller Peter Bichsel stellte den österreichischen Zeichner so vor.

»Zahn der Zeit. 174 altmodische Zeichnungen« ist eine Publikation Floras von 1961; ebenso wie der Band »Veduten und Figuren«, der 1968 erschien.

S.279 *Viel eher als an Regentagen, oder Das Verhalten von Frau Leuenberger*, abgedruckt in: Der gewöhnliche Schrecken. Horrorgeschichten, hg. von Peter Handke. Residenz Verlag Salzburg 1969, 84-86

S. 283 *Hans Schuppisser*, abgedruckt in: du, Nr. 340 (Juni 1969)

Der Beitrag erschien in der Rubrik »Eine Lanze für ...«.

S. 286 *Wo ich zu Hause bin*, abgedruckt in: Kirchenbote vom 1. August 1969

S. 290 *Ansprache zur Eröffnung der gemeinsamen Geschäftsräume*. Solothurn, 26. September 1969 (Neujahrsdruck von Hans Liechti, Galerie Bernhard und Roberto Medici)

Die Ansprache zur Eröffnung der gemeinsamen Geschäftsräume, die Peter Bichsel am 26. September 1969 in der Solothurner Galerie Bernard hielt, ist danach als Neujahrsdruck von Hans Liechti, Galerie Bernhard und Roberto Medici für Freunde und Geschäftspartner erschienen.

S. 295 *Von der Buchmesse zurück*, abgedruckt in: St. Galler Tagblatt vom 20. Oktober 1969 (Beilage zur Neueröffnung der Fehrschen Buchhandlung)

Die »Spoon River Anthology« von Edgar Lee Masters, erschienen 1915, ist ein Gedichtzyklus, der in Form von Grabinschriften von den Bewohnern des fiktiven Städtchens Spoon River erzählt. Unter dem Titel »Die Toten von Spoon River« erschien 1924 eine deutsche Übersetzung von Hans Rudolf Rieder; sie wurde 1968 in der »sonderreihe dtv« neu aufgelegt.

S. 298 *Und sie dürfen sagen, was sie wollen*. Kritische Gedanken zum 1. August von Peter Bichsel, abgedruckt in: Luzerner Tagblatt vom 1. August 1970

Das »Luzerner Tagblatt« (1952-1991) war eine wirtschaftsfreundlich liberale Tageszeitung.

Das belgische Radfahreridol Eddy Merckx gewann die Tour de France 1970 mit einem Vorsprung von 12:41 Minuten.

Peter Bichsels Aufsatzsammlung »Des Schweizers Schweiz« erschien 1969 im Zürcher Arche-Verlag. Für die Neuausgabe von 1989 aktualisierte Bichsel die Auswahl der Texte.

S.302 *»Macht euren Dreck allein!«* Warum ich Jürg Wehren nicht verteidige, abgedruckt in: Nationalzeitung vom 7. Dezember 1970 (Abendausgabe)

Rcd. – 11 Monate Gefängnis unbedingt und Ausschluß aus der Armee: so lautet das Urteil des Divisionsgerichts 9a in Luzern unter dem Vorsitz von Großrichter Oskar Annen gegen den Dienstverweigerer Jürg Wehren aus Biel – gefällt am Freitag, den 6. Dezember. 11 Monate Gefängnis ist die höchste Strafe, die seit dem Krieg in einem Dienstverweigerungsprozeß ausgesprochen wurde. Der zwanzigjährige Jürg Wehren verweigerte den Dienst in der Schweizer Armee aus politischer Überzeugung: »Ich verstehe meine Verweigerung als Stellungnahme im internationalen Klassenkampf.« Er bat Peter Bichsel, ihn zu verteidigen. Dieser lehnte ab und begründete stattdessen seine Weigerung, in einem Militärprozeß als Verteidiger aufzutreten. Im folgenden Flugblatt, das (zusammen mit der schriftlichen Verweigerungsbegründung Jürg Wehrens) am Prozeß verteilt wurde.

S.304 *Warum mir die Geschichte mißlungen ist – auch der Esel hat eine Seele*, abgedruckt in: Erfahrungen – Témoignage – Testimonianze. 14 Autoren zum Thema »Der Behinderte und seine Umwelt«. Hg. von Pro Infirmis. Lukianos Verlag, Bern 1970

S.310 *Mit Tell leben*, abgedruckt in: Otto Marchi: Schweizer Geschichte für Ketzer. Zytglogge, Bern 1971, S. 184-185

Otto Marchi, Historiker, Journalist und Autor, dekonstruiert den Tell-Mythos in seinem Buch mit Witz und Ironie.

Mit den Globuskrawallen am 29. Juni 1968 in Zürich gewann die 68er-Bewegung auch in der Schweiz an Schwung.

Zum christlich-konservativen Bundesrat Ludwig von Moos, s. Anm. S. 338 zu *Wer nicht so ist ...*

Inhalt

Vorwort – das letzte 7

1 Eine Kolumne aus »Die Tat« 1963
In seinem Gedächtnis 15

2 Texte und Kolumnen in der »Weltwoche« 1965-1968
Vom Fahnenstangenfallenlassen 19

Kino 26

Vier Autoren über einen Autor 31

Diskussion um Rezepte 33

Bundesfeieransprache 43

Die Wahrheit oder »Entdämonisieren wir weiter« 51

Von einem Mädchen und von der Übereinstimmung 53

Unverbindlichkeiten 55

[»End of War Now«] 58

Geistige Entwicklungshilfe 60

Gedichte und Gegengedichte 62

Filmzentrum 64

Tour de Suisse 67

Marx im Sand 69

Absolute Prosa 71

Sichtbar machen 74

Das private Staatsradio 76

Relativierungen 82

Gespräche mit Neckermann 84

Die Geschichte soll auf dem Papier geschehen 89

Scharfe Munition im Jura 95

Eine Stadt wie ... 101

»Häbet Sorg zum Jura« 103

Verzweiflung und Vermessenheit 107

Wir empfehlen 109

Betroffenheit 111

Abschied von den Waldläufern 114

Emotionskonventionen 116

»Geistige Landesverteidigung« 118

3 Texte und Kolumnen im Sonntags-Journal / Zürcher Woche 1966-1970

Äpfel sind nämlich meistens grün oder gelb 129

Notizen zum Tage 131

Endlich ein Gammler verurteilt 133

Jenseits von Steinbeck 135

Der große Untalentierte 138

Die Schweiz 1938 141

Von Menschen geformte Dinge 144

Neuester Fall von deutscher Innerlichkeit 149

Der Landesverteidigungsstaat 152

Die SEP 154

Nun liegt sie auf dem Mond 157

Das Lampion mit dem Mondgesicht 159

Mein Hauptmann Defregger 162

Anstand oder Widerstand 164

Außerhalb der Weltgeschichte 167

Die drei Niederlagen des Denkers 170

Parteiprogramme 172

15 Fragen an einen schweizerischen Telefonabhörer 179

In einem ruhigen Land 180

Grenzen? 184

Die dezenten Töne 186

Freiheiten sind nur schädlich 189

Der kalte Bürgerkrieg 192

Gegenwärtig wird ... 194

Mer hei e kei Angscht 196

Wer nicht 50 ist, schadet der Heimat 199

Wer freut sich über den Einmarsch der Russen? 202

Ein weiteres Zitat 204

Die Langhaarigen 206

Schriftsteller zu ihrem Austritt 209

4 Verstreute Texte 1963-1971

Sonnenaufgang 213

Zwei Briefe eines Teilnehmers am
Literarischen Colloquium, Berlin 214

Prosaschreiben 218

Abfahrt und mehrmalige Ankunft des Kellners Otto
Büttiker, der kommt, geht, ohne zu einer Geschichte zu
kommen. 231

Daisy Ashford:
Junge Gäste oder Mr. Salteenas Plan 244

Der Linksaußen 245

Schreiben 247

H. C. Artmann: Verbarium 249

Ein Schriftsteller möchte antastbar sein ... 251

Was erwarte ich von einem Roman? 255

Jan Erik Vold: Von Zimmer zu Zimmer 258

[Selbstportrait] 261

Zum Beispiel auch Berlin 262

Aus einem schönen alten Buch 267

[Rede zur Tschechoslowakei 1968] 270

Wie ein stiller Anarchist 273

Der Zeichner des Möglichen 276

Viel eher als an Regentagen, oder
Das Verhalten von Frau Leuenberger 279

Hans Schuppisser 283

Wo ich zu Hause bin 286

Ansprache zur Eröffnung der gemeinsamen
Geschäftsräume 290

Von der Buchmesse zurück 295

Und sie dürfen sagen, was sie wollen 298

»Macht euren Dreck allein!« 302

Warum mir die Geschichte mißlungen ist –
auch der Esel hat eine Seele 304

Mit Tell leben 310

Nachwort des Herausgebers 317

Nachweise und Anmerkungen 323